L'INDUSTRIE MUSICALE AU SÉNÉGAL

ESSAI D'ANALYSE

Sous la direction de

Saliou Ndour

Conseil pour le développement de la recherche
en sciences sociales en Afrique

© Conseil pour le développement de la recherche
en sciences sociales en Afrique, 2008
Avenue Cheikh Anta Diop Angle Canal IV, BP 3304, Dakar, 18524 Sénégal.
Site web: www.codesria.org

ISBN : 978-2-86978-234-1

Mise en page : Daouda Thiam

Couverture : Djibril Fall

Impression : Imprimerie Graphiplus, Dakar

Distribué en Afrique par le CODESRIA

Le CODESRIA exprime sa profonde gratitude à la Swedish International Development Corporation Agency (SIDA/SAREC), au Centre de Recherche pour le Développement International (CRDI), à la Ford Foundation, à la Fondation MacArthur, à la Carnegie Corporation, au NORAD, à l'Agence Danoise pour le Développement International (DANIDA), au Ministère Français de la Coopération, au Programme des Nations-Unies pour le Développement (PNUD), au Ministère des Affaires Étrangères des Pays-Bas, à la Fondation Rockefeller, à FINIDA, CIDA, IIEP/ADEA, à l'OCDE, à Oxfam America, à l'UNICEF, ainsi qu'au Gouvernement du Sénégal pour le soutien apporté aux programmes de recherche, de formation et de publication du Conseil.

Sommaire

In Memoriam v
Remerciements vi
Les contributeurs viii
Préface
   Ousmane Sow Huchard x

Abreviations xiv

Liste des tableaux et figures xvi

1. Presentation générale
   Saliou Ndour 1

2. Approche socioéconomique de l'industrie musicale au Sénégal
   Saliou Ndour 7

3. Aspects socioculturels de la construction du fait musical au Sénégal
   Abdoulaye Niang 79

4. Dimension juridique de l'industrie musicale
   Youssou Soumaré 115

5. L'industrie musicale : aspects politiques
   Mariama Forti Daniff 166

In Memoriam

Cet ouvrage est dédié au Docteur El Hadji Mansour Niang, enseignant à l'Université Gaston Berger de Saint-Louis, un symbole d'honnêteté et de générosité intellectuelles, ravi à notre affection après avoir revu et commenté ce travail, et à Mamadou Konté qui a été d'un apport inestimable dans sa mise en chantier.

Remerciements

Ce travail n'aurait pu se réaliser sans le soutien financier et logistique du Codesria. Que l'équipe de cet organisme trouve ici l'expression de notre profonde gratitude.

Nous associons à nos remerciements tous ceux qui, d'une manière ou d'une autre, ont contribué à la réalisation de cet ouvrage :

Le professeur Gora Mbodj, directeur de l'UFR de lettres et sciences humaines de l'Université Gaston Berger de Saint-Louis, le professeur Ndiawar Sarr, recteur de l'Université Gaston Berger de Saint-Louis, le professeur agrégé Isaac Yankhouba Ndiaye, doyen de la faculté des sciences juridiques et politiques de l'Université Cheikh Anta Diop de Dakar, le professeur Maryteuw Niane de l'Université Gaston Berger, le professeur Mwamba Cabakulu de l'Université Gaston Berger, le professeur Valentin-Yves Mudimbé de Duke University en Caroline du Nord (États-Unis) et les participants à l'Annual Campus de Durban (Afrique du Sud), le professeur Adama Diaw de l'Université Gaston Berger de Saint-Louis, le professeur Arona Sy de l'Université Cheikh Anta Diop de Dakar, le professeur Jean-Luc Primon de l'Université de Nice (France), le professeur Marc Battier de l'Université Paris-Sorbonne IV, le professeur Alioune Diop, maître de conférence à l'Université Gaston Berger, le professeur Bouya Diop, chargé d'enseignement, Ibrahima Diallo, enseignant à l'Université Gaston Berger de Saint-Louis, Ibrahima Camara, docteur en droit, spécialiste en droit de la propriété intellectuelle, enseignant à la faculté des sciences juridiques et politiques de l'Université Cheikh Anta Diop, Abdoulaye Sène, maître de conférence à l'Université Cheikh Anta Diop de Dakar, les enseignants de la section de sociologie de l'Université Gaston Berger de Saint-Louis, les professeurs Issiaka Prosper Laléyê, Abdoulaye Niang, Balla Traoré, Ibou Sané, Fatou Diop Sall, Amédoune Bâ, Ibrahima Bao, Alpha Sy écrivain, feu El Hadji Mansour Niang, enseignant à l'Université Gaston Berger de Saint-Louis, Mamadou Ndiaye, enseignant à l'ENTSS, Cheikh Tidiane Fall, enseignant à l'Université Gaston Berger de Saint-Louis, Docteur Djiby Diakhaté, Awa Cissé, documentaliste, les enquêteurs Médoune Diouf et Ameth Ngom, Talla Diagne et Kassoum Fall de KSF, Omar Diop, ex-manager d'Omar Pène, Aziz

Dieng, président du conseil d'administration du BSDA et président de l'AMS, Guissé Pène, secrétaire général de l'AMS, Madame Siby Abibatou Diaby Youm, directrice du BSDA, David Diadhiou du BSDA, Mᵉ Djiby Diallo, avocat à la Cour, Biram Ndeck Ndiaye, parolier, assureur, Kabou Gueye, parolier, artiste, membre de la commission d'identification des œuvres musicales, Mamadou Konté d'Africa Fête, Fallou Dieng et le DLC, Moustapha Sène, économiste, Abdoulaye Ndour, documentaliste, Tidiane Diallo, directeur du Centre culturel de Thiès, Kéba Seck, enseignant, Moussa Diagne, informaticien, Omar Ndiaye Xosluman, chanteur, Youssou Camara, musicien, le groupe Waflash de Thiès, les artistes de Saint-Louis, les journalistes culturels Mamadou Mamoune Faye (Biennale), Marième Selly Kane (FESMAN), Alassane Cissé (ministère de la Culture), Macky Sall (APS) et Souleymane Thiam (*Nouvel Horizon* et *Thiof*), les animateurs Fatou Sakho et Michael Soumah (RTS), Makhtar Ly de l'Université Gaston Berger de Saint-Louis, Monsieur Souleymane Ngom, ex-directeur du Centre culturel Abdel Kader Fall de Saint-Louis, Monsieur Sahite Sarr, directeur du livre et de la lecture publique, ministère de la Culture et du Patrimoine historique classé, Madame Awa Cheikh Diouf Camara Diouf, directrice du Centre culturel Blaise Senghor de Dakar, Monsieur Charles Camara, enseignant, Monsieur Germain Kabou, consultant-manager project Vitalis World vision, Madame Rokhaya Sarr Ndour, secrétaire à l'université Gaston Berger de Saint-Louis, Cheikh Tidiane Mbaye, directeur général de la SONATEL, Ousmane Sow Huchard dit Soleya Mama, anthropologue, muséologue, musicologue et critique d'art, Pr Magueye Seck de Curry College (Massachusetts) et tous les acteurs culturels du Sénégal.

Les contributeurs

Saliou Ndour

Coordonnateur du GNT, est titulaire d'un doctorat de 3e cycle de sociologie. Il est chargé de cours à l'Université Gaston Berger, spécialiste des industries culturelles en Afrique. Il a à son actif une dizaine d'articles dans ce domaine et diverses communications produites en Afrique, en Europe et au Canada. En outre, il a été choisi en 2003 par le ministère français de la Culture et de la Communication pour suivre un stage sur le financement et l'économie de la culture à Paris-Dauphine.

Il a assumé des responsabilités dans le milieu de la musique : promoteur de spectacles, président du Comité d'organisation de l'hommage à Youssou Ndour en 1995 à Kaolack, ex-manager du groupe Black Masters de Kaolack dont a été membre Pape Ndiaye Thiopet, conseiller de groupes musicaux, ex-président de la section de l'AMS de Saint-Louis, représentant d'Escalier F au Sénégal (organisme canadien de formation et de perfectionnement de la chanson), président d'Afrique Chante Afrique (ACApella). Il vient de produire récemment une communication à l'*Annual social science campus* du CODESRIA, sur « Contemporary african cultural productions » à Durban (Afrique du Sud), 17-21 décembre 2007.

Abdoulaye Niang

Chargé de cours, doctorant en sociologie à l'UGB, a soutenu un mémoire de maîtrise remarquable sur le mouvement hip-hop à Dakar, proposé en publication par le jury de soutenance et l'ONG Enda, salué par le professeur Jean Copans, et nominé par l'African Studies Centre de Leyde. Il fait sa thèse sur le hip-hop à Dakar. Il vient de produire un chapitre intitulé « Bboys : hip-hop culture in Dakar, Sénégal » dans un ouvrage collectif intitulé *Global Youth? Hybrid identities, plural worlds*. Il a aussi, en octobre et novembre 2007, fait plusieurs communications et dispensé des cours aux États-Unis sur la « musique prédicative » et sur le hip-hop à Northwestern University et Rutgers University.

Youssou Soumaré

Juriste, il est le grand spécialiste au Sénégal en matière de droit d'auteur. Il est très souvent sollicité comme consultant par la presse sénégalaise pour un éclairage sur la question des droits d'auteurs. Il s'est illustré par nombre d'articles de haute portée scientifique sur cette importante question.

Mariama Forti Daniff

Diplômée de l'École nationale des travailleurs sociaux spécialisés (ENTSS), elle a travaillé dans le cadre de son mémoire de fin de formation sur « La représentation sociale de la musique rap par les Sénégalais âgés de 14 à 24 ans : le cas des jeunes du quartier de la Médina ».

Préface

Aujourd'hui, à l'heure où les idéologies s'estompent, où le pouvoir, y compris technocratique, est remis en cause, la culture et ses produits sont devenus le centre nerveux de tous les enjeux. Ils sont au cœur même de l'économie. Comme nous pouvons le constater tous les jours, la culture et ses produits sont devenus un grand facteur d'attraction et un enjeu considérable de communication.

A l'heure des nouvelles technologies de l'information et de la communication, on ne parle plus que du marché de la culture, des entreprises et des industries culturelles, de stratégies d'actions culturelles, de sauvegarde de la diversité culturelle et de promotion du patrimoine culturel de tous les peuples. Chaque jour, les entreprises et industries culturelles apportent davantage la preuve de leur capacité à devenir des systèmes de valeurs de substitution à l'ère du désengagement des pouvoirs publics de la vie culturelle et de la réconciliation de l'art et de l'économie.

Parmi toutes les structures de production de richesses connues aujourd'hui dans le monde, les entreprises et industries culturelles restent les plus importantes en terme de chiffre d'affaires, après les industries de l'armement militaire, dominées par les États-Unis d'Amérique.

L'aube de ce XXIe siècle, caractérisé notamment par une fracture numérique constatée et reconnue par les opérateurs économiques et les décideurs politiques, connaît une tentative timide de réduction par un groupe de pays, sur une initiative du président Abdoulaye Wade, lancée depuis Genève. Il s'agit donc aujourd'hui de prendre conscience du développement spectaculaire et irréversible des industries culturelles à travers le monde et singulièrement en Afrique où la part de marché de ces « industries des messages » reste extrêmement faible, voire négligeable et marquée principalement dans sa gestion, à quelques rares exceptions, par un caractère informel.

Même si les différents secteurs des entreprises et industries culturelles, à savoir : la musique, le cinéma, la mode, la danse, les arts plastiques, les arts dramatiques, le livre et l'édition, le multimédia (les logiciels), l'artisanat d'art, etc., existent et se développent inégalement sur le continent africain, force est de reconnaître malgré tout que la créativité artistique a connu en Afrique depuis 1960 un développement spectaculaire.

Aussi, les objectifs principaux de toute politique des entreprises et industries culturelles sont-ils unanimement partagés par tous les pays. Il s'agit d'abord de favoriser et de soutenir la créativité et le développement des entreprises œuvrant dans les divers secteurs culturels, et ensuite de travailler activement à accroître la qualité, l'authenticité et la compétitivité des produits de ces entreprises, d'en assurer la diffusion et la circulation le plus largement possible, leur commercialisation, tout en assurant, avec la plus grande rigueur, l'application des instruments juridiques et de répression indispensables à l'éradication du piratage des œuvres de l'esprit et au renforcement de la protection des droits de propriété littéraire et artistique. Il s'agit aussi, après la mise en œuvre d'une politique vigoureuse d'assainissement des secteurs, d'encourager les entreprises et industries culturelles africaines à se formaliser en adoptant des règles modernes de fonctionnement et de gestion et en soutenant la formation et le perfectionnement des acteurs et des opérateurs économiques culturels.

La délimitation des champs des entreprises et industries culturelles (ou industries des messages) est aujourd'hui bien connue. Il s'agit essentiellement de :

1. **messages écrits** (imprimeries, librairies, bibliothèques…) : le livre, les journaux, les revues, les catalogues, autres ouvrages et périodiques ;

2. **messages sonores** (stations de radiodiffusion, tourne-disques, postes de réception radiophonique, phonographes, lecteurs de CD et de cassettes, ordinateurs, internet) : les phonogrammes (le disque, le CD, la cassette…) ;

3. **messages des arts visuels : arts plastiques et décoratifs** (les musées, les galeries, et autres lieux d'exposition… avec le dessin, la peinture, la sculpture, la lithographie, la sérigraphie, la tapisserie, l'installation…;

4. **messages audiovisuels** (télévision, cinéma, magnétoscope, lecteurs de DVD) : le film 35 mm, 16 mm, super 8, le DVD, la vidéocassette…;

5. **messages des arts d'interprétation, des arts vivants, des arts du spectacle** (salles et espaces divers de spectacle, théâtre, télévision) : les arts dramatiques, la chanson, les groupes musicaux et les orchestres, les compagnies de danse…;

6. **messages informatisés** (ordinateurs, les logiciels, internet).

Bien sûr, un produit culturel, par rapport à une entreprise ou une industrie, se construit, se fabrique et se diffuse selon un processus qui comporte cinq phases principales :

- la création,
- l'édition – production,
- la reproduction – fabrication,
- la distribution, et
- la commercialisation.

La création : c'est le fait des artistes, des créateurs tels que les auteurs, compositeurs, arrangeurs, chorégraphes, acteurs, comédiens, écrivains, poètes, essayistes, animateurs, interprètes d'œuvres, créateurs de logiciels… ;

L'édition – production : c'est la fonction centrale des entreprises culturelles. L'édition, c'est l'activité qui consiste à acquérir et à exploiter les droits des œuvres, de s'assurer que ces dernières sont lues ou écoutées et appréciées. La production, c'est l'activité consistant à choisir les œuvres susceptibles d'intéresser un public, de dégager un budget pour financer les préparatifs pour la fixation de l'œuvre. Ainsi donc, le producteur finance et reste le maître d'œuvre de la fabrication du produit ; il se charge aussi de le faire connaître. Tout comme l'éditeur, il est généralement une personne physique ou morale ayant une certaine surface financière, qui accepte de prendre le risque d'engager une certaine somme d'argent sur l'œuvre d'un créateur ; il peut aussi compter sur des institutions bancaires pour financer ses productions. Dans certains cas, l'éditeur et le producteur peuvent être la même personne ou deux personnes différentes.

La reproduction et la fabrication : ce sont les industries techniques : les studios, imprimeries, laboratoires de films, ateliers de pressage et de duplication, etc. C'est le stade matériel d'élaboration et de fabrication du produit culturel. Elle peut être une activité de sous-traitance orchestrée par l'éditeur ou le producteur, s'il ne gère pas lui-même cette entreprise.

La distribution : elle consiste à rendre le produit disponible dans le plus grand nombre de points de vente possible, à amener le produit culturel et l'acheteur à se rencontrer au même point de vente.

La commercialisation : c'est le réseau des commerçants détaillants spécialisés.

De tous les Arts, la Musique est celui qui contribue le plus à la culture de l'homme, ne serait-ce qu'en raison de son appel direct, émotionnel et universel, dont l'appréciation ne nécessite ni effort intellectuel, ni formation raffinée. Laissez-moi faire les chansons d'un peuple et peu m'importe qui fera ses lois. Voilà un hommage à peine exagéré rendu au pouvoir de la musique. Une histoire des progrès de l'humanité qui ne tiendrait pas compte de cet art comporterait de ce fait d'affligeantes lacunes…[1]

La culture et ses produits ont fait l'objet, depuis de nombreuses années, d'études scientifiques, d'approches multiples : historique, esthétique, économique, psychologique, sociologique, thérapeutique, etc., en accordant notamment une attention au contenu des œuvres, à leur structure, leur développement, leur création, leur fixation sur divers supports, leur production, leur diffusion, leur commercialisation, le statut et les conditions sociales de leurs créateurs et la protection de leurs droits, leur réception par les publics, etc. Si, en Amérique et en Europe, on connaît de nombreuses études réalisées sur la culture et ses produits, il n'en est pas de même en Afrique où de tels travaux sont demeurés rares depuis 1960. C'est en cela que le travail mené par un Groupe national de travail basé à l'Université Gaston Berger de Saint-Louis conduit par Saliou Ndour, qui fait l'objet de la présente publication, constitue une première tout en ouvrant de belles perspectives pour d'autres travaux. Cette analyse de l'industrie musicale au Sénégal mérite d'être connue de tous les milieux qui s'intéressent de près ou de loin aux entreprises et industries culturelles en Afrique en général, et à l'industrie de la musique au Sénégal en particulier, à travers une large diffusion avec le soutien des pouvoirs publics. Elle apporte de nombreux éclairages dont la prise en compte s'impose aux décideurs publics dans la redéfinition de la politique culturelle pour le secteur de la musique et des arts du spectacle. L'Association des métiers de la musique du Sénégal et les musiciens eux-mêmes y trouveront de nombreuses données susceptibles d'éclairer leur pratique professionnelle et de leurs servir d'arguments dans leurs diverses démarches, les milieux journalistiques et des médias d'information s'y référeront également afin de mieux armer leurs analyses et leurs chroniques.

Après une exploitation judicieuse du corpus bibliographique existant, soutenue par une large enquête de terrain à travers tous les milieux concernés, tant institutionnel que professionnel, les différentes variables stratégiques de la production et de l'industrie musicale au Sénégal sont soumises dans ce travail à une analyse pertinente et à un questionnement rigoureux et argumenté tant dans une perspective diachronique (l'axe des successivités) que synchronique (l'axe des simultanéités).

Bien sûr, il y a plusieurs manières de parler des objets-témoins musicaux : les émetteurs de sons musicaux, les sons musicaux eux-mêmes, les gestes musicaux et les espaces musicaux, et des rapports dialectiques qu'ils entretiennent dans toutes les circonstances où le phénomène musical est œuvre. Il y a la langue du sociologue, celle de l'historien, de l'anthropologue, du journaliste, du critique, de l'éducateur, du public, etc., mais il y a surtout celle du musicologue, de l'organologue ou du sémioticien qui ne croit plus que la musique est seulement « l'Art de combiner les sons d'une manière agréable à l'oreille » ; car la musique est bien plus que ça : « c'est l'Art de produire des sons culturellement organisés et intentionnés et qui a pour fonction essentielle d'impressionner ». C'est pourquoi nous ne tiendrons pas rigueur à Saliou Ndour, Abdoulaye Niang, Youssou Soumaré et Mariama Forti Daniff quand ils continuent de considérer la kora, le balafon, le *xalam*, etc. comme des instruments traditionnels, alors qu'ils ne sont essentiellement que des « émetteurs de sons musicaux », donc des instruments de musique au même titre que tous les autres instruments qui produisent des sons musicaux. Si nous devons nous employer à ne plus opposer le « traditionnel et le moderne », c'est parce les deux notions cohabitent naturellement, dialectiquement, souvent dans une fructueuse complicité et complémentarité, grâce au développement de la créativité et la mise en œuvre des gestes magiques des créateurs des œuvres de l'esprit. Le traditionnel est dans le moderne, tout comme le moderne est dans le traditionnel ; les deux notions se parlent et se répondent tant dans l'ordre des successivités que dans celui des simultanéités. Nous devons aussi nous garder de confondre « traditionnel et ancien », « classique et moderne ». Comme le rappelait le maître de l'anthropologie du geste, Marcel Jousse, qui dit traditions dit *transmission d'éléments vivants préalablement reçus et séculairement élaborés à l'intérieur d'un milieu ethnique. La tradition, en soi, est chose vivante puisqu'elle s'élabore à même la vie. La tradition se transmet en perles-leçons, c'est-à-dire en formules gestuelles ou orales, porteuses de vérité concrète et guide pour l'action.*

Oui ! Nous devons aussi codifier la musique de nos « émetteurs de sons musicaux », en ce sens que ce travail peut apporter un plus significatif dans le développement de la circulation de la musique en tant que produit culturel et commercial ; car *la codification de la musique de nos instruments est un impératif qui apportera une contribution inestimable à son illustration, sa transcription, son étude, sa plus grande diffusion, sa conservation, son rayonnement et son développement, avec la possibilité extraordinaire qu'elle offrira pour son interprétation sous tous les cieux par les musiciens du Village planétaire. Quel impact et quelles retombées sur le compte du Droit d'Auteur de nos créateurs. Quand on sait que le Bureau Sénégalais du Droit d'Auteur entretient des rapports professionnels permanents et dynamiques avec toutes les sociétés du Droit d'Auteur à travers le monde (cf. Huchard, 1999 : 211).* Voilà donc un important travail qui attend de nouvelles contributions des chercheurs.

Plus qu'on ne le croit, les artistes sénégalais, africains au premier rang desquels se trouvent les musiciens, contribuent aujourd'hui, plus qu'hier, au niveau planétaire, à l'élaboration de l'esthétique et du nouvel humanisme du XXIe siècle, en tant qu'animateurs du dialogue des civilisations. Le travail de Saliou Ndour et de ses collègues arrive à son heure pour aider à mieux comprendre et à démontrer cette exaltante conviction qui habite tous les hommes de culture et les critiques d'art. Une voie royale pour l'étude de la musique, ceux qui la pratiquent et la consomment au Sénégal, face au développement de l'économie, vient d'être ouverte ; tout le monde y est invité.

Ousmane Sow Huchard, Ph. D.
Anthropologue, muséologue, musicologue et critique d'art
Directeur du Cabinet d'ingénierie culturelle « CIWARA…Arts, Actions »

Abreviations

ADPIC	Aspects des droits de propriété intellectuelle qui touchent au commerce
AFAC	Association des femmes d'affaires et commerçantes
AFP	Alliance des forces du progrès
AMS	Association des métiers de la musique du Sénégal
APS	Agence de presse sénégalaise
Art.	Article
ASC	Association culturelle et sportive
BADA	Bureau africain du droit d'auteur
BAGLA	Bureau africain des gens de lettres et auteurs de conférence
BDA	Bâ Djibril et associés
BEPC	Brevet d'études du premier cycle
BMG	Bertelsmann Music Group
BSDA	Bureau sénégalais du droit d'auteur
CD	Compact disc
CFA	Communauté financière africaine
CGI	Code général des impôts
CIERVAL	Centre interdisciplinaire d'études et de recherches de la vallée
CIPEPS	Coalition interprofessionnelle des producteurs et éditeurs phonographiques du Sénégal
CISAC	Conférence internationale des sociétés d'auteurs et compositeurs
COCC	Code des obligations civiles et commerciales
DLC	Dakar loisirs club
DVD	Digital Versatile Disc
DIC	Division des investigations criminelles
DJ	Disc Jockey
ENDA	Environnement et développement du tiers monde
FIM	Fédération internationale des musiciens
GATT	General Agreement on Tariffs and Trade
GES	Groupement économique du Sénégal
KSF	Keur Serigne Fallou

Abréviations

MC	Master of Ceremony
MIDI	Musical Instrument Digital Interface
MP3 MPEG1	Audio Layer 3
NEPAD	Nouveau partenariat pour le développement de l'Afrique
NTIC	Nouvelles technologies de l'information et de la communication
OMC	Organisation mondiale du commerce
OMPI	Organisation mondiale de la propriété intellectuelle
ONG	Organisation non gouvernementale
PBS	Positive Black Soul
PCS	Pyramide culturelle du Sénégal
PIPP	Projet de promotion des investisseurs privés
PME	Petite et moyenne entreprise
PMI	Petite et moyenne industrie
RNB	Rythm and Blues
RTS	Radiodiffusion télévision sénégalaise
SACEM	Société des auteurs, compositeurs et éditeurs de musique
SENEMAC	Sénégalaise de matériaux de construction
SPSS	Statistical package for the social sciences
UNACOIS	Union nationale des commerçants et industriels du Sénégal
UNESCO	Organisation des Nations unies pour l'éducation, la science et la culture
URD	Union pour le renouveau démocratique
VCD	Video Compact Disc
WIPO	World Intellectual Property Organization
WCT WIPO	Copyright Treaty
WPPT WIPO	Performances and Phonograms

Liste des tableaux et figures

Tableau 1.1   L'homme de l'année 1998
Tableau 1.2   Evolution de l'indice harmonisé des prix à la consommation
Tableau 1.3   La musique enregistrée dans quelques régions du monde
Figure 1.1   Mobilité sociale des musiciens
Figure 1.2   Origine sociale du musicien
Figure 1.3   Sollicitation du musicien
Figure 1.4   Vivre de son art
Figure 1.5   En phase avec la world music
Figure 1.6   Rivalités entre musiciens
Figure 1.7   Cause des rivalités
Figure 1.8   Possession d'un compte bancaire par l'artiste
Figure 1.9   Possession d'une voiture par l'artiste
Figure 1.10   Lieux de vacances des artistes
Figure 1.11   Possession d'une maison par l'artiste
Figure 1.12   La Cantine de Talla Diagne
Figure 1.13   Points de vente musicaux
Figure 1.14   Commerce «ambulant fixe» sur une avenue de Dakar
Figure 1.15   Consommation de mbalax
Figure 2.1   Campagne nationale de renforcement des capacités juridiques des acteurs de la musique
Figure 2.2   Dépendances et influences entre acteurs
Figure 2.3   Distances nettes entre acteurs
Figure 2.4   Distances nettes entre les objectifs des acteurs de l'industrie musicale
Figure 2.5   Positions des acteurs par rapport aux objectifs

Présentation générale

Saliou Ndour

La musique se veut une forme d'expression culturelle et sociale, mais également un bien marchand s'appuyant sur de puissants moyens techniques (radiodiffusion, télévision, disque et aujourd'hui Internet). Grâce à ces supports, elle s'est amplifiée, universalisée et démocratisée : *De tous les arts*, dit Paul Valéry, *le plus mêlé à l'existence sociale, le plus proche de la vie dont elle anime, accompagne ou initie le fonctionnement organique. Telle que la science, elle devient besoin et denrée internationaux* (Gautreau 1970:1).

Ainsi, la musique a fortement bousculé les frontières nationales, fait reculer leurs limites, engendrant par conséquent de nouvelles identités. Examinant la propension des jeunes Ougandais pour les genres musicaux noirs américains, Richard Ssewakiryanga[2] montre la manière dont les jeunes gèrent leur identité, leur urbanité, leur modernité:

Les jeunes dans les centres urbains ougandais, il remarque, *sont quelques fois considérés comme déracinés à cause de leur attachement à la musique occidentale. Cependant, ils explorent et recyclent les identités en ouvrant des perspectives dans les domaines culturels, nationaux, universels, traditionnels et modernes. En tant que « courtiers culturels », ils négocient les différents courants culturels en mélangeant et en alliant des idées issues d'une large gamme d'images, d'objets, de pratiques allant du folklore ougandais aux sonorités universelles* (Ssewakiryanga 1997:27).

Cette caractérisation, valable pour les jeunes Ougandais, l'est également pour tous les jeunes du monde, car la musique est l'une des créations culturelles dont l'évolution est la plus rapide à l'époque contemporaine. Ses airs et ses sonorités n'en finissent pas de se propager aux quatre coins du monde.

Une mondialisation de la musique qui, à l'instar des autres sphères de la culture, s'est imposée. Elle est dénoncée de toutes parts et l'un de ses avatars est ce qu'il est convenu d'appeler la *world music*.[3] A ce propos, Martin D. Roberts[4] écrit :

Cet avatar planétaire hybride de la musique… que la world music escamote (et nie même peut-être) en mettant exclusivement l'accent sur ses formes traditionnelles locales. Ce qui est d'autant plus ironique que la world music est elle-même symptomatique de la mondialisation à l'œuvre (Roberts 1998:229).

Mais on perd de vue que derrière cette mondialisation de la musique se cachent des enjeux économiques. Il s'agit de l'incursion de l'économie dans le champ culturel, « *managée* » en cela par la technologie.

Déjà, en 1947, Théodore Adorno et Max Horkheimer, figures marquantes de l'école sociologique allemande de Francfort, inventeurs du concept d'industrie culturelle, dénonçaient l'irruption de l'économie dans le culturel. Définissant la notion d'*industrie culturelle* comme la présentation d'une œuvre transmise ou reproduite par des techniques industrielles, ils refusaient d'y voir une simple question technique, montrant, ainsi, l'enjeu économique que cette notion recouvrait.[5] Pour eux, le terrain sur lequel la technique acquiert son pouvoir sur la société est le pouvoir de ceux qui la dominent économiquement. Leur crainte est de voir l'aboutissement de la technologie de l'industrie culturelle dans la standardisation et la reproduction en série,[6] sacrifiant ainsi tout ce qui faisait la logique de l'œuvre et celle du système social. Ce qui est, pour Adorno et Horkheimer, le résultat non pas de l'évolution de la technologie en tant que telle, mais de sa fonction dans l'économie.

Au terme de leur analyse, les initiateurs de l'étude des industries culturelles laissent apparaître leur crainte réelle de voir cette approche mercantiliste entraîner la faillite de la culture.

L'histoire n'est-elle pas en train de leur donner raison ? En témoigne l'idée d'*exception culturelle* brandie par les États du Tiers-monde et même ceux d'Europe et du Canada aux négociations de l'OMC pour contrecarrer la volonté américaine de considérer les biens culturels comme de simples marchandises.[7]

Sous-tendue par ces enjeux économiques, la mondialisation de la culture rime aujourd'hui avec occidentalisation de la culture. Celle-ci a tendance à « *cannibaliser* » les cultures, à gommer les différences identitaires en vue d'imposer son hégémonie. Il s'agit, par conséquent, de lutter contre cette forme de mondialisation débridée. L'exigence de ce combat repose sur la prise de conscience de ce phénomène majeur et massif :

> *Voulue ou non, la mondialisation est devenue une réalité. En effet, du fait de l'extension des « nouvelles technologies de l'information et de la communication » (NTIC), aucune culture ne peut aujourd'hui vivre en autarcie. Les cris d'orfraie n'y peuvent rien, le loup est déjà dans la bergerie ; il serait suicidaire de se mettre dans la peau de l'agneau. Il nous semble qu'il faille se tailler de nouveaux habits de... Renard : être suffisamment intelligent, c'est-à-dire imaginatif, inventif, créatif, un palliatif pour nous pays du Sud, économiquement faibles mais dont la diversité culturelle constitue une richesse inépuisable* (Ndour 2002:190).

Ce constat fait lors d'un colloque indique que la globalisation est plus que jamais vivace.[8] A cause de son impact, aucune culture ne peut s'enfermer sur elle-même et ignorer les autres puisque la mondialisation s'est appuyée sur de puissants supports, les nouvelles technologies de l'information et de la communication (NTIC), pour faire de notre monde un « village planétaire », selon l'expression célèbre de Mac Luhan.

Il paraît donc juste de dire que la musique n'a pas résisté à ce vaste mouvement d'économisation de la culture qui s'est exacerbé avec les nouvelles technologies dans un contexte de mondialisation, le culturel se diluant ainsi dans l'économique :
... assimiler la musique à un bien marchand permet de ne plus la considérer simplement comme une forme d'expression culturelle mais d'y voir aussi un instrument d'autonomisation économique... (Throsby 1998:215).

La conséquence est que le glissement de la culture vers l'économie place l'industrie mondiale de la musique en très bonne position dans le commerce international.

Pour les « majors », qui investissent dans le secteur, le seul credo demeure la rentabilité. Les produits musicaux sont donc érigés en marchandises avec toutefois cette caractéristique particulière : chaque marchandise, à l'instar de tout bien culturel, a une valeur d'usage spécifique qui porte l'empreinte de la personnalité du ou des artistes qui l'ont conçue. Autrement dit, l'industrie musicale transforme une valeur d'usage *unique et aléatoire* en une valeur d'échange multiple et effective.

Toute la difficulté se trouve à ce niveau car comment concilier à la fois une logique culturelle avec une logique économique ? Comment assurer la rentabilité économique du produit musical et, en même temps, lui conférer toute sa valeur artistique ? Il faut se rendre à l'évidence : la première préoccupation l'emporte souvent sur la seconde.

Au total, il convient de remarquer que l'industrie musicale se trouve à la croisée des chemins de la culture, de la technologie et de l'économie.

Ainsi, l'artiste crée une œuvre musicale (culture), enregistrée, produite, fabriquée et diffusée à partir de moyens techniques (technologie) et enfin commercialisée (économie). Au regard de tous ces éléments, le cas du Sénégal nous semble intéressant. En effet, ce pays épouse, dans beaucoup de ses aspects, les contours d'une musique « mondialisée ».

Aussi, estimons-nous que toute étude de l'industrie musicale au Sénégal doit s'insérer dans ce contexte mondial dominé par le triptyque : culture, technologie et économie.

Au *plan culturel*, on remarque que les artistes sénégalais sont obligés de revêtir des habits de *courtiers culturels*, selon l'expression de Ssewakiryanga afin de marquer leur présence sur la scène mondiale. Autrement dit, ils sont contraints d'adopter les sonorités étrangères.

En effet, beaucoup de formations musicales ont opté pour une musique métissée : les frères Guissé, Misaal, Ismaïla Lô, Waflash de Thiès, Cheikh Lô, Baaba Maal, etc. D'autres, comme Youssou Ndour, Alioune Mbaye Nder, Kiné Lam, etc. pratiquent une musique à deux vitesses : le *mbalax pur* et *dur* pour la consommation locale et une version world-music « *soft* », tempéré pour l'extérieur.

Aussi, pour certains, la musique sénégalaise internationale ne l'est que de nom, il s'agirait plutôt :

De la poudre de perlimpinpin... La musique dite « sénégalaise » qui marche est une musique élitiste. Elle n'a de sénégalais que les têtes d'affiche qui s'en glorifient... Quelle différence entre Youssou Ndour iconoclaste et très ouvert aux sonorités du monde hors du pays et celui qui au Thiossane ou dans les stades au Sénégal détonne par un Mbalax frétillant et décomplexé ? (Sarr, Mbaye : 1998).

Même au niveau local, on assiste à une «*modernisation*» de la musique traditionnelle sénégalaise. En effet, emportés par la logique commerciale, des chanteurs traditionnels sont en passe de sacrifier les folklores sénégalais sur l'autel du modernisme. Ainsi, Fatou Guéwel Diouf, Kiné Lam, Daro Mbaye, Khar Mbaye Madiaga, etc. ont fait leur mue en abandonnant leur ensemble lyrique traditionnel pour constituer des orchestres. Même Ndiaga Mbaye qui un moment s'est fait le *gardien du temple* en critiquant vigoureusement cette forme de prostitution de la musique traditionnelle, a fini par regagner les rangs avec armes et bagages.

Force est donc de constater que la musique moderne sénégalaise, hybride, subit une double influence : moderne (occidentale) et traditionnelle (africaine).

Au *plan technologique*, également, le Sénégal reste grandement tributaire de l'extérieur. Les disques compacts sont importés. Il n'existe pas encore d'unité de pressage de CD. Youssou Ndour envisage de la créer. Il en est de même pour les instruments de musique qui proviennent de l'extérieur.

La musique en ligne (par Internet) commence à faire une percée fulgurante avec le MP3 dans notre pays. La multiplication des graveurs de CD complique de plus en plus la tâche du Bureau sénégalais du droit d'auteur (BSDA) déjà rudement confronté au piratage des cassettes.[9]

En attendant, il faut reconnaître que, depuis le début des années 1980, avec l'avènement de l'industrie musicale au Sénégal, un saut qualitatif a été fait. Il existe aujourd'hui des installations techniques très performantes : studios d'enregistrement sophistiqués (studio 2000, XIPPI, etc.), usines de duplication de cassettes... Ainsi, remarque Ibrahima Ndoye, *le Sénégal est incontestablement l'un des pays africains les mieux lotis dans le domaine musical* (Ndoye 1997:8).

Au *plan économique* enfin, signalons qu'une dizaine de musiciens sénégalais ont signé avec des *majors*, comme Polygram, Sony, BMG, Warner. Ce qui constitue un gain énorme pour ces signataires de contrats. Il s'y ajoute les disques d'or et de platine engrangés qui confèrent à leurs détenteurs une surface financière importante.[10] Ainsi Youssou Ndour, Coumba Gawlo Seck et Ismaïla Lô, Thione Seck, etc. se sont vus décerner un disque d'or dans de nombreux pays européens.

Quant au niveau local, en l'absence de statistiques fiables, il est difficile d'évaluer le chiffre de vente de produits musicaux. Toutefois un magazine sénégalais avait estimé, en 1996, le marché de la distribution à quelque 2,3 milliards de francs CFA par an, chiffre, sans doute, en deçà de la réalité si l'on sait que le piratage et les fausses déclarations de ventes menacent le secteur de la musique.[11] Tous les professionnels de la musique reconnaissent, cependant, qu'elle est un « *secteur d'avenir* » qui recèle d'énormes potentialités. Ainsi, Robert Lahoud, musicien arrangeur, producteur soutenait que *la musique pourrait rapporter plus que les phosphates* (Lahoud 1996), c'est-à-dire plus que la principale ressource minière du Sénégal.

François Belorgey, ex-directeur du Centre culturel français estime, quant à lui, que le Sénégal a tout pour réussir *une industrie intégrée à même de dupliquer et distribuer des cassettes, une position géographique enviable et des infrastructures susceptibles d'en faire une place d'exportation* (Belorgey 1997:80).

Ce dynamisme de l'industrie musicale sénégalaise, qui permet à la musique d'être présente sur la scène internationale, ne doit pas occulter la réalité.

Certes, le Sénégal présente de solides atouts sur ce plan, certes le secteur est en pleine expansion, mais force est de remarquer que ces efforts sont réfrénés par des maux qui laminent le secteur : piratage, lourde fiscalité, étroitesse du marché national, inorganisation, etc.

En conséquence, nous pouvons schématiquement caractériser le secteur de la musique au Sénégal comme une tête à deux visages : d'un côté, on observe l'industrie musicale, un secteur structuré qui tente de se mettre en place en se conformant aux lois et règlements en vigueur dans le pays, de l'autre se profile le secteur informel, non structuré, qui mène ses activités en marge de la loi.

Il convient, dès lors, de s'interroger sur les implications socio-économiques, culturelles, juridiques et politiques du développement de l'industrie musicale au Sénégal. Ces interrogations majeures qui tournent autour de l'industrie musicale seront abordées par quatre chercheurs qui tenteront de proposer des éléments de réponses à partir des domaines d'investigation qui leur sont spécifiques.

Notes

1. Chercheur au Centre de recherche fondamentale de Kampala (Ouganda).
2. Le terme « world music » est apparu dans les années 1980. Toutefois, on retient officiellement l'année 1987 comme référence lorsque des producteurs indépendants de labels spécialisés dans ce qu'on appelait à l'époque les musiques du monde se sont rencontrés à Londres pour chercher un terme générique permettant d'identifier leurs productions dans les bacs des disquaires. Ils ont choisi le terme « world music » afin de classer ensemble des artistes très différents ainsi que des musiques issues de différentes zones géographiques et relevant de différents styles, *avec la volonté cependant d'exclure les musiques folkloriques considérées comme mortes car sans évolution possible... Il ne s'agit donc pas au départ, on le voit, d'un mouvement musical, mais d'un* « concept marketing », *destiné à mieux vendre...* (Bonniol Jean-Luc, 1999, « A propos de la world music : logiques de production et de réception » in *Universalisation et différenciation des modèles culturels,* Université

Saint-Joseph et AUF, p. 326). World music désigne généralement la musique africaine ou asiatique greffée aux sonorités occidentales.
3. Martin D. Roberts, docteur en littérature française, est professeur d'études françaises au Département des langues et littératures étrangères, Massachusetts Institute of Technology, Cambridge (États-Unis d'Amérique).
4. La notion d'« industrie culturelle » vient de l'allemand « Kultur Industrie » qui signifie « industrie des biens culturels ».
5. Par la combinaison de la technologie et des médias, des chansons à la qualité douteuse, pompeusement baptisées « tubes de l'été », peuvent avoir un succès retentissant auprès du public par le seul fait d'une promotion tous azimuts.
6. L'OMC (Organisation mondiale du commerce) a été créée le 1er janvier 1995 pour succéder au GATT mis en place après la seconde guerre mondiale pour réguler le commerce mondial. Cette idée d'exception culturelle voudrait que l'on tienne compte, au niveau du commerce mondial, de la spécificité des biens culturels qui ne doivent pas être considérés comme n'importe quelle marchandise.
7. Colloque international sur « Globalisation : le défi de la diversité culturelle et l'audio-visuel « tenu du 22 au 24 mai 2000 à Valencia (Espagne).
8. Internet peut devenir préjudiciable aux créateurs car, avec le MP3, nom dérivé du MPEG1 Audio Layer3, il est possible de télécharger à volonté des fichiers musicaux. Il s'agit d'un standard de compression sonore qui utilise des flux de données compris entre 32 et 320 kilobits par seconde.
9. Le disque d'or et le disque platine sont décernés en fonction du nombre d'exemplaires de CD vendus sur le marché d'un pays donné.
10. *Nouvel Horizon*, n°166 du 23 avril 1999, p.16.

1

Approche socioéconomique de l'industrie musicale au Sénégal

Saliou Ndour

Introduction

Les années 1980 ont vu le Sénégal amorcer un grand virage dans le domaine de la musique. L'ère de l'industrie musicale fit son apparition avec l'installation de studios d'enregistrement qui contribuèrent à l'explosion de la musique dans notre pays. Les artistes eurent la possibilité de trouver sur place, pour se faire enregistrer, ce qu'ils allaient chercher en Europe ou en Amérique. Les groupes musicaux se multiplièrent tout en suscitant un fol engouement auprès du public.

Les retombées ne se firent pas attendre : les tournées devinrent fréquentes à l'étranger, les consécrations s'échelonnèrent (disques d'or, de platine, nominations au Grammy Awards, etc.). Les Youssou Ndour, Baaba Maal, Coumba Gawlo Seck, Thione Seck, Didier Awadi, Omar Pène et autres jouèrent sur les grandes scènes mondiales.

Du coup, l'image du musicien se trouve radicalement transformée : il n'est plus ce marginal, disciple de Bacchus et amateur de jeunes filles de petite vertu. Il devient un personnage adulé et respecté dans sa société, un symbole de réussite sociale, une valeur sûre de l'establishment social.

Ainsi, donc, le secteur de la musique a-t-il fait sa mue. La voie de l'« industrialisation » de la musique a été balisée. Ce qui ne sera pas sans conséquence au plan socioculturel et économique pour les acteurs qui gravitent autour de ce secteur.

Dans le cadre de ce travail, nous indiquerons d'abord la méthodologie utilisée ; ensuite nous nous interrogerons sur les mutations socioculturelles intervenues dans le secteur de la musique et enfin nous réfléchirons sur les transformations économiques qu'a engendré le développement de l'industrie musicale au Sénégal.

Méthodologie

Le travail sociologique ne se limite pas simplement à une réflexion sur les phénomènes sociaux et à une interrogation sur la possibilité d'une science de ces phénomènes. Plus qu'une démarche théorique, il est également et surtout une pratique qui consiste à « interroger les faits sociaux concrets pour tenter d'expliquer les causes ou conditions d'apparition d'un phénomène dans le cours des choses sociales » (Javeau 1990:107).

Cela signifie la nécessaire utilisation de *méthodes* appropriées et le recours à des applications *techniques* pour mettre en œuvre ces méthodes qui caractérisent tout travail sociologique. La méthode peut donc se définir comme « un programme réglant d'avance une suite d'opérations à accomplir et signalant certains errements à éviter en vue d'atteindre un résultat déterminé » (Lalande 1998:624).

Il s'agit là de cheminement qu'il faut emprunter pour résoudre le problème que l'on se pose à partir de données fournies par l'expérience. Les techniques ne sont que : « Les opérations qui jalonnent le cheminement d'un problème sociologique tout au long d'une recherche et qui s'inscrivent dans une perspective donnée, par exemple : l'enquête par questionnaire quantitative » (Javeau 1976:107).

Si, donc, la méthode est un programme à réaliser, la technique est un moyen pour exécuter ce programme. Aussi, sera-t-il nécessaire de retracer, ici, l'enchaînement d'opérations qui jalonnent la recherche sociologique. Pour ce faire, nous tenterons d'indiquer la démarche à suivre, de préciser les matériaux sur lesquels nous nous sommes appuyés pour mener à bien ce travail et, enfin, de faire part des difficultés rencontrées sur le terrain et les moyens qui ont été déployés pour les surmonter et les résoudre.

L'investigation bibliographique

La documentation sur l'industrie musicale en Afrique est quasi inexistante. Toutefois, dans le cadre de ce travail, nous nous sommes rabattu sur les journaux et revues pour combler ce vide. Ce travail de recherche documentaire, fastidieux, terminé, nous nous sommes engagé dans l'investigation sur le terrain.

L'investigation sur le terrain

La phase exploratoire

Celle-ci a consisté à faire, d'une part, un travail de lecture préparatoire et, d'autre part, à procéder à des entretiens exploratoires.

La lecture préparatoire

Elle nous a permis de faire l'état de la recherche sur la thématique de notre travail et d'envisager notre contribution par rapport à ce qui a été fait jusqu'à présent sur la thématique de l'industrie musicale. A ce niveau la documentation a terriblement fait défaut mais la lecture des journaux et des revues nous a permis d'ajuster patiemment et obstinément notre perspective.

Les entretiens exploratoires

Ils nous ont aidé à compléter ces lectures. De nature peu directive, ces entretiens nous ont permis d'avoir des discussions fructueuses avec des acteurs du show-biz – animateurs, amateurs de musique, vendeurs de cassettes, promoteurs, musiciens – des universitaires, etc.

Lorsque nous avons discuté avec quelques vendeurs de cassettes, il nous a été donné de mesurer l'ampleur de la difficulté qui nous attendait et du tact dont il faudrait faire preuve, compte tenu de la délicatesse des sujets à aborder, surtout ceux relatifs à la question du piratage. Ce qui nous a permis de nous préparer en conséquence avec, à la clef, un taux de 95 pour cent de réponses de l'échantillon choisi.

Nous avons tiré de cette phase exploratoire un enseignement assez positif pour bien entamer la suite des opérations.

L'échantillonnage global

Nous avons décidé de soumettre les questionnaires aux 2 principaux éléments de la chaîne de production musicale que sont :

- en amont, les musiciens créateurs du produit musical,
- en aval, les vendeurs de cassettes, distributeurs de ces produits.

Les musiciens

Nous avons voulu établir une base de sondage à partir de fichiers élaborés par 3 organismes (BSDA, Siggi Enda-Art et Escalier F Sénégal). Cependant, il est apparu qu'aucun de ces fichiers ne pouvait constituer une base de sondage fiable pour les raisons suivantes :

- Le fichier du BSDA (Bureau sénégalais des droits d'auteurs) qui comporte, à la date du 14 avril 1999, 1 789 membres inscrits, n'est pas suffisamment précis sur la qualité du sociétaire. Ce qui veut dire que tous les sociétaires du BSDA, sans exclusivité, sont recensés sur cette liste. Ainsi y figurent des dramaturges, romanciers, poètes, etc. Jean-Louis F. Brière, Boubacar Guiro, Mbaye Gana Kebe et Léopold Sédar Senghor, qui sont répertoriés sur la liste du BSDA, ne sont pas, à ce qu'on sache, des musiciens.

Il s'y ajoute le nom des étrangers immatriculés au BSDA : Ahmed Abdallah, Pierre Dreyfus, Ducrocq, Alieu Jobe, Kabanger Kashama, Nzitany Loukouamou, etc. qui ne sont pas sénégalais.

Nous aurions pu ne retenir que les musiciens sénégalais connus de nous, mais cette solution aurait pu être très lacunaire parce que beaucoup de musiciens sénégalais inconnus de nous risquaient d'être mis de côté. Or, nous ne voulions pas constituer un répertoire de célébrités.

- Le fichier Siggi Enda-Art, un annuaire des métiers de la musique, réalisé par l'ONG Enda Tiers-Monde, aurait pu constituer pour nous une base de sondage assez intéressante. Mais comme le reconnaît lui-même Yann N. Diarra, l'un des auteurs de cet ouvrage :

> Le nombre de musiciens [736] ayant répondu à nos questions est limité par rapport à l'ensemble des acteurs (que l'on peut évaluer à 3000 environ)... il faut signaler également que cet échantillon se limite à la région de Dakar » (Diarra 1999:249).

L'échantillonnage n'aurait concerné que la région de Dakar alors que nous souhaitions étendre nos questionnaires à deux autres villes du Sénégal (Thiès et Saint-Louis).

- Le ficher d'Escalier F Sénégal (un organisme canadien de formation et de perfectionnement de la chanson francophone) nous a permis de recenser 459 artistes sénégalais. Le problème de ce fichier est que les instrumentistes en sont exclus. Seuls sont concernés les chanteurs.

Compte tenu des considérations susmentionnées, nous avons dû recourir aux *méthodes empiriques de désignation d'un échantillon* qui font appel au « choix raisonné ». L'échantillon est alors sélectionné de façon à refléter une image aussi fidèle que possible de la population à étudier. Ces méthodes relèvent de considérations moins objectives, plus discutables et sont, par conséquent moins rigoureuses, mais l'avantage d'avoir des coûts moins élevés et de la rapidité dans le travail.

Donc, nous avons procédé empiriquement à des estimations en prélevant sur la population de musiciens à enquêter 100 sujets. Pour ce faire, nous avons ciblé des *groupes musicaux* de Dakar, Thiès et Saint-Louis.

Ainsi, nous avons choisi 25 groupes musicaux dans 3 villes – Dakar, Thiès, Saint-Louis – et demandé à 4 musiciens pour *chaque groupe* de notre échantillon de répondre au questionnaire :

$$4 \times 25 = 100 \text{ questionnaires}$$

Il faut préciser que chaque groupe musical enquêté compte en moyenne une dizaine de membres.

Les vendeurs de cassettes

Nous avons rencontré les mêmes difficultés que chez les musiciens. En effet, il n'existe aucune base de sondage, aucun recensement, aucun fichier. Nous avons utilisé le même procédé que chez les musiciens à savoir les *méthodes empiriques* de prélèvement d'un échantillon au terme de l'application desquelles nous avons choisi 100 sujets vendeurs de cassettes des villes de Dakar, Thiès et Saint-Louis à qui nous avons soumis des questionnaires.

Critères de choix de villes

Nous avons choisi ces trois villes pour les raisons suivantes :

1. *Dakar* est le pôle tournant de l'industrie musicale. En effet, 99 pour cent des activités s'y déroulent : production, distribution, duplication, promotion, etc. Dakar, à elle seule, aurait suffi pour caractériser toute l'industrie musicale au Sénégal ; une sorte de macrocéphale au corps squelettique.

2. *Thiès*, proche de Dakar, bénéficie, de fait, des retombées de l'industrie musicale de la capitale et se caractérise par le dynamisme de ses groupes musicaux : Waflash et le Royal Band de Thiès, pour ne citer que ceux-là.

3. *Saint-Louis*, ville à vocation culturelle et touristique, abrite une grande structure culturelle (le Quai des arts) et l'un des plus grands festivals de jazz d'Afrique.

Echantillonnage par ville pour les musiciens

La répartition des 25 groupes musicaux choisis s'établit comme suit :

Dakar	15
Thiès	5
Saint-Louis	5
Total............ =	25

Pour chaque groupe, nous avons choisi, par tirage, sans remise 4 membres à qui soumettre les questionnaires. Ainsi nous avons :

Dakar	4 x 15	60 musiciens enquêtés
Thiès	4 x 5	20
Saint-Louis	4 x 5	20
Total............	= 100	

Echantillonnage par ville pour les vendeurs de cassettes

Pour ce qui est des trois villes (Dakar, Thiès, Saint-Louis), nous avons principalement enquêté auprès de vendeurs de cassettes ayant des cantines (une très petite boutique) dans les marchés de Dakar, Thiès et Saint-Louis.

Nous avons ciblé un autre point de regroupement des marchands ambulants devant la représentation d'Air Afrique[1] à Dakar, fréquentée par les voyageurs, particulièrement des touristes. Elle est susceptible d'être un point de vente important.

Dakar

Marché Sandaga	25
Marché Grand-Yoff	10
Marché Thiaroye	10
Marché Pikine	5
Marché Castors	5
Direction Air Afrique	5
Marché Colobane	5
Total…………………	= 65

Thiès

Marché Central	10
Marché Moussanté	10
Total………………….	= 20

Saint-Louis

Marché Sor	7
Marché Ndar-Toute	5
Marché Pikine	3
Total…………………….	= 15

En faisant le récapitulatif, nous avons donc :

Dakar	65
Thiès	20
Saint-Louis	15
Total……………………...	= *100*

Techniques d'enquête : Inventaire des techniques
La population de musiciens et de vendeurs de cassettes, ainsi dégagée, nous pouvons nous atteler à présent à l'élaboration des questionnaires.

Le recours au questionnaire et son élaboration
Instrument privilégié de notre enquête parce que constituant un moyen efficace de collecte des données, des questionnaires (pour les musiciens et les vendeurs de cassettes) ont été réalisés en deux étapes :

- dans un premier temps, nous avons testé les questions auprès de dix musiciens et dix vendeurs de cassettes de Saint-Louis afin de mesurer leur impact, d'examiner leur clarté et leur pertinence et de voir si leur formulation ne contenait aucune ambiguïté ;
- dans un second temps, nous avons pu procéder, après cette pré-enquête, à quelques modifications sur la forme des questionnaires. Ainsi les questions mal posées ont été reformulées, les questions trop délicates changées voire annulées.

Les différents thèmes abordés par l'enquête
Dans les 2 questionnaires (musiciens et vendeurs de cassettes), nous avons abordé les thèmes suivants :

- Secteur informel et secteur formel,
- Mobilité sociale et changement social,
- Caste et décastification,
- Piratage,
- Professionnalisme du secteur de la musique,
- Technologie musicale
- Dynamisme économique et
- Economie informelle.

Nous nous sommes également intéressé aux indicateurs suivants :

- Localité d'origine.
- Origine sociale et
- Activités économiques (revenu, chiffre d'affaires, rentabilité).

La forme du questionnaire
Pour l'élaboration des questionnaires, nous avons privilégié au maximum les questions à *éventail ouvert*. Ce faisant, nous avons proposé aux enquêtés un *éventail* de réponses différentes parmi lesquelles la possibilité de choisir librement. Ils ont *ouvert* parce qu'on laisse au sujet la liberté de donner une autre réponse que celles contenues dans la liste.

Ce choix a l'avantage de permettre au sujet de nuancer sa réponse en lui donnant un plus grand nombre de choix de réponses qu'il n'a pas avec une question fermée, de lui fournir des points de repère pour formuler ses réponses, mais également de nous faciliter l'exploitation des réponses en les classant dès l'enquête.

Nous avons également eu recours aux *questions fermées* pour l'identification et les faits. Celles-ci permettent au sujet enquêté, entre deux positions le plus souvent, de répondre par oui ou non. Ce type de question a le bénéfice de la clarté et de la simplicité, de la rapidité dans le dénombrement et la classification des réponses au moment du dépouillement.

Nous avons aussi utilisé des *questions ouvertes* pour recueillir des opinions et approfondir des questions. L'enquêté est totalement libre de la formulation de sa réponse.

Enfin, il faut signaler que nous avons été obligé, par endroits, d'user de *questions indirectes* pour obtenir des renseignements jugés délicats. Par exemple, pour avoir des informations sur les revenus des musiciens, nous leur avons demandé s'ils possèdent une automobile, une maison à grand standing, un compte bancaire, etc.

Par ailleurs, le questionnaire a été rédigé en français et, pour certains vendeurs de cassettes non alphabétisés dans cette langue, nous avons été obligé de traduire en wolof les questions posées.

Autres techniques utilisées
Hormis les questionnaires, nous avons également eu des *entretiens approfondis* d'une heure trente en moyenne, enregistrés au magnétophone avec certaines personnes-ressources du secteur de la musique, des producteurs, des distributeurs, des grossistes de cassettes, des managers, tourneurs, fiscalistes, juristes, etc.

De même, des *entretiens semi-directifs* ont été menés avec certains musiciens susceptibles de fournir des informations particulières sur la musique sénégalaise.

Nous avons également pris part à des réunions et autres rencontres musicales en notre qualité de membre de l'Association des métiers de la musique du Sénégal (AMS) et président de la section de Saint-Louis de cette association. Ce qui nous a permis de faire de l'observation *engagée* en intégrant ainsi la communauté des musiciens.

Par ailleurs, le recours aux *données statistiques* nous a fourni l'occasion de faire des comparaisons avec d'autres données statistiques qui sont soit trop restrictives (comme par exemple les chiffres fournis par Enda-Art qui concernent exclusivement la région de Dakar) ou trop évasives (comme les chiffres de la Direction de la prévision et de la statistique qui intéressent toute la sphère de la culture au Sénégal).

Enfin, nous avons recueilli l'histoire de vie de certains grands musiciens et autres acteurs du secteur de la musique soit par entretien direct soit par voie de presse à partir d'interviews accordées à des journaux de la place. Les thèmes abordés ont trait à leur vie, à la mobilité sociale, à la « décastification » de la profession, à l'organisation du secteur de la musique, au piratage, etc.

Les difficultés du terrain

En sus de la rareté des documents pour préparer la pratique du terrain, il faut noter l'absence de base de sondage fiable tant en ce qui concerne les musiciens que les vendeurs de cassettes. De même que les données chiffrées sur les activités du secteur de la musique sont quasi inexistantes.

C'est également difficile d'obtenir des entretiens de certains grands musiciens en raison de leur emploi du temps trop chargé. Il s'y ajoute la suspicion qui fait que certains musiciens nous fuient systématiquement sans oublier le vedettariat qui ne permet pas d'aborder facilement certains sujets d'enquête.

L'aménagement d'un rapport social positionné : un chercheur appartenant au milieu de la musique face à ses partenaires

Nous avons eu une relation ambivalente avec notre objet : à la fois comme acteur et comme observateur. En effet, homme du sérail, nous avons occupé dans le milieu de la musique des responsabilités.

Cette position privilégiée nous a permis d'être au diapason des problèmes qui agitent ce secteur, de connaître ses forces et ses faiblesses.

Toutefois, en tant que chercheur et observateur désengagé, la rigueur commande une certaine prudence afin de ne pas tomber dans le travers des préjugés et des certitudes inébranlables. Ainsi, comme le recommande Gaston Bachelard, il faut observer sans idée préconçue : « Quand il se présente à la culture scientifique, l'esprit n'est jamais jeune. Il est même très vieux car il a l'âge de ses préjugés. L'opinion pense mal, elle ne pense pas… » (Bachelard 1970:14).

Ainsi, nous avons fait nôtre cette recommandation de Durkheim, à savoir « traiter les faits sociaux comme des choses » (Durkheim 1968:12), c'est-à-dire que, même si les faits sociaux ne sont pas des choses, il faut néanmoins les traiter *comme* s'ils étaient des choses ; autrement dit, le fait social doit être, dans la mesure du possible, un objet extérieur à l'observateur en évitant, autant que faire se peut, de tomber dans la subjectivité.

Ce principe énoncé par Durkheim a comme corollaire la règle de *l'ignorance méthodique*, ce qui veut dire que le sociologue, à l'image du biologiste ou du chimiste, doit avoir le sentiment de son ignorance en face de l'objet étudié et faire table rase des connaissances plus ou moins déformantes acquises par l'expérience. Aussi doit-il éliminer ce que Bacon appelait les prénotions : « sortes de fantômes, qui nous défigurent le véritable aspect des choses et que nous prenons pourtant pour les choses elles-mêmes ».

Cette familiarité que nous avons donc avec le milieu de la musique, loin de nous faciliter le travail, s'est posée par endroits en véritable obstacle épistémologique ; mais il faut nous départir des impressions premières pour nous « imposer une polémique incessante contre les évidences aveuglantes qui procurent à trop bon compte l'illusion du savoir immédiat et de sa richesse indépassable » (Bourdier, Passeron *et al.* 1968:35).

En outre, si certains musiciens nous acceptaient comme membre à part entière du milieu, d'autres, par contre, manifestaient leur hostilité voire un rejet total, nous percevant comme un « étranger fouineur ».

Toutefois, nous avons usé de tact pour faire tomber ces barrières ou, parfois, quand celles-ci étaient quasi insurmontables, nous avons dû recourir à des intermédiaires pour nous aider.

Quant aux vendeurs de cassettes, dont la plupart sont des membres de la confrérie mouride, nous avons joué sur la fibre du talibé, pour l'approche. Il faut savoir que les mourides, fervents talibés, respectent et vénèrent tout ce qui touche leur confrérie. En nous présentant nous-même comme un talibé et en faisant le « soudjot » (salutations des mourides), nous avons été vite adopté.

Le dépouillement et l'interprétation

Il s'est agi pour nous dans cette phase de réaliser d'abord *l'opération de codage* et ensuite d'effectuer le *dépouillement* à proprement parler des questionnaires.

L'opération de codage

Le codage est souvent une opération assez délicate. Il consiste à établir une grille de catégories dans lesquelles seront classées les réponses recueillies. L'élaboration du code conduit, donc, à prévoir pour chaque question des catégories de réponse-type et à chaque réponse-type, on fait correspondre un chiffre. Par exemple, le code de la question : *Etes-vous salarié(e) dans votre groupe musical ?* s'est présenté sous la forme :

Oui → 1   Non → 2

Si pour les *questions fermées*, à éventail ou à évaluation, l'établissement du code a été relativement facile, il n'en est pas de même pour les *questions ouvertes*. Pour ce faire, nous avons dû d'abord recourir à l'interprétation des réponses fournies par les musiciens et vendeurs de cassettes puis aux regroupements en catégories pertinentes des diverses réponses en veillant à ce que la répartition soit la plus juste possible. Enfin nous nous sommes livré à une analyse lexico-sémantique des réponses fournies par les enquêtés.

Dépouillement des questionnaires

Après avoir codé les questionnaires, nous les avons dépouillés, c'est-à-dire que nous avons dégagé les résultats intéressants qui s'inscrivent dans le cadre défini par les hypothèses de travail. Pour ce faire, nous avons tenté de réaliser deux types d'opération : le comptage et la mise en contingence.

Le comptage est le décompte pur et simple des réponses d'un certain genre à une question déterminée. Il s'agit de dénombrer les « Oui » et les « Non » tels quels (fréquences absolues) ou les ramener à 100 (fréquences relatives).

Quant à *la mise en contingence* des réponses à deux ou à plusieurs questions différentes, il s'agira de voir, ici, dans quelle mesure deux ou plusieurs ensembles de réponses sont liés entre eux. Ainsi nous avons procédé à *des tris plats* et des *tris croisés* ou corrélations.

Cette opération de dépouillement a été réalisée grâce à l'utilisation des logiciels SPSS (Statistical Package for The Social Sciences) et Statgraphics.

Une fois ce travail de traitement des données effectué, nous nous sommes livré à une analyse de données et à une interprétation des résultats en recourant au diagramme en secteurs que nous avons construits.

Au total, après avoir indiqué la démarche que nous avons décidé de suivre dans le cadre de ce travail, nous pouvons à présent aborder les mutations socioculturelles et les transformations économiques qui sont intervenues dans le secteur de la musique.

Les mutations socioculturelles

Le Sénégal est un pays aux confluents de la tradition et du modernisme. Son passé, lié à la colonisation, jugée comme un *mal nécessaire* par son premier président, le poète Léopold Sédar Senghor, en est le trajet. Ce double passé ne pouvait s'imprimer sans laisser ses marques indélébiles, celles d'un *Homo senegalensis* tenaillé entre deux civilisations. La conséquence en est l'acquisition d'une *identité mutante*, pour reprendre l'expression de Célestin Monga.[2] Ce qui se traduit au plan social par des mutations socioculturelles, résultant du passage de la tradition à la modernité.

La musique, en tant que fait social, n'a pas été en reste. Elle a connu de grandes mutations au Sénégal. Il s'agit donc, pour nous, d'examiner dans quelle mesure les nouveaux supports de diffusion et de promotion (cassettes, disques compacts, VCD, DVD, radios, télévision, Internet, etc.) pourraient engendrer les mutations sociales qui sont intervenues dans le secteur de la musique. Ou plutôt servent-ils à assurer la reproduction sociale ?

La réponse fournie par la sociologie est que, de manière générale, les nouveaux outils ne contribuent pas au changement de la société et qu'ils favorisent, au contraire, la reproduction sociale en raison des inégalités d'accès et d'utilisation liées au pouvoir d'achat. Pour les travaux actuels de la sociologie, il n'y aurait donc pas de révolution en cours.

Durand et Scardigli sont très critiques vis-à-vis d'une telle vision : « En réalité, soutiennent-ils, derrière les apparences de continuité, se prépare peut-être effectivement une mutation culturelle liée à l'omniprésence des nouveaux objets quotidiens, à la « digitalisation » du mode de vie » (Durand, Scardigli 1993:567).[3] Et dans la mesure où c'est un champ en voie de constitution, les sociologues n'ont pas pu entrevoir la mutation.

Pour notre part, l'esquisse d'une analyse nous permet de saisir les changements sociaux qui sont intervenus dans ce secteur artistique consécutivement au développement de l'industrie musicale.

Mais avant d'en venir aux mutations, nous estimons nécessaire de faire l'historique de la musique au Sénégal. Car « tout comme elle est nécessaire pour comprendre les processus de changement, la référence à l'histoire est essentielle à l'analyse des mouvements sociaux » (Ferréol et *al.* 1995:156).

Historique et évolution de la musique au Sénégal

Aussi loin que l'on remonte dans l'histoire de ce pays, les Sénégalais se sont toujours adonnés à la musique. Toutefois les griots demeurent la frange de la population qui s'est le plus exercée à cet art. Véritables dépositaires de la mémoire collective, ils contribuent à la sauvegarde et à la réhabilitation de la culture.

Hier comme aujourd'hui, le griot est une figure de proue de la musique sénégalaise. La plupart des grands chanteurs et instrumentistes du Sénégal se recrutent dans ses rangs.

Autrefois, une initiation était nécessaire pour revendiquer le statut de griot. Ces « maîtres de la parole » sillonnaient toutes les contrées du pays exerçant leur talent en même temps qu'ils s'enrichissaient d'autres sonorités et rythmes. De par cette riche expérience acquise au fil du temps et au contact d'autres aires culturelles, les griots ont légué aux générations futures un important héritage.

Aujourd'hui, les véritables dépositaires de la tradition se raréfient. En effet, la montée de la musique dite moderne risque de reléguer au second plan la musique dite traditionnelle. Et pourtant celle-ci peut se révéler un important vivier dans lequel la musique moderne pourrait puiser ses sources d'inspiration d'autant que dans l'univers musical sénégalais coexistent ces deux types d'expression musicale.

Force est de reconnaître que ceux-ci n'ont pas les mêmes répertoires, ni les mêmes instruments, chacun gardant sa spécificité même s'il peut exister un système de vases communicants.

La musique traditionnelle se décline au pluriel et découle des traditions propres à chaque ethnie et groupe social de ce pays. Aussi faut-il se garder de toute généralisation hâtive. Cependant nous pouvons fournir quelques caractéristiques essentielles de cette musique traditionnelle.

A l'instar de beaucoup de peuples africains, les groupes linguistiques au Sénégal n'ont pas de terme générique pour désigner la musique : on ne parle pas de « musicien » mais plutôt de chanteur ou de joueur d'instrument particulier. Par exemple, en wolof on dira *woykat* pour désigner le chanteur, *tamakat, xalamkat, tëgkat u sabar* pour désigner chacun des instrumentistes.

Traditionnellement, la musique accompagnait les différents événements de la vie sociale. Elle est pratiquement présente dans toutes les cérémonies sociales ; *kasak* ou chants de la circoncision, naissance, mariage, funérailles, travaux champêtres, travaux domestiques, séances de lutte, etc.

C'est le lieu de souligner que cette musique traditionnelle a fortement marqué le Théâtre national Daniel Sorano. Véritable creuset des sonorités et des rythmes du folklore populaire, il a permis l'éclosion de grands noms de la musique traditionnelle sénégalaise : les Samba Diabaré Samb, Fatou Sakho, Ndèye Mbaye Djin Ma Djin Ma, Mahawa Kouyaté, Fatou Ndiaye Samb, Khady Diouf, Soudioulou Sissokho, Ndiaga Mbaye et autres ont marqué d'une empreinte indélébile la musique traditionnelle sénégalaise.

Cette brève présentation de la musique traditionnelle serait incomplète si nous ne parlions pas des *rythmes et danses traditionnelles* qui accompagnent cette musique.

Le *mbalax*, modernisé aujourd'hui, est en fait un mélange de trois rythmes : le *mbalax* joué pendant les séances de lutte traditionnelle et pour la danse du *sabar* avec le *nder* ou *le sabar* accompagné d'un *mbeug mbeug*, le *touli*, rythme de basse joué par le *lamb* (ou le *ndeund*) et le *talmbat* joué par le *gorong-yégué*. Parmi les grands maîtres de ce rythme l'on peut citer, à travers les âges, Bouna Bass Gueye et Mada Seck qui ont marqué, dans les années 1950, les séances de *sabar* à Dakar, le tambour-major Doudou Ndiaye Coumba Rose qui va mélanger le *mbalax* avec des djembés ou des tabala en y ajoutant des rythmes diola.

Aujourd'hui Mbaye Dièye Faye, avec son orchestre de tambours le Sing-Sing rythm, Papa Ndiaye Guéwel et Papa « Thiopet » sont en train de reprendre le flambeau bien que tous les trois jouent dans des orchestres modernes.[4]

Le rythme *gajo* produit par un *tama*, deux *sabar* et deux *gorong* est joué pour les danses qui suivent les baptêmes, les jeux du faux-lion (*simb*).

On peut également noter deux rythmes casamançais : le *djabadong* (joué lors de l'initiation) et le *wolosodong* (rythme joué aujourd'hui par le Touré Kunda).

Ces rythmes riches et variés font danser. Ceux du *sabar* engendrent des danses endiablées telles que le *mbappat*, le *tama*, le *ndadar*, le *sabar*, le *mbabass* et le *tanbèer*. Nous avons également l'*asiko*, une danse originaire de la Gambie et qu'accompagne le tambour du même nom.

D'autres danses ont été créées au Sénégal : le *yaba* exécuté par les femmes âgées dans les quatre communes[5] (Dakar, Saint-Louis, Rufisque, Gorée) ; le *wrong* séreer et wolof est dansé par les initiés après la circoncision ou par les paysans après les récoltes ; le *sa n'diaye*, ancienne danse accompagnée de chant.

Le *niari gorong*, le *ndawrabin* étaient des danses lébou. Le premier, rythmé par un *lamb* et un *gorong*, est surtout dansé par les femmes lébou lors des cérémonies familiales. Quant au second, il est dansé pour faire tomber la pluie.

S'agissant du *gumbé* lébou, séreer et wolof, il était accompagné de chansons et danses exécutées par des hommes et des femmes en l'honneur des génies protecteurs.

Des danses telles que le *cébujen*, pratiquée à l'origine par une femme qui préparait bien ce met, le *farevoudiare*, exécuté par les garçons qui veulent séduire les filles, ont marqué leur temps.

Dans les années 1960 apparaissent de nouveaux rythmes ou danses : le *gine talmbatt-bath*, l'*arwatam*, le *ndaga* de la région du Sine et du Saloum, joué par un *junjun*, un *tama* et un *khalam*.

Puis récemment, le *ventilateur* et le *climatiseur*, des danses suggestives avec des ondulations des hanches et du postérieur sont inventés. De même que le *digenté nit ak nit*[6] (littéralement : entente avec les êtres humains) est passé de mode.

Enfin cette musique traditionnelle sénégalaise s'accompagne d'instruments repérables en fonction des particularismes culturels et géographiques.[7]

En définitive, cet art musical de la tradition est riche et varié, les rythmes divers, mais il reste rudement concurrencé par la musique moderne. Ce vivier de notre patrimoine musical risque de disparaître du fait de l'amplification, l'électrification des instruments ou le mélange inapproprié des instruments et des synthétiseurs dans les enregistrements et les concerts. Ce qui dénature la musique traditionnelle.

L'histoire de la musique moderne au Sénégal est, quant à elle, liée à celle de la colonisation. En effet, ce fut l'armée coloniale qui introduisit par le truchement des fanfares, les instruments modernes au Sénégal. Ainsi, la musique moderne a-t-elle une origine militaire. Se situant dans une logique assimilatrice, le colonisateur français a favorisé et encouragé le développement exclusif de sa musique, négligeant du coup l'expression de la musique indigène. Ainsi les musiciens sénégalais ne jouaient que des instruments modernes (saxophone, accordéon, banjo, trompette, clarinette, piano) et n'interprétaient que de la musique occidentale (valse, musette, marche et tango). Contrairement aux colonies britanniques où l'expression musicale autochtone mélangée avec des instruments modernes était vivement encouragée. De cette symbiose sortirent de nouveaux genres musicaux : high-life, juju, secouss, etc. Une telle différence traduit le mode de gestion en vigueur dans les colonies. Les Britanniques mirent en œuvre l'*indirect rule* (« administration indirecte ») là où les Français prisonniers de l'ethnocentrisme adoptaient le *direct rule*, l'« administration directe ».

Cette option assimilatrice explique, selon un observateur de la scène musicale au Sénégal, que « ... la musique sénégalaise va prendre du retard par rapport à la musique des pays sous colonisation britannique ou belge, alors que le Sénégal fut l'un des premiers territoires coloniaux à être équipé en instruments modernes » (BSDA 1996).

De cette volonté de rompre le cordon ombilical avec la sève nourricière traditionnelle découle le patronage institué par le système colonial. Du fait du coût élevé des instruments de musique, rares furent les orchestres qui pouvaient s'en offrir. Ainsi à Dakar la « lyre africaine » fut parrainée par le maire Alfred Goux.[8] Il s'agit là d'une forme de domination coloniale et une manière de contribuer à sa perpétuation. Le soutien de l'administration coloniale prenait la forme de cours de solfège, d'accès aux instruments et de prêt pour l'acquisition de matériel.

Toutefois, il s'est trouvé des groupes musicaux qui ont refusé cette logique de domination coloniale. En se professionnalisant, ils ont échappé à la contrainte financière, l'arme qu'utilisait l'administration coloniale. En conséquence, vivre de leur art en n'acceptant pas le salaire et les obligations qui s'y rattachaient était la seule possibilité qui leur était offerte. Ainsi, beaucoup de musiciens quittèrent la fonction publique pour ne faire que de la musique.[9] Nous pouvons en citer quelques-uns au Sénégal[10] : Oumar Ndiaye dit Baraud, saxophoniste de jazz et fondateur des « Déménageurs »[11] en 1951, Amsata Niang (trésor) et Doudou Sy (enseignant en arabe).

Même s'il existe à l'époque la volonté de la part des groupes de s'affranchir du « tutorat » colonial, force est de reconnaître que la musique en provenance d'Occident est privilégiée au détriment de la musique autochtone. Les Tino Rossi, Edith Piaf, Dario Moreno, Charles Aznavour, Charles Trenet, Maurice Chevalier, etc. occupaient les hit-parades.

Seules, donc, les variétés françaises, afro-cubaines, américaines rythmaient les chaudes nuits de toute l'Afrique occidentale française. Les paso-dobles, la valse, le tango, la rumba, le be bop, le blues, le rock 'n roll étaient les seules danses admises au cours des soirées dansantes.

Dans ce contexte colonial surgit le jazz avec le débarquement des GIs (soldats américains) qui l'introduisirent au Sénégal. Les disques de Charlie Parker, Billie Holiday, Dizzy Gillespie furent ainsi connus, dans ces circonstances, des Sénégalais. En fait, ce n'est qu'un retour sur ses terres car le jazz a une origine africaine.

La conséquence est que : « Les jeunes Sénégalais sont fascinés par cette nouvelle musique, ces sonorités inconnues et pourtant familières par bien des aspects. Une parenté rythmique s'y exprime distinctement, une attaque des notes, une intensité mélodique qui donnent à ce langage musical une traîne souvent identique à celles de certaines compositions traditionnelles » (Saint-Louis Jazz et Hervé Lenormand 1996:11).

C'est de cette fascination que vont naître des orchestres sénégalais avec des musiciens talentueux. Le Sor Jazz de Saint-Louis, le Saint-Louisien Jazz, l'Amicale Jazz remplacée, par la suite, par le Star Jazz dont les membres les plus prestigieux furent Papa Samba Diop dit Mba, Abou Sy, Ady Diop, Oumar Ndiaye dit « Baraud », fondateur des « Déménageurs », Aminta Fall, Dioury, etc.

Il y eut également la Lyre africaine de Dakar dont les membres les plus en vue étaient Lamine Ndiaye, Bira Gueye, Charles Diop. Elle était spécialisée dans la variété française. D'autres groupes comme le Tropica Jazz de Thiès, la Symphonie Jazz de Ziguinchor et le Dakar Université Sextet se constituèrent.

Ces groupes musicaux ne puisaient pas dans les répertoires des cultures indigènes et la musique qu'ils jouaient était, comme l'écrit Ndiouga Adrien Benga, « une activité urbaine élitiste avec des instruments exclusivement occidentaux… Elle était le fait d'acteurs qui étaient nés ou avaient grandi dans les cités coloniales, donc qui avaient gardé très peu ou n'avaient aucun lien avec l'Afrique rurale » (Benga Ndiouga Adrien 1999:3).

Circonscrite dans les zones urbaines et fortement occidentalisées, la musique des pays africains de l'empire colonial français ne pouvait s'éclore sur la scène internationale.[12]

Qu'en est-il maintenant de l'ère des indépendances ? Il convient de souligner que la rupture ne s'est pas faite. L'extraversion étant de mise, ce fut la vogue afro-américaine qui dominait, à l'époque, la scène musicale sénégalaise. Toutefois, on commença à assister à l'interprétation des chansons en langues nationales sur fond musical afro-américain.

Le premier groupe musical sénégalais à avoir introduit les *instruments traditionnels* dans la musique moderne fut l'UCAS de Sédhiou lors de sa prestation durant la Semaine nationale de la jeunesse en 1968. Ousmane Sow Huchard en fait un témoignage assez coloré :

> Une date mémorable, se souvient-t-il, restera cette fameuse finale des groupes musicaux de la Semaine Nationale de la Jeunesse de 1968 au Théâtre National Daniel Sorano qui a opposé l'UCAS et le Dakar Université Sextet auquel j'appartenais. La grande performance dont nous avons fait preuve dans l'exécution des six pièces imposées par groupe, vêtus de nos beaux smoking roses, avec des instruments extrêmement perfectionnés (guitares Gibson St 355, jazz bass Fender, amplificateurs Marshall et Fender), n'a pas réussi, heureusement, à détourner l'attention des membres du jury qui avait compris, après la belle prestation de l'UCAS, soutenue par la kora de Babou Diabaté et de l'ensemble rythmique du sowruba, animé par Djaïté et ses camarades, tous vêtus de turki blancs avec de petits caya, que la musique de notre pays venait de prendre un tournant décisif dans la conception de sa production. Cette victoire historique de l'UCAS fut saluée par tous, nous en premier, car nous avions compris la leçon magistrale que les jeunes de la commune de Sédhiou venaient d'administrer à tous les musiciens de notre pays (Huchard 1999:216).

Une rupture qu'Ousmane Sow Huchard salue « comme le début de la révolution qui allait marquer de manière significative l'évolution de la production musicale de notre pays » (Huchard 1999:216).

L'UCAS avait montré la voie au Waatoo Sita de Soleya Mama (nom d'artiste d'Ousmane Sow Huchard) et André Lô qui utilisèrent les instruments traditionnels kora, balafon balante, bugëër diola, sabar associés à la guitare.[13]

Cette évolution mènera vers ce qui sera véritablement la *rythmique sénégalaise*, une sorte d'antichambre du mbalax. Cette marque de la sénégalité dans le domaine musical portera l'empreinte indélébile du Star Band d'Ibra Kassé. Celui-ci est considéré comme le père de la musique sénégalaise moderne. En effet, il fut le premier à introduire le *tama* dans la musique sénégalaise avec comme batteur Mamané Fall.

Ce fut le point de départ d'une nouvelle musique populaire moderne appelée *mbalax* avec l'incorporation des percussions. Dès lors, *lamb, xiin, gorom, mbeug mbeug, junjun* côtoient guitare, piano, saxo, etc. Une révolution qui tonna sur le ciel de la musique sénégalaise. Une grande clameur accueillit cette introduction du *tama* et du *sabar* dans les orchestres sénégalais :

> Les gens deviennent fous quand ils l'entendirent, se souvient le diplomate Abdoulaye Kébé. Avant cela, les directeurs d'orchestres méprisaient les griots et les musiciens traditionnels. Ils se mirent désormais à courir après les griots et à leur dire : « Je vous en prie, venez vous joindre à notre orchestre » (Stayleton 1987:117).

Il s'ensuivit un succès énorme lorsque de jeunes musiciens du Xalam, du Jamono et de l'Étoile de Dakar créèrent un répertoire basé sur le rythme *mbalax* avec des chansons en langues locales.

Le Xalam de Dakar est né de la rencontre entre jeunes des quartiers du Plateau et de la Médina. Les musiciens qui le composaient, au départ, étaient Sakhir Thiam (guitare), Maguèye Niang (batterie), Ayib Gaye (timbale), Moustapha Diop (saxo), Tidiane Thiam (chant), Mbaye Fall (chant) avec comme impresario Tanor Dieng.

Puis l'orchestre se mua en Xalam II avec Henri, Yoro, Koundoul, Prosper, etc. Le groupe se réfugia au quartier Gibraltar puis à Liberté VI pour se livrer à la recherche d'une véritable musique sénégalaise. De cet « exil intérieur » naquit l'Afro Mandingo Sound, première tentative d'asseoir un rythme aux origines typiquement sénégalaises.

Sur la même lancée, le Super Diamono, héritier du Kad Orchestra, fut fondé en 1975 par une bande de copains habitant les quartiers de Grand Dakar et de Derklé. Ses animateurs les plus en vue furent Baïlo Diagne, Lappa Diagne, Omar Pène. Ils jouèrent un *mbalax* souple dont les rythmes sont moins présents dans les compositions.

Dans la même période, le Baobab des Atisso, Issa Sissokho, Laye Mboup, Thione Seck, Balla Sidibé, Mountaga Kouyaté, Médoune Diallo, Ndiouga Dieng, etc. enrichit l'univers musical sénégalais en diversifiant les rythmes. Mais Youssou Ndour demeure incontestablement celui qui a opéré la véritable « révolution copernicienne » de la musique sénégalaise. Fondateur de l'Étoile de Dakar avec Badou Ndiaye, El Hadji Faye, Eric Mbacké Ndoye, etc., puis du Super Étoile, il a bouleversé la musique sénégalaise en professionnalisant son groupe et en lui conférant une structure adéquate. Sa voix unique, ses musiciens talentueux (Habib Faye, Jimmy Mbaye, Assane Thiam, Mbaye Dièye Faye, Pape Oumar Ngom, Ala Seck, Marc Sambou, Kabou Gueye, Ouzin Ndiaye, et autres) l'ont hissé, de manière fulgurante, sur la scène musicale nationale et internationale.

Mais, ce qu'il faut surtout saluer chez ce musicien talentueux, c'est sa grande capacité d'adaptation : il va ouvrir le *mbalax* aux sonorités étrangères, devenant ainsi après Laba Sosseh et Touré Kunda le troisième disque d'or sénégalais, obtenu en 1994 dans un duo avec la chanteuse suédoise Néneh Cherry. « Plus qu'un artiste, l'homme est devenu un phénomène » (*Sud Quotidien* 2002:6) .

Les grains du *mbalax* étant profondément semés dans les années 1980-1990, le Raam Daan de Thione Seck, le Lemzo Diamono, le Waflash de Thiès, etc. pouvaient donc s'éclore et Falou Dieng, Demba Dia « Rock Mbalax », Zale Seck, Alioune Mbaye Nder, Assane Mboup porter haut le flambeau du *mbalax*.

Cette musique se décline également au féminin par la grâce et le talent de Kiné Lam, Khar Mbaye Madiaga, Soda Mama Fall, Fatou Guewel Diouf, Fatou Laobe, Dial Mbaye, Ma Sane, Coumba Gawlo Seck, Viviane Ndour, Ami Mbengue, Titi qui en sont les dignes représentantes. Elles sont les héritières dans la musique moderne d'abord de feue Aminta Fall qui a joué dans l'orchestre le Star Jazz de Papa Samba Diop dit Mba, de Gnagna Diagne, moins connue, membre du Saint-Louisien Jazz et ensuite des Fatou Thiam Samb, Fatou Talla Ndiaye, Fatou Sakho et Khady Diouf qui chantèrent en 1977 avec Ouza dans un album qui s'intitulait *Ouza et les quatre femmes dans le vent*. Ce fut le prélude de ce qui sera l'orchestre Ouza et ses ouzettes. En effet, Ouza, de son vrai nom Ousmane Diallo, va mettre à contribution le talent des femmes pour une musique aux accents révolutionnaires, tout au moins contestataires. C'est le lieu de remarquer que la musique moderne fut longtemps fermée à la gente féminine. Celles qui osaient s'y aventurer étaient mises à l'index par la société car la musique était alors synonyme de débauche et de perversion.

Mais le *mbalax* ne constitue pas la seule richesse du patrimoine musical sénégalais. Baba Maal et Ismaël Lô ont apporté à l'univers musical du Sénégal d'autres sonorités.

Baaba Maal, l'enfant du Fouta, ancien membre d'un groupe musical Lasly Futa avec Mbassou Niang et Mansour Seck, a inauguré une nouvelle touche musicale : le *yéla*, une musique apparentée à bien des égards au reggae jamaïcain.

Ismaël Lô, homme orchestre à ses débuts, a créé le folk-mbalax. Virtuose de l'harmonica, il a ouvert la voie à une nouvelle génération de chanteurs folk sénégalais dont Cheikh Lô, les frères Guisse, Diogal Sakho en sont les porte-étendards sénégalais.

D'autres devanciers et illustres ambassadeurs de la musique sénégalaise comme Seydina Insa Wade, Wasis Diop, Touré Kunda, Idy Diop ont fait franchir la rythmique sénégalaise vers d'autres frontières à la rencontre d'autres sonorités.

Force est de constater que la musique sénégalaise évolue et se diversifie. Le reggae sénégalais se popularise avec une nouvelle génération de jeunes groupes musicaux : Amandla, Safarabi, Jamm Ci yalla. Toutefois ses premiers adeptes demeurent Max Adioa, Niominka Bi.

Mais le flambeau de la musique sénégalaise est jalousement gardé par la génération hip hop.[14] Ses illustres représentants sont le Positive Black Soul, le Daara J, le Rap Adio, le *Pee* Proiss, Jant Bi, Jëf Wareef, Kantiolis, Alif, un groupe féminin, etc. Pour ces jeunes, le rap n'a fait que revenir au bercail, il découle du *taasu*. Ainsi les rappeurs Aladji Man, Ndongo D. et Fada Freddy déclarent-ils :

> Le Tassu (tâasu) a quitté le Sénégal avec l'esclavage. Quand le rap est revenu en Afrique, nous avions déjà l'impression d'avoir connu cette expression. L'Afrique est le continent du griotisme, le maniement de la langue y est quelque chose qui ne nous semble pas étranger. C'est la raison pour laquelle tous les jeunes se sont lancés dedans (Leymarie 1999:155).

A partir de ce détour historique, nous pouvons considérer qu'après une phase d'occidentalisation musicale majeure, depuis les années 1970, la musique sénégalaise a pu éclore en redevant elle-même. C'est à ce prix seulement que son universalisme pouvait étrangement s'affirmer.

« Une musique ne peut prétendre à l'universalité que quand elle est paradoxalement singulière et typique d'une culture. L'universalisme dans l'art procède de l'originalité et de la singularité, voire de l'unicité » (BSDA 1996:5).

Aussi, la musique sénégalaise s'est-elle voulue professionnelle en tentant de s'inspirer de ce qui se faisait de mieux en Europe dans le domaine de l'organisation et de la technologie. Sous ce rapport, l'industrie musicale s'est établie de manière progressive dans notre pays.

Les moyens d'enregistrement musicaux qui existaient avant l'introduction des cassettes étaient rudimentaires. On se servait des disques en vinyle (33, 45 et 78 tours) avec lesquels un Français du nom de Bernado, établi au Sénégal au début des années 1960, enregistrait certains musiciens sénégalais. Evidemment la qualité de ces enregistrements posait problème.

Il y eut ensuite en 1975, une tentative de mise en place d'un studio d'enregistrement et de duplication par Francis Senghor, fils du président de la République de l'époque. Avec un financement de plus d'un milliard de francs CFA octroyé par une banque de la place, il installa à la rue Parchappe un modeste studio de 16 pistes appelé le Golden Baobab ou Kër Francis.

La musique sénégalaise va connaître, au début des années 1980, un grand bond en avant pour que l'on puisse parler d'industrie musicale. Son avènement commença quand les cassettes déferlèrent sur le marché Sandaga. Le pionnier fut Mass Diokhane, producteur de l'Étoile de Dakar, du Super Étoile, de l'Étoile 2000, etc.

Puis, les commerçants de Sandaga s'y sont mis : Mbaye Guèye, Alassane Diakhaté, Ibrahima Sène furent les premiers. Mais le déclic s'est véritablement opéré lorsque le Studio 2000 d'El Hadji Ndiaye a monté une unité de duplication de cassettes. Ce qui rendit abordable le tirage des cassettes : 400 francs CFA contre plus du double en France.

De même, la création du studio Midi-music[15] d'Aziz Dieng, en 1990, inaugura l'ère des home-studios qui vont considérablement réduire les coûts d'enregistrement. Il s'y ajoute l'accès facile des populations au magnétophone, l'irruption dans les années 1990 de la bande FM diffusant de la musique à longueur de journée dans le paysage médiatique sénégalais. Dès lors, le secteur de la musique devenait intéressant avec ses avantages mais également ses difficultés.

Tout ce processus historique a fait de la musique ce qu'elle est aujourd'hui. Elle a puisé dans ses sources et s'est enrichie d'autres sonorités en s'appuyant sur un support technologique et commercial susceptible de la propulser.

Ce bref historique nous permet de considérer que des mutations se sont toujours opérées dans le secteur de la musique tant en ce qui concerne la rythmique que la mélodie. Ce processus a suivi les évolutions de l'histoire politique et sociale de notre pays. La nouveauté réside plutôt dans l'accentuation de ces mutations grâce aux supports de diffusion et de production de la musique. Avant de situer les changements sociaux intervenus dans ce sous-secteur de la culture, il faudrait d'abord inscrire la musique dans une perspective sociologique.

La musique : un fait social

Il convient de l'appréhender comme un *système* au sein duquel interagissent de nombreux *agents* jouant chacun un rôle social. Aussi, pouvons-nous la définir dans le sens où l'entendait Marcel Mauss comme un *fait social total* :

> L'espèce des relations qu'il cherche à découvrir, commente Georges Gurvitch, n'est jamais celle qui existe entre deux ou plusieurs éléments arbitrairement isolés de l'ensemble de la culture mais entre toutes ses composantes : c'est ce qu'il appelle des « faits sociaux totaux » (Gurvitch 1947).

Toutefois Marcel Mauss a eu une approche restrictive qui ne concerne que les sociétés globales. Il a pourtant produit une théorie qui ouvre des perspectives nouvelles, car il s'agit d'une méthode de vue d'ensemble qui lui permet de considérer les faits comme « totaux » ou « généraux » lorsqu'ils touchent « la totalité de la société et ses institutions » (Mauss 1968:274).

Dans cette perspective, Gurvitch convie la sociologie de la musique à étudier la musique comme une réalité générale avec de multiples aspects en considérant tous les paliers en profondeur et dont toutes les couches s'interpénètrent. Il s'agit, donc, selon lui, d'une *totalité réelle en marche*. Aussi les faits musicaux sont-ils à la fois producteurs et bénéficiaires des mutations sociales.

Dans ce sens, Adorno, parlant de la sociologie de la musique, énonçait l'hypothèse selon laquelle « des transformations profondes s'élaborent dans la société à partir des différents faits culturels voire musicaux » (Green Anne 1977:19). Nous partageons ce point de vue si nous considérons que la musique suit les évolutions de la société. Ainsi, au Sénégal, les préoccupations et les espoirs dans un monde de plus en plus difficile s'expriment dans les chansons. Au niveau de la thématique figurent en grande partie les valeurs morales. Dans une enquête (Seck, Diarra 1999:229) réalisée par Enda-Art, 39 pour cent des chansons étudiées ont un contenu moral lié à la solidarité, l'humilité, le respect envers la mère, la désapprobation de certaines pratiques sociales comme la jalousie, le vol, l'alcool, la drogue, la médisance, la perversion des mœurs, etc.

D'autres problèmes sociaux sont soulevés notamment ceux relatifs à la paupérisation des populations, au rôle de l'argent comme valeur dominante.

L'immigration, la situation des enfants et des jeunes, les couches les plus vulnérables, la place et le rôle des femmes dans la société figurent en bonne place dans la thématique de nos musiciens. La culture et l'histoire sont régulièrement revisitées.

Enfin, une musique politiquement engagée et citoyenne est jouée par certains de nos musiciens plus particulièrement les rappeurs. Ce qui fait, donc, que la population se retrouve dans la plupart des textes de chansons lorsque celles-ci prennent en compte leurs réalités socioculturelles. Hormis les rappeurs, les textes de Ndiaga Mbaye, Thione Seck, le parolier, Souleymane Faye, Youssou Ndour, Omar Pène, mais également chez les femmes Aby Ndour, Mada Bah, etc. sont très significatifs. Ils reflètent la symbolique sociale, instruisent, éduquent, rassurent, encouragent. Les tares de la modernité ainsi que les inepties de l'histoire sont dénoncées. Les musiciens sont des pourvoyeurs de messages. A travers leur musique, ils parlent à leur société. Certains ont vu les rappeurs jouer un rôle important dans les changements sociopolitiques intervenus dans notre pays. Analysant cette dimension essentielle dans l'avènement de l'alternance politique du 19 mars 2000, Ndiaye M.A. et Sy A.A. ont formulé cette remarque :

> La lecture des textes musicaux de ce courant artistique révèle sa prégnance idéologique et politique et son engagement dans la lutte pour le renouveau démocratique. Partant, le courant rap est doublement significatif : il est, d'une part, un mouvement artistique et, d'autre part, il constitue un maillon important du mouvement de jeunesse. Cette doublure leur confère un statut privilégié sur l'échiquier politique où il constitue des forces du changement (Ndiaye, Sy 2003:53).

En fait, on peut les considérer comme des sentinelles de la démocratie. L'alternance, à laquelle ils ont grandement contribué, n'a pas atténué leurs critiques. Ils ont continué à être les porte-voix d'une jeunesse dont les espoirs ont été trahis.

Donc, en appréhendant la musique comme un fait social total, on peut dire qu'elle contribue à la conscientisation, à l'intégration de nouvelles valeurs en symbiose avec les valeurs authentiques. C'est tout le sens du qualificatif de « courtiers culturels » que donne Richard Ssewakiryanga aux jeunes des villes africaines en raison de leur prédilection pour la musique américaine.

Les changements dans le secteur de la musique

Ils interviennent à plusieurs niveaux. On peut les appréhender à partir d'éléments comme la mobilité sociale, la décastification, le changement de mentalité, la mondialisation de la musique, les mutations dans la danse, les rivalités entre musiciens, etc.

La mobilité sociale dans le secteur de la musique

Il s'agit d'une forme de changement social qui se pose en termes de déplacement des individus dans la hiérarchie sociale et qu'on appelle la *mobilité sociale*. Il y a deux manières de l'aborder : sous l'angle *individuel* (le fait de ne pas exercer la même profession du début à la fin de sa vie) et sous l'angle *générationnel* (profession occupée par opposition à celle du père). C'est cette dernière qui nous intéresse dans le cadre de notre étude car, traditionnellement, dans beaucoup de contrées au Sénégal, la profession de musiciens se transmettait de père en fils et ceci à l'intérieur de la même caste (des griots par exemple).

Cependant, il faudra également y ajouter cette volonté qu'a l'individu de changer sa situation pour se hisser à un niveau supérieur de l'échelle sociale.

Il existe certes dans le paysage musical sénégalais de nombreuses familles de musiciens[16], mais on remarque également une certaine mobilité sociale, dans la mesure où la profession du fils (musicien) sera différente de celle de son père. Nos enquêtes ont révélé que, sur un échantillon de 100 personnes, 2 pour cent seulement des enquêtés ont un père musicien contre 94 pour cent dont le père n'en est pas un.

Figure 1.1 Mobilité sociale des musiciens

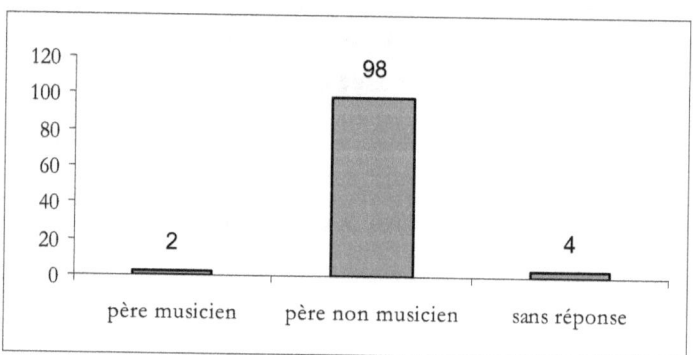

Source : enquête personnelle

En outre, cette volonté d'ascension sociale fait que beaucoup de jeunes pensent aujourd'hui trouver une situation de rente à travers la musique. Toutefois, le monde du show-biz reste très difficile à pénétrer. Il y a beaucoup d'appelés mais peu d'élus.

Toujours est-il que la quasi-totalité des musiciens sont d'origine très modeste. A travers la musique, ils ont trouvé une ascension fulgurante : Youssou Ndour est musicien et administrateur de sociétés. Il possède un groupe de presse au point que « certains pensent même qu'il fait partie du cercle restreint des milliardaires sénégalais depuis longtemps » (Thiof 1999:7).

La rumeur affirme que Coumba Gawlo Seck s'inscrit dans cette lignée de nouveaux riches après son disque de platine (quelque 600 000 exemplaires vendus). Elle est créditée d'une aisance financière certaine. Baaba Maal, Ismaël Lô, Thione Seck, Omar Pène, Fatou Guéwel Diouf sont rangés dans la catégorie des nantis de ce pays.

Ils sont considérés comme ceux qui ont réussi l'heureux passage d'une classe sociale défavorisée à la classe des possédants.

La « décastification » de la musique

Il existe une autre forme de mobilité sociale : le phénomène de la *décastification* qu'il faut saisir en relation avec la notion de caste. La profession de musicien était traditionnellement réservée aux griots parmi lesquels ceux qui s'occupaient de chansons étaient appelés des *sabb-lekk* (Diop A.B. 1981).

La « décastification » est le fait que des membres de la caste des *géer*, dite supérieure, embrassent la carrière de musiciens. Nous pouvons y voir une forme de *mobilité sociale descendante*.

Il faut dire que, traditionnellement, chez les Wolof, les *géer* (caste supérieure) qui voulaient devenir musicien subissaient la réprobation du groupe social. Il était même interdit au *géer* d'être en contact avec la peau du tambour. Aujourd'hui, avec le développement de l'industrie musicale, la profession de musicien n'est plus la chasse gardée des griots. De nombreux *géer* investissent le créneau ; nous pouvons citer Ismaël Lô, Baaba Maal, Pape Fall, Moussa Traoré et Wasis Diop. Ce dernier témoigne :

> A l'insu de mes parents, j'allais squatter les griots qui accompagnaient les séances de m'bappat (lutte). N'étant pas géwél [griot], je m'abstenais de chanter en public, chanter étant considéré comme efféminé, sauf pour les griots. Dans mon quartier de Gueule Tapée, je n'ai jamais raté un seul tam-tam de Doudou Ndiaye Rose… » (Leymarie 1999:154).

Et souvent les difficultés ne manquent pas de se poser sur le chemin des *géer* qui veulent trouver leur voie dans la musique, d'autant plus qu'ils ont des origines aristocratiques. A ce propos, le cas du chanteur Salif Keïta, descendant d'une famille princière du Mali, est bien connu mais l'est moins celui d'Omar Ndiaye « Xosluman », fils de nobles descendants du Bourba Alboury Ndiaye, roi du Djolof. Lors d'un entretien, il nous a relaté les écueils dont il a dû triompher pour faire accepter à ses parents la pratique de la musique.[17] Mais l'enseignement qu'on peut tirer de son histoire se situe ailleurs : l'attitude du griot attitré de la famille qui a accepté difficilement son statut de musicien. Il lui a dit « qu'il ne l'accepterait jamais ! Qu'il ne le comprendrait jamais ! » Il ne peut plus le voir, comme s'il avait honte de lui. En effet, il accepte mal que son prince soit musicien. Chacun doit garder sa place sur l'échiquier social.

Il reste que ce phénomène de « décastification » est beaucoup plus marquant en ville qu'en zones rurales. Lors de nos enquêtes, nous avons dénombré, sur un échantillon de 100 personnes, 52 pour cent de *géer* (caste supérieure), 22 pour cent de *géwel* (griots), 4 pour cent de *teug* (forgerons et bijoutiers) et un pourcentage relativement élevé de non-réponses (22 pour cent) que nous interprétons d'une part comme la délicatesse d'une telle question pour ceux qui refusent de s'assumer mais, d'autre part, également dû à la non-existence de ce phénomène de caste chez certaines ethnies du Sud enquêtées comme les Diola.

Figure 1.2 : Origine sociale du musicien

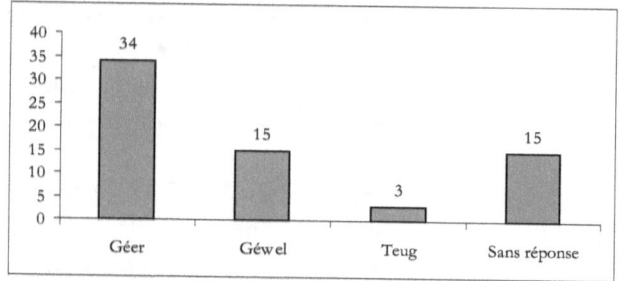

Source : enquête personnelle

Ces résultats sont corroborés par l'étude de Yann N. Diarra faite à Dakar sur la musique sénégalaise. Il fait remarquer : « Même si une part importante des musiciens reste issue de cette caste, la plupart d'entre eux (69,5 pour cent) ne le sont pas » (Diarra 1999:251).

Il en fournit la lecture suivante : il s'agit là d'une évolution sociale et culturelle des métiers de la musique, l'urbanisation et les nouvelles structures sociales qu'elle impose – passage d'une société de castes à une société de classes – ayant redonné sa place et son rôle aux musiciens dans la société.

Aussi séduisante que puisse être une telle analyse, nous ne partageons pas cette interprétation pour la simple raison que, selon nous, l'urbanisation et la nouvelle structuration sociale n'ont pas eu raison du système des castes. Même si la base matérielle qui sous-tend ce phénomène a disparu, il reste que l'idéologie qui le fonde est toujours vivace dans les esprits. En conséquence, nous considérons que l'évolution sociale et culturelle des métiers de la musique s'explique par la mise en place d'une industrie musicale au Sénégal et que beaucoup de musiciens pensent y trouver un créneau porteur.

Toutefois, nous sommes d'accord avec son hypothèse qui consiste à dire que la pratique de la musique en milieu rural reste fortement liée à l'appartenance sociale pour deux raisons : le conservatisme inhérent aux sociétés rurales et l'absence d'infrastructures musicales.

L'étude de Yann N. Diarra révèle d'autres aspects : la pratique traditionnelle de la musique (percussions, formes de chants et de danses) est dévolue à la caste des griots alors que la plupart des *géer* font de la musique moderne.

Le changement de mentalité

Avec la mobilité sociale, la « décastification », un *changement de mentalité* s'est opéré, en ce qui concerne la société, une révolution dans le secteur de la musique qui engendre des mutations sociales. Du coup, le visage de la musique et l'image des musiciens se trouvent changés. Il fut, en effet, un temps où la musique était considérée comme une activité frivole et le musicien un marginal, un troubadour. L'on se rappelle de cette blague qu'enfant on se servait pour se moquer des musiciens : un jeune homme vient sérieusement s'ouvrir à son père pour lui dire : « Baay ! Baayi na caxaan damay riti » (Père ! j'ai cessé de m'amuser ; maintenant je joue du riti (le violon peul). Ce qui nous faisait beaucoup rire car nous considérions la pratique de la musique comme une activité peu sérieuse.

Les préjugés qui entouraient la musique étaient partagés, à l'époque, quasiment par tous les segments de la société sénégalaise. Ce que corrobore l'ex-manager d'Omar Pène, Pape Bondé Diop qui nous racontait au cours d'une interview ce qui arriva à son poulain[18] : parti à la police pour obtenir une pièce d'identité, il répondit fièrement au policier qui lui demandait sa profession : *musicien* ; le policier lui rétorqua : *Musicien ! Chômeur ! Oui* !

Aujourd'hui, grâce à la technologie, le secteur de la musique est un créneau porteur qui attire beaucoup de producteurs, d'artistes, de distributeurs et de vendeurs de cassettes qui espèrent y trouver leur voie. Aussi convient-il de remarquer que l'industrie musicale est en train de révolutionner les mentalités ; l'image du musicien a positivement évolué ; il est perçu comme quelqu'un de riche, pouvant satisfaire les besoins des gens qui les sollicitent.

Au cours d'une enquête relative à la perception du musicien par les populations, sur 100 sujets-musiciens enquêtés, 72 pour cent déclarent être l'objet de *sollicitation* pour de l'aide contre 18 pour cent qui ne le sont pas. Ceci indique qu'ils sont considérés comme des privilégiés capables de satisfaire les besoins de ceux qui, confrontés aux difficultés de la vie, les sollicitent.

Figure 1.3 : Sollicitation des musiciens

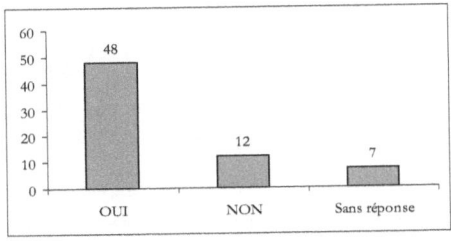

Source : enquête personnelle

Ces sollicitations dont les musiciens font l'objet de la part des populations apparaissent dans cette confession de la chanteuse Ndèye Fatou Tine dite « Titi » qui révèle dans le journal *Le Quotidien* :

> (…) En venant, vous avez vous-même rencontré des gens devant la maison. Il y a toujours du monde et il n'est pas dit qu'on peut recevoir tout le monde. Ils croient que je suis riche, que je suis capable de leur venir en aide. C'est vrai, ça ne fait pas longtemps que je suis dans le métier et si j'avais des millions, c'est sûr que je leur viendrais en aide, surtout aux plus démunis (…). Je veux tout juste que les gens sachent que je ne suis pas si riche qu'ils le pensent.[19]

Donc, la réalité est autre car 29 pour cent seulement des enquêtés déclarent vivre correctement de leur art contre 20 pour cent qui en bénéficient peu et 39 pour cent de réponses négatives. Ce qui révèle, donc, que les musiciens bénéficient de préjugés favorables dans une société fortement marquée par la pauvreté.

Figure 1.4   Vivre de son art

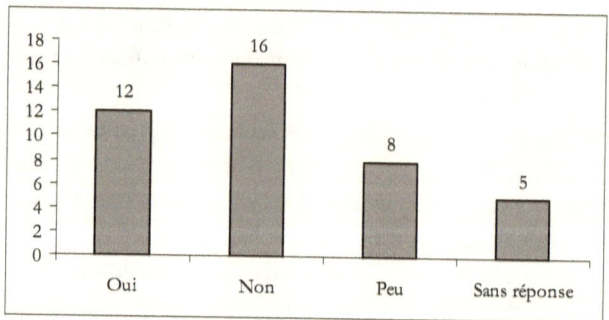

Source : enquête personnelle

Nous pensons trouver les raisons de ce regard positif que les gens posent sur les musiciens. Elles découlent pour l'essentiel de l'aura dont bénéficient les « ténors » de la musique sénégalaise que sont Youssou Ndour, Baaba Maal, Ismaël Lo, Coumba Gawlo Seck, Thione Seck, Oumar Pène, Viviane Ndour et autres. Mais également de la forte médiatisation dont ils font l'objet et surtout l'aisance financière que certains affichent. Comme l'écrit Yann N. Diarra :

> Dans un environnement urbain où la pauvreté s'installe, la réussite sociale et économique, parfois fulgurante, de certains musiciens est devenue un modèle pour les enfants et les jeunes. (Diarra 1999:252).

Dans un sondage « BDA-Le Témoin », relatif à l'homme de l'année 1998, sur un échantillon de 1000 Dakarois, la question suivante a été posée : *Quelle est la personnalité qui a le plus suscité votre admiration au cours de l'année 1998 ?*. Sur les 100 personnalités choisies figurent 22 musiciens et la première place est occupée par un musicien, en l'occurrence Youssou Ndour, à côté d'hommes politiques, de célèbres hommes d'affaires et de grands chefs religieux. Aussi l'hebdomadaire *Le Témoin* donne-t-il ce titre : *Les musiciens ont toujours la cote* (*Le Témoin* 1999:6-7).

Les analyses de deux observateurs de la scène musicale sénégalaise corroborent cette mutation.

D'abord, Rama Sy Diop rappelle : « Jadis confiné dans l'arrière-boutique de la société, le musicien de nos jours est devenu « un véritable quelqu'un » (…) figurant parmi « les diverses personnalités reçues par le chef de l'État », le musicien est désormais une VIP (Very Important Person) surtout depuis que le Sénégal connaît une avalanche de distinctions musicales. Tout le mérite en revient aux illustres précurseurs qui ont fait de l'activité une véritable profession, du secteur une industrie participant à la résorption notable du chômage » (*Sud Week-end* 1996:1).

Puis, Ass Dia renchérit : « En l'espace de quelques années, les artistes sont passés chez nous du statut de marginaux à celui de modèles sociaux. Grâce à la magie des supports de production et de diffusion, un musicien de quartier peut se voir en peu de temps propulsé sur la scène internationale » (*Télé Mag* 2000:14).

Ainsi donc, les mutations sociales dans le secteur de la musique se sont faites à partir de ruptures opérées par des acteurs musicaux mais également par le fait d'une révolution technologique achevant de faire de notre monde un « village planétaire ».

La mondialisation de la musique

Une musique mondialisée baptisée *world music* est née. Ceci a pour conséquence un changement de style musical chez certains artistes sénégalais, obligés de revêtir des habits de *courtiers culturels*, selon l'expression de Ssewakiryanga.

S'inscrivant dans cette perspective critique, Ndiaye et Sy considèrent que la tare originelle réside dans le fait qu'on identifie, malencontreusement, mondialisation et américanisation :

> Certes, la création artistique fonctionne avec des universaux, mais la « World-music » porte le cachet de l'industrie américaine du disque. De ce point de vue, le genre musical dominant est celui qu'imposent les maîtres du « show business ». Les maisons de disques comme Barclay, Island et Virgin exigent à tous les talents dont ils assurent les promotions artistiques, une fidélité au tempo musical qui fait autorité sur le marché mondial… La question est (…) moins de remettre en cause l'effort fourni pour faire de ce produit artistique un bien exportable que d'alerter sur les dangers de céder aux convoitises du marché mondial (Ndiaye, Sy, document inédit:132).

Cette option extravertie de notre musique inquiète, au point que, dans une contributionintitulé « SOS pour la musique sénégalaise », Moussa Sy écrit :[20]

> L'industrie musicale étant confrontée à des mutations structurelles, sa survie dépendra dans une large mesure d'une uniformisation culturelle et d'une inter-

Tableau 1.1 L'homme de l'année 1998 : quelle a été la personnalité qui a le plus suscité votre admiration au cours de l'année 1998 ?

Effectifs		%	Effectifs		%
Youssou Ndour	228	22	Amadou Diagne Seck (Yène)	1	0,1
Mademba Sock (Tyson)	124	12,4	Amath Dansokho	1	0,1
Djibo Ka	94	9,4	André Lewin (Ambassadeur de	1	0,1
Mohamed Ndao (Tyson)	52	5,2	France au Sénégal)	1	0,1
Omar Pène	41	4,1	Baye Niass (Khalif de Kaolack)	1	0,1
Abdou Diouf	36	3,6	Cheikh Abdoulaye Dièye	1	0,1
Thione Seck	33	3,3	Cheikh Fall Touba Samb	1	0,1
Coumba Gawlo Seck	27	2,7	Cheikh Guissé (musicien)	1	0,1
Serigne Saliou Mbacké	27,	2,7	Cheikh Saïd Ben Aïdara	1	0,1
Feu Serigne Abdoul Aziz Sy	24	2,4	Cheikh Tidiane Ndao (Dunyaa)	1	0,1
Abdoulaye Wade (PDS)	20	2,0	Colonel Koné	1	0,1
Iba Der Thiam	15	1,5	Dj Awadi (Pbs)	1	0,1
Ousmane Tanor Dieng	15	1,5	Dj Boubs	1	0,1
Serigne Mansour Sy	14	1,4	Doudou Mbaye (fils de Mbaye-		
Bill Clinton	14	1,4	Dondé chanteur religieux)	1	0,1
Kiné Lam	13	1,3	El Hadji Ibrahima Sall (ministre)	1	0,1
Alioune Mbaye Nder	10	1,0	El Hadji Ousmane Gueye		
Moustapha Niasse	9	0,9	(Islamologue)	1	0,1
Mamadou Lamine Loum	9	0,9	El Hadji Rawane Mbaye	1	0,1
Taïb Socé (Sud Fm)	8	0,8	Eric Barboza (Rts)	1	0,1
Ismaïla Lo	7	0,7	Fata (Rappeur)	1	0,1
Baba Maal	6	0,6	Fatou Kiné Ndiaye (chanteuse)	1	0,1
Landing Savané	5	0,5	Gaston Mbengue	1	0,1
Sidy Lamine Niasse	5	0,5	Ibrahima Fall (ancien ministre)	1	0,1
Moustapha Gueye (Lutteur)	4	0,4	Imam Amadou Sankhé	1	0,1
Aïssata Tall Sall	4	0,4	Kalidou Dieng	1	0,1
Alpha Blondy	4	0,4	Khady Fall (directrice de projet)	1	0,1
Fada Freddy (Daara Dj)	4	0,4	Koffi Anan	1	0,1
Fatou Géwel Diouf	4	0,4	Kouthia	1	0,1
Moustapha Sy	3	0,3	L'équipe championne de Basket	1	0,1
Maty Thiam Dogo	3	0,3	Mamadou Diop	1	0,1
Sokhna Maï Mbacké	3	0,3	Mamadou Diop Decroix	1	0,1
Ben Bass Diagne (Dunya)	3	03	Mamme Maty Mbengue	1	0,1
Zinedine Zidane	3	03	Marion Jones (athlète Us)	1	0,1
Aminata Mbengue Ndiaye	2	0,2	Mbaye Dondé (chants religieux)	1	0,1
Daddy Bibson (rappeur)	2	0,2	Mbaye Ndiaye (artiste musicien)	1	0,1
Moustapha Gueye (Islam)	2	0,2	Me Mame Adama Gueye	1	0,1
Fallou Dieng	2	0,2	Mike Tyson	1	0,1
Mbaye Jacques Diop	2	0,2	Mme Elisabeth Diouf	1	0,1
Ndiaga Mbaye	2	0,2	Moustapha Hadji (footballeur)	1	0,1
Oustaze Mactar Seck	2	0,2	Ousmane Ngom	1	0,1
Pape Ngom (lutteur)	2	0,2	Samba Diabaré Samb	1	0,1
Saddam Hussein	2	0,2	Serigne Malick Thiombane		
Serigne Modou Kara Mbacké	2	0,2	(marabout à Mont Rolland)	1	0,1
Serigne Thierno Mountaga Tall	2	0,2	Serigne Moussa Fall (Thiès)	1	0,1
Abdoul Aziz Aïdara (Thiès)	1	0,1	Sidy Yaya Kounta	1	0,1
Abdou Latif Coulibaly	1	0,1	Tahirou Doukouré	1	0,1
Abdou Touré (politicien)	1	0,1	Talla Sylla	1	0,1
Abdoulaye Elimane Kane	1	0,1	Tarikh Soudan (écrivain)	1	0,1
Abdoulaye Ly (Député)	1	0,1	Thierno Ousmane Omar Kane	1	0,1
Ablaye Mbaye (chanteur)	1	0,1	Aucun	33	3,3
Adama Diakhaté	1	0,1	Non réponse	21	2,1
			Total	1000	100

Document 1 : Source : BDA - *Le Témoin*

nationalisation de la distribution. Que la musique sénégalaise arrive à conquérir le monde, cela est notre plus grand souhait : mais notre émancipation par rapport à une idée de musique mondiale est un choix décisif.

Cette crainte est d'autant plus fondée que la world music prend souvent les caractères d'une musique commerciale offerte à un public occidental en mal d'exotisme. En effet, chaque année un musicien de la sono mondiale (une autre appellation française de la world music) est promu par les affairistes du show-biz international. En 1997, Coumba Gawlo Seck a occupé le hit-parade international avec la chanson *Pata Pata*, reprise à partir du célèbre titre de la diva Myriam Makeba. Le temps d'un été, ce tube a disparu des bacs. Aussi cette musique est-elle : « Accusée de colonialisme, de « piratage », de capture de la musique des autres... Certains voient du mépris dans cette condescendance omniprésente, conduisant le fabricant à prendre des musiques inconnues, peu accessibles et à les rendre consommables, donc vendables, en les faisant passer à travers un filtre technologique et rythmique ».[21]

L'industrie musicale sénégalaise, à travers ses têtes de file tels Youssou Ndour, Baaba Maal, Ismaël Lô, Thione Seck, s'est choisie pour l'international une musique mondialisée. Il s'agit de s'insérer dans les canaux de la world music. Ce sont des croisements musicaux qui ont toujours existé mais que la médiatisation et la technologisation de la musique ont accélérés et généralisés à l'échelle planétaire. Le *métissage musical* a été toujours perçu sous l'angle ethnocentriste faisant de la civilisation européenne la productrice de la musique la plus évoluée tandis que les musiques des autres peuples sont considérées comme des ébauches moins élaborées et plus primitives.

Est-ce pour cette raison que la plupart de nos musiciens réalisent, pour être en phase avec le show-biz, une musique à deux vitesses : un *mbalax* pur et dur pour le local et des sonorités métissées pour l'international ? A ce propos Denis Laborde explique :

> Les réalisations musicales qui pouvaient être polyrythmiques, riches de décalage et de syncope, doivent pour entrer dans le nouvel éden musical se plier à l'installation d'une pulsation binaire en continu. Aussi Youssou Ndour en arrive-t-il à produire deux types de réalisations musicales, selon qu'il vise le public occidental ou le public sénégalais.[22]

D'ailleurs Baaba Maal, Ismaël Lô ont été nominés dans la catégorie « world music » des Grammy Awards, ainsi que Youssou Ndour qui remporta le prix en 2005 avec son album *Sant* dans lequel il est accompagné d'un orchestre égyptien.[23]

La world music se veut, en fait, une modernisation des musiques traditionnelles en se servant de nouveaux instruments et en adoptant de nouvelles technologies. Elle vise un public planétaire. Mélange de différentes sonorités, la world music n'en revendique pas moins un fondement authentique « qui apparaît souvent vécue comme primordialité, connectée à l'intemporel, au primal, au chtonien, s'opposant là à l'éphémère, à l'artificiel et au corrompu, caractéristiques de la civilisation occidentale » (Bonniol 1999:335).

Pourtant, malgré les apparences, les musiciens sénégalais à qui nous avons soumis notre questionnaire, sont foncièrement attachés à leur musique. Ainsi, à la question *si un producteur vous demandait de changer de musique pour être en phase avec la world music, le feriez-vous ?,* les résultats suivants sont apparus : 66 pour cent ont répondu négativement contre 22 pour cent d'avis favorables et 12 pour cent qui sont restés sans réponse.

Figure 1.5 : En phase avec la world music

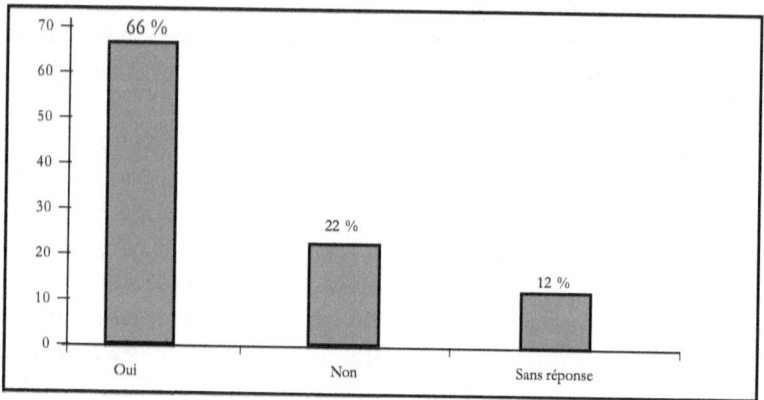

Source : enquête personnelle

S'enraciner, donc, pour mieux s'ouvrir : telle semble être leur devise. Leurs musiques sont empreintes d'une forte valeur identitaire sans se « fermer » à l'autre. A ce titre, ce texte de Bonniol s'impose comme un véritable plaidoyer aux vertus symbiotiques de la world music :

En revenant du côté des consommateurs occidentaux, cette musique est volontiers conçue comme une façon de mieux connaître l'autre, de dépasser les préjugés ; elle est ce qui unit, par opposition aux langues qui séparent. C'est une invitation permanente au voyage, une ouverture au monde dans laquelle peut être promue la richesse des cultures particulières. Et à ceux qui taxent la world music de tendance au colonialisme, il est répondu que si respect il y a, rien n'interdit d'utiliser la musique des autres, avec le sentiment d'une humanité partagée. Un argument qui peut rejoindre celui de l'universalité, avec l'idée que la musique est objet individuel, et qu'elle est disponible pour quiconque veut y accéder. Et, par cette écoute des autres, par cette adhésion à leur expérience sensorielle intime, comme par exemple l'expérience des pulsations rythmiques pouvant conduire jusqu'à la transe, chacun peut accéder à des parts inconnues de lui-même, élargissant le nombre des mondes possibles qui peuvent coexister dans son esprit. La musique apparaît ainsi comme le domaine par excellence dans lequel peut se déployer une éducation efficace dans un monde de plus en plus pluriel et s'acquérir une nouvelle sensibilité multiculturelle. Le propre de la world music est certainement de se situer à la fois du côté de l'affirmation identitaire et de l'ouverture à l'Autre » (Bonniol 1999:337).

Bonniol donne, ainsi, une autre image de la world music que celle d'un *cannibalisme culturel* visant à gommer les différences pour mieux servir une mondialisation de la culture rimant avec occidentalisation. Pour lui, la world music est au service de la civilisation de l'Universel, elle est une manière de communier avec l'autre mais aussi d'enrichissement mutuel.

Toutefois, il faudrait faire la part des choses. Certes la world music peut avantageusement contribuer au rapprochement des cultures, mais elle peut aussi s'inscrire dans une logique purement commerciale, une volonté hégémonique de la culture occidentale sur les cultures dominées.

Donc, nous sommes à un tournant où la musique sénégalaise cherche sa voie entre une musique authentique allant à l'assaut de l'international et une musique mondialisée qui s'imposerait chez nous. Quoiqu'il en soit, nous sommes sûrs que la mondialisation ne nous laissera pas le choix.

Heureusement qu'au Sénégal, certains musiciens comme Youssou Ndour ont su instaurer une symbiose entre le traditionnel et le moderne. Un état de fait que souligne le professeur Gora Mbodj lorsqu'il écrit :

> La musique de Youssou Ndour s'impose parce qu'elle sort de la profondeur des réalités culturelles. Par une valorisation du patrimoine, par une recherche vers les formes culturelles étrangères, Youssou a placé la société sénégalaise dans le courant du XXIe siècle (Mbodj 1997:84).

Youssou Ndour se pose, aujourd'hui, comme le porte-étendard de la musique sénégalaise. Non content de révolutionner la musique sénégalaise, il a également donné avec Alla Seck, une autre cadence à la danse en la rendant androgyne.

Les mutations dans la danse

L'irruption de la danse traditionnelle dans la musique moderne est également à mettre à l'actif des bouleversements qui sont intervenus dans le secteur de la musique sénégalaise. Cet état de fait est le signe d'une véritable symbiose entre le traditionnel et le moderne et constitue une rupture de taille saluée, ici, par le professeur Gora Mbodj : « ...L'orchestre de Youssou Ndour, écrit-il, avec son génial Alla Seck, réussit le fameux pari de faire danser hommes, femmes, enfants et vieux, aux rythmes endiablés de son *mbalax*... Youssou Ndour comprit très vite que les Sénégalais avaient la nostalgie des *ormbij*, des *tatu lawbé*, des *jaxaay*, des *wëndeeelu*. Il avait saisi que, si Dakar et les grandes villes sénégalaises dansaient aux rythmes du jazz, du blues, du reggae, etc., la très grosse majorité des populations sénégalaises était exclue de cette frénésie corporelle. Il aiguisa alors sa voix et Alla Seck fit le reste » (Mbodj 1997:84).

Avec sa musique Youssou Ndour a donc donné une autre vision de la danse traditionnelle qui peut dorénavant s'exercer dans tous les milieux et s'ouvrir à toutes les couches de la société.

Poursuivant son analyse, le professeur Mbodj élucide en ces termes le « mystère » de cette mutation :

> L'apport de Youssou Ndour et de Alla Seck dans l'art sénégalais n'est pas seulement musical (d'autres musiciens sont plus avertis qu'eux, sur ce plan), il est de nature sociale et même sociétale. Pourtant, Youssou n'a pas été le premier à chanter en langues nationales. La nouveauté, c'est d'introduire la danse traditionnelle dans le bal occidental » (Mbodj 1997:84).

Il s'agit là d'une formidable révolution socioculturelle qui bouleverse les traditions ; la danse n'est plus exclusivement féminine, elle s'ouvre à tous :

> En étudiant les danses traditionnelles féminines, Alla les a adaptées au contexte socioculturel en perpétuel remaniement, pour les redistribuer à toutes les couches du pays, aux lettrés comme aux analphabètes.

Ainsi, wantilator (ventilateur), fille interculturelle de tatu lawbé, est-elle arrangée pour devenir une danse mixte partagée par les hommes et les femmes. Le sabar par lequel seules nos sœurs aux pieds gracieux excellaient devant le regard amoureux et envieux de leurs petits fiancés, Alla le transforma en une danse androgyne donc accessible aux garçons » (Mbodj 1997:84).

La voie ainsi dégagée par Alla Seck fera essaimer les groupes de danses dans le pays. Avec la légendaire Koura Thiaw (célèbre danseuse des années 1940), Tokossel (dans les années 1950), Mbayang Niasse, Ndèye Khady Niang (dans les années 1960) et Gallo Thiello (récemment), Alla Seck fera des émules. Ainsi, les Pirates de Dieuppeul (Wa Pyraat, nouvelle dénomination du groupe), les Amazones d'Oumou Sow, les Gazelles de Ndèye Guèye, le groupe de Pape Ndiaye Thiou, les Signares d'Hindou, etc., animent les clips de nos musiciens.

Par le passé, des danses telles que *yaaba composé, sandang, sanjaay, soob-sabar, warmbithie, guinté thiéré ndawal, mbabass, xuran, thiébou dieune* avaient fasciné la muse. Le poète et romancier Bernard Dadié les célébra dans ce magnifique vers : « Saute ! Saute ! Belle jigéen c'est le tam-tam des arènes qui t'appelle ce soir ! »

Aujourd'hui, les danses sénégalaises titillent les sens en se montrant volontiers érotiques. En effet, à travers les *dialgati, tarantat-taacc, mayonnaise, diogaty, khatiebi, khiss khiss, tengs, lëmbël, dagagn, watatou, reug-reug, moogne* ou *soukouss madiaba-mbalax*, etc., les jeunes filles s'affranchissent totalement de la pudeur et se livrent à l'exhibitionnisme. Le corps de lah femme devient une marchandise qui s'offre aux regards voyeurs. C'est ce qui fait dire au psychothérapeute Omar Ndoye : « Le *mbalax* est venu perturber et brouiller tous les repères culturels... [Avec les clips] l'œil et le fantasme sur le derrière de la jeune fille qui est malheureusement utilisée comme un produit » (*Sud Quotidien* 2001:8).

Ainsi, les pulsions à fleur de peau relèguent-elles au second plan toute création artistique. Tout se passe comme si la « meilleure danseuse » était celle qui s'enfonce le plus dans le dévoilement de son corps. Ce qui est valable pour la fille l'est également pour le garçon. C'est la danse « androgyne » dont parle le professeur Mbodj.

Analyste, le rappeur Didier Awadi considère que « le problème [de cette danse] se pose en terme de choix de société. Dès lors, affirme-t-il, c'est la problématique des valeurs morales, culturelles et spirituelles en rapport avec le contexte actuel, qu'il faudrait repenser » (Nzalé 2001:8).

Mbaye Dièye Faye, célèbre batteur du Super Étoile de Youssou Ndour, dans une interview, perçoit un changement dans la danse du *lëmbël* :

> Tout a changé vraiment, soutient-il, dans le passé les Lawbé dansaient le *lëmbël* et avec un accoutrement plus décent que ce qu'on voit aujourd'hui.[24] Avant… les Lawbé portaient de longs pagnes et pas ces « beeco » salaces que l'on retrouve un peu partout dans les soirées récréatives, manquant de pudeur et de civilité. Dans le passé, cette façon de s'habiller était tellement intime que les coépouses rivalisaient du plus sexy port de « beeco » devant leur mari qui n'hésitait pas à les récompenser. Pour en revenir à la danse, disons que les autres ethnies ont pris le contre-pied des Lawbé (Wane 1999).

La vérité est qu'il existe des pierres de touche entre art et érotisme.[25] Qui ne se rappelle le fameux *ubbil Mbarka Ndiaye* (une danse érotique dans laquelle la femme dévoile ses parties intimes et qui veut dire littéralement « ouvre le sexe ») ? C'est sans doute ce que Ndiaye et Sy, psychanalystes, ont voulu montrer lorsqu'ils notent :

> En réalité, le libertinage du langage du corps est à la mesure de l'impact des forces de refoulement sur le moi du plaisir. Ce n'est pas un hasard si les Lawbé, réputées chastes, parce que rarement prises à défaut d'adultère, font montre d'un talent redoutable dans la maîtrise de ces techniques artistiques qui prennent la marque d'un acte manqué (Ndiaye et Sy 2000:48).

L'érotisme chez les Lawbé n'est que l'expression d'une culture qui aménage ses plages de liberté à travers l'*oralité paillarde* et la danse.[26] Il n'est pas synonyme de dévergondage ni de conduite volage. D'autres groupes socioculturels, se réappropriant les danses et autres artifices des Lawbé sans en assurer le substrat philosophique qui les sous-tend, trahissent l'esprit et choient dans la vulgarité.

Force est de reconnaître que des changements[27] ont eu cours dans les formes d'expression corporelle. Avec les clips, l'obscénité s'est invitée dans la danse. Elle est devenue un véritable fonds de commerce, aiguisant les appétits au propre comme au figuré. C'est devenu un enjeu économique qui rend les rivalités très vives dans le secteur de la musique.

Rivalités dans le secteur de la musique

Le développement de l'industrie musicale n'a pas favorisé l'entente et l'unité dans le secteur. En effet, en raison des enjeux économiques et sociaux, liés à la rentabilité du secteur et au prestige social, des relations conflictuelles divisent les différents acteurs. C'est ce que révèle ce constat :

> Aujourd'hui, les musiciens se chamaillent constamment… Le show-biz sénégalais est devenu une affaire de gros sous, les musiciens des hommes d'affaires. Aussi les querelles de préséance ne sont pas seulement une affaire d'ego… mais surtout parce qu'il faut marquer sa présence, ne pas laisser le « rival » tout seul sur la scène, donc, recueillir les possibles dividendes » (Sall, Ndiaye et Thiam 1997:10-18).

Donc, les musiciens sénégalais n'arrivent pas à s'entendre pour défendre leurs intérêts communs. A travers ces rivalités, Madame Siby du BSDA y voit un problème de leadership :

> Certains, affirment-elle, se disent : au niveau international ma renommée est telle que je n'accepterai pas de me mettre dans une structure où je ne jouerai pas le rôle de leader, il faut que je sois à la tête et que tout le monde soit derrière moi.[28]

Ainsi, face aux difficultés que rencontre le secteur de la musique, des musiciens avaient senti la nécessité de se regrouper au sein d'une association dénommée Ben Lokho qui signifie en wolof « une seule main ». Celle-ci regroupait des musiciens comme Youssou Ndour, Baaba Maal, Ismaël Lô, Kiné Lam, etc.

Mais Ben Lokho ne fit pas long feu. Son échec est lié à son caractère élitiste, car elle ne regroupait que les ténors de la musique, mettant sur la touche beaucoup de frustrés, et excluait les instrumentistes. Ce qui fera dire à Thione Seck, non sans un brin d'humour, que, « dans Ben Lokho, chacun avait retenu sa main » (*Nouvel Horizon* 1997:12).

Toute la scène musicale ressemble à un vaste ring où les coups volent de partout. Les musiciens s'accusent mutuellement de sabotage, de maraboutage, de condescendance, de jalousie, etc. Un observateur privilégié de la scène musicale sénégalaise constate qu'« entre musiciens mariages et divorces vont de pair mais plus fréquemment encore que chez les couples normaux » (Sall *et al.* 1997:15).

Il serait fastidieux d'énumérer toutes les ruptures qui se sont opérées dans les groupes musicaux sénégalais à travers l'histoire de la musique sénégalaise moderne. Quelques exemples nous serviront d'illustration.

Le Star Band de feu Ibra Kassé avait en son sein de talentueux musiciens dont Amadou Tall Lynx, Labah Socé, José Amos, Dexter Johnson et Mady Konaté. A la suite d'un différend avec Ibra Kassé, Dexter Johnson a constitué le Super Star avec Labah Socé. Après cette rupture, Ibra Kassé recruta un jeune chanteur du nom de Pape Seck. Une scission s'ensuivit et un autre Star Band vit le jour.

Dénicheur de jeunes talents, Ibra Kassé s'offrit les services d'un adolescent à la voix suave et sublime répondant au nom de Youssou Ndour. Puis celui-ci claqua la porte du Star Band de Kassé pour fonder avec El Hadji Faye, Eric Mbacké Ndoye et Badou Ndiaye l'Étoile de Dakar.

Le groupe ne survécut pas à son immense succès. Vite, il se scinda en deux : d'un côté le Super Étoile de Youssou Ndour et de l'autre l'Étoile 2000 d'El Hadji Faye, où chacun revendique un héritage. Ce qui « inaugurait sur la scène musicale une ère de turbulence ponctuée par une série de querelles, de paternité autour des titres et des emblèmes » (Wane 2000:13).

Le Super Diamono connaîtra également des moments d'instabilité. En effet Lamine Faye et ses compagnons vont fonder le Lemzo Diamono Group tandis qu'Omar Pène et Lappa Diagne feront renaître le groupe sous l'appellation de Super Diamono New Look. Décidé d'évoluer en solo, Mamadou Maïga va créer de son côté Diamono Plus.

Le Lemzo Diamono sera, à son tour, complètement vidé de ses membres Alioune Mbaye Nder, le lead-vocal, partira le premier pour constituer le Setsima Group. Fallou Dieng suivra avec son DLC. Successivement Salam Diallo, Mada Bah, Amath Samb, Maïmouna Johnson, Pape Diouf, Ami Mbengue quitteront le groupe les uns après les autres. C'est donc l'un des groupes au Sénégal qui a connu le plus de départs. Les raisons de cette instabilité sont diversement interprétées. Un complot de forces tapies dans l'ombre à qui le groupe risquait de porter ombrage, un groupe qui a vite grandi, le complexe que nourrit son leader (instrumentaliste) à l'égard des vocalistes qu'il veut reléguer au second plan, des problèmes d'argent, entre autres, sont avancés.

Ainsi tous les groupes connaissent-ils des crises : le Raam Daan de Thione Seck s'est séparé d'Assane Ndiaye, parti créer le Nguewel-gui, le PBS (Positive Black Soul) a éclaté avec le PBS Radikal de Didier Awadi et celui de son vieil ami et complice Doug E Tee, le Nakodjé (potager en pulaar) s'est dédoublé en Ekankan (potager en diola). Du Super Cayor Salsa Mbalax de James Gadiaga est sorti le Super Cayor International de Pascal Dieng. La liste est loin d'être exhaustive.

L'explication qui a été avancée pour comprendre les rivalités entre musiciens est que la société sénégalaise n'aime pas les gagneurs et préfère plutôt les perdants. C'est ce qui apparaît à travers un dossier[29] intitulé « les Sénégalais et la réussite : sus aux gagneurs, vive les loosers », paru dans le *Nouvel Horizon,* n° 96 du 12 décembre 1997. L'idée dominante qui y apparaît est que, dans la société sénégalaise, l'esprit communautaire l'emporte sur les individus. Une réalité socio-anthropologique qui voudrait que pour « l'inconscient collectif (...) dans une société où rien n'est fonctionnel qu'à partir d'un groupe, la réussite individuelle ne puisse pas être célébrée » (*Nouvel Horizon* 1997:18-19).

Ainsi, l'individu qui réussit émerge aux yeux de tout le monde, ce que la société ne saurait tolérer. En effet, comme le remarque le sociologue Moustapha Tamba,

« la réussite crée le désordre » et « les gens qui réussissent vont à l'encontre du communautarisme » (idem:18-19).

Tout manquement était, par le passé, sanctionné. L'envie, le mauvais œil ou la mauvaise langue étaient des moyens de confiner l'individu dans le groupe, sous peine de « recevoir » un mauvais sort lui ôtant ainsi toute possibilité de se singulariser. Cela pouvait aller jusqu'à l'exclusion ou l'élimination du groupe par le bannissement ou la mort. Ainsi le psychologue Serigne Mor Mbaye considère-t-il que notre société était et reste toujours en partie une société de *wotal* (centripète) qui ramène l'individu dans le groupe. Une réalité aux antipodes de la société occidentale, société du *nawtal* (centrifuge), qui favorise ainsi l'individualisation, la distanciation par rapport au groupe (idem:18-19).

Une telle analyse, ramenée à notre problématique, montre bien que ceux qui réussissent dans le secteur de la musique sont suspectés de mauvaises pratiques, voire même de verser dans le maraboutage pour empêcher les autres de réussir. Les rumeurs les plus folles circulent sur les musiciens. Les critiques n'en épargnent aucun des plus en vue.

Ces arguments avancés par les uns et les autres permettent de comprendre les sources de rivalités dans ce sous-secteur de la culture qu'est la musique.

Pour notre part, nous sommes allé sur le terrain recueillir, à travers une enquête, le point de vue des musiciens sur cette question de rivalité dans leur milieu. A la question *Pensez-vous qu'il existe des rivalités entre artistes* ?, 95 pour cent des enquêtés ont répondu affirmativement contre 1 pour cent de réponses négatives et 4 pour cent de non-réponses.

Ce pourcentage très élevé de réponses positives indique que les acteurs eux-mêmes sont conscients de cette situation de rivalité qui entoure le secteur de la musique. Celle-ci est normale tant qu'elle suscite une saine émulation qui fait progresser le secteur de la musique. Elle est, au contraire, nuisible à son développement lorsqu'elle prend les allures d'auto-destruction et de négation des autres membres de la corporation.

Figure 1.6 : Rivalités entre musiciens

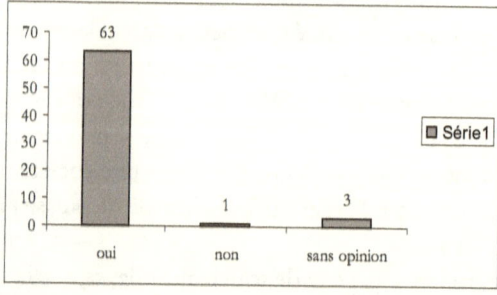

Source : enquête personnelle

Parmi les causes de cette rivalité, les acteurs eux-mêmes ont identifié la jalousie, les enjeux financiers, l'entourage des musiciens, les fan's clubs et la presse.

Ainsi, comme le montre la figure ci-dessous, 35 pour cent des enquêtés considèrent-ils la jalousie comme responsable de la rivalité qui existe dans le secteur de la musique. Il s'agit de cette envie qu'on éprouve face à la réussite des autres et qui constitue l'une des formes de sanction infligées à ceux qui sortent du lot, comme nous venons de le voir.

Par contre, 22 pour cent situent cette rivalité au niveau financier car chacun voudrait vendre plus que les autres et obtenir des gains plus considérables. Nous estimons à ce niveau que c'est l'étroitesse du marché qui rend plus rude la concurrence (une forme de rivalité économique).

Il en est tout autrement des 15 pour cent de nos enquêtés qui incriminent l'entourage du musicien souvent constitué de proches parents ou d'amis. Ils sont la garde rapprochée du musicien et sont prêts à le défendre contre toute sorte d'attaques réelles ou supposées venant de concurrents jaloux. Souvent, on a accusé, à tort ou à raison, l'équipe technique d'un musicien ayant mis au cours d'un spectacle son matériel à la disposition de ses collègues, d'avoir saboté leur tour de chant et rétabli la sono au passage de leur patron.

Parmi les enquêtés, 14 pour cent ont rejeté la responsabilité des rivalités sur les fan's clubs. Ceux-ci se sont créés autour des chanteurs dont ils deviennent des inconditionnels, exacerbant les rivalités entre fan's clubs de différents chanteurs. Cette rivalité finit par s'étendre à leur leader. On constate que ces fan's clubs peuvent se constituer en groupement d'intérêt économique. Les fan's clubs les plus en vue sont ceux de Youssou Ndour, dirigé par l'homme d'affaires Sidy Diakhaté de Thiès, et d'Omar Pène, présidé par Ousmane Faye qui deviendra son manager.

C'est le même pourcentage (14 pour cent) qui accuse la presse en la tenant pour responsable des rivalités. En tant que moyen de diffusion et de promotion, elle est fortement sollicitée par les artistes qui comprennent, ainsi, la visibilité qu'ils peuvent donner à leurs productions. En fait, elle est le médiateur entre l'artiste et le public. D'ailleurs, certains membres de cette corporation ont été souvent suspectés de favoritisme pour tel ou tel leader de groupe musical. D'autres ont été recrutés comme attaché de presse pour le compte de tel ou tel ténor.

Figure 1.7 : Cause des rivalités

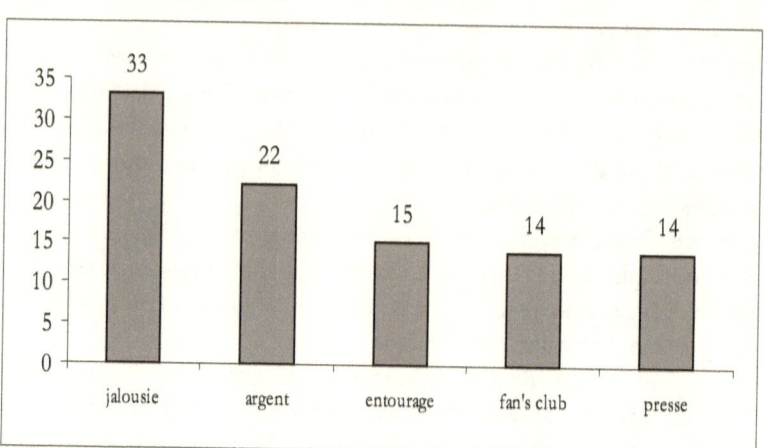

Source : enquête personnelle

Quels que soient les fondements de cette rivalité, nous considérons que les artistes doivent taire leurs querelles pour se regrouper autour de l'essentiel : s'unir afin de défendre les intérêts de la corporation et pousser les pouvoirs publics à prendre des mesures énergiques contre le pillage des œuvres musicales.[30]

Au total, le secteur de la musique a subi une évolution rapide. A tous les niveaux, des changements ont eu lieu en suivant ceux de la société dans sa globalité. Force est de constater que les mutations socioculturelles sont le fait du développement de l'industrie musicale qui a engendré également des transformations économiques dans ce sous-secteur de la culture.

Les transformations économiques

Parler d'économie de la musique semble être une entreprise difficile, car à l'instar de toutes les sphères de la culture, musique et économie entretiennent des relations de méfiance.[31]

Quand économie et musique se rencontrent, cela pourrait donner sur le mode humoristique ce rapport d'un gestionnaire rendant compte de la « production » d'une représentation de l'*Inachevé* de Schubert :

1. *L'orchestre compte quatre hautboïstes. Ceux-ci n'ont rien à faire pendant de longs moments, leur nombre pourrait être réduit et leur travail mieux réparti tout au long du concert.*

2. Les douze violonistes jouent à l'unisson : un cas de prolifération de postes superflus. Leur nombre doit être réduit considérablement. Si l'on désire obtenir un volume sonore d'une certaine ampleur, on peut y parvenir au moyen d'amplificateurs électroniques.

Pourtant, cette loi s'insère dans le paradigme néo-classique qui veut que *l'individu soit de plus en plus efficace et l'utilité qu'il produit augmente de plus en plus grâce à l'amélioration de sa propre productivité.*

Moustapha Sène, doctorant en économie à l'Université Cheikh Anta Diop de Dakar, introduit, dans une note appréciant le présent travail, un relativisme pour tempérer l'idée de Marshall. En effet, remarque-t-il, une œuvre musicale (cassette ou CD) suit des cycles dans son évolution, à l'instar du cycle de vie de tout produit. Selon un certain nombre de paramètres liés à la qualité du produit musical, la régularité de la diffusion (souvent entretenue par la promotion menée par le producteur), le plaisir qu'en tire le mélomane aura tendance à croître. Mais il arrive un temps où le produit est moins écouté, soit par satiété, soit par concurrence de nouvelles œuvres musicales, substituts parfaits sur le marché. La satisfaction, selon Sène, que les mélomanes tirent de l'écoute de l'ancien produit diminue jusqu'à une extinction quasi complète. Il faudra que cette musique reste en hibernation – souvent plusieurs années ou plusieurs mois – pour réapparaître comme un bien nouveau et, dans ce cas, le cycle recommence : *utilité croissante jusqu'à un certain niveau, décroissance et hibernation.* Pour étayer son argumentation, Moustapha Sène cite le cas de l'écoute des musiques anciennes. Il en arrive à la conclusion que « la théorie de la décroissance de l'utilité marginale peut bien s'appliquer à la musique » même s'il faut la modérer.

Sans entrer dans ce débat d'économistes, même si l'objection de Moustapha Sène nous paraît recevable, on pourrait également lui rétorquer que le plaisir qu'on éprouve pour une œuvre peut ne pas connaître d'interruption ; il peut être continu. Celui qui est féru de musique classique ne se lassera jamais de Mozart, Debussy, Chopin et même d'autres musiques comme celles de Bob Marley, Yandé Codou Sène. En fait, pensons-nous, ce sont les musiques commerciales ayant pour seul souci la rentabilité économique qui obéissent à la loi de la décroissance de l'utilité marginale. Ce qui ne change pas fondamentalement la théorie d'Alfred Marshall.

La vérité est que la musique, comme toute œuvre esthétique, comporte une part d'impondérable, d'unique, d'a-conceptuel. Ainsi le plaisir musical refuse-t-il toute rationalisation, même économique : « Les goûts et les couleurs ne se discutent pas », a-t-on l'habitude de dire.

Le produit musical a une spécificité propre. Aussi ne peut-on le considérer comme une simple marchandise. Il a une valeur *unique et aléatoire* qui porte l'empreinte de l'artiste qui le crée.

Cette difficulté à l'étudier se renforce quand il s'agit d'interroger le secteur de la musique au Sénégal, où il y est essentiellement dominé par l'informel. Le commerce des produits musicaux au Sénégal a, en effet, pour centre névralgique le marché Sandaga, la Mecque de l'informel. La distribution est contrôlée par les Baol-Baol (originaires de l'ancienne province historique du Baol qui se situe actuellement dans les limites de la région de Diourbel) qui en ont fait un filon très rentable. L'absence de statistiques fiables en raison du piratage qui a atteint des proportions inquiétantes ne contribue pas à saisir la réalité de l'industrie musicale dans ce pays.

Et pourtant il existe un dynamisme certain de cette industrie au Sénégal. Ses effets sur la production nationale ne sont pas encore maîtrisés en raison du peu d'intérêt qu'accordent à ce secteur les pouvoirs publics. Ceux-ci « semblent ne pas se rendre compte de la manne que représente l'industrie musicale : s'ils combattaient le piratage, les recettes des finances publiques au niveau fiscal, douanier des droits d'auteurs et des taxes diverses seraient énormes » (*Le Courrier* 2002).

Les difficultés de notre étude sont donc doublement posées : d'abord au niveau de la discipline, à savoir *l'économisation de la culture surtout avec l'absence de statistiques fiables,* puis au niveau du champ d'étude même, le *secteur de la musique est essentiellement dominé par l'informel.*

« L'errance statistique »

Il se pose un réel problème pour disposer de chiffres fiables :

> ... La réalité statistique (...) est souvent caractérisée par des données économiques et démographiques pas toujours fiables. Celles de l'industrie musicale sont quasiment inexistantes ou volontairement tronquées. Les responsables de la macroéconomie (...) ont du mal à quantifier la part qui revient à la musique pour plusieurs raisons qui vont de la piraterie à la fraude fiscale, en passant par la propension des producteurs locaux à minorer les quantités produites pour minimiser les frais douaniers et les royalties (*Le Courrier* 2002).

C'est ce que confirment ces propos de Souleymane Thiam : « Il y a comme une loi tacite établie voulant que dans la musique sénégalaise, on parle de tout sauf des chiffres. C'est à dire particulièrement l'argent » (Thiam 1998:29).

Cette absence de chiffres est attestée par ces données fournies par la Direction de la prévision et de la statistique. Les chiffres qui figurent dans ce document concernent les prix des loisirs, spectacles et cultures qui ont connu des fluctuations durant 1995.

Ainsi, au mois d'avril de cette même année, les prix de ces services sont majorés de 1,2 pour cent en variation mensuelle et de 1,9 pour cent par rapport au même mois de l'année précédente. Les postes équipements photographiques et cinématographiques (-9,6 pour cent) et livres (-3,2 pour cent) sont à l'origine de la variation positive de l'indice de la fonction. Les postes jeux et jouets (-2,4 pour cent) et supports d'enregistrement pour l'image et le son (-1,2 pour cent) atténuent la tendance à la baisse de cette fonction.

Le mois de mai est caractérisé par une hausse de prix de 1,5 pour cent due à l'augmentation du prix de billet du cinéma de 26,9 pour cent en moyenne, avec une incidence de 10,2 pour cent sur l'indice du poste cinéma, concert et théâtre.

Par contre, la diminution de prix des équipements photographiques et cinématographiques de 10,7 pour cent est inhibée par la croissance du premier poste cité qui recèle un poids plus important.

En juillet, on remarque une baisse généralisée des prix de cette fonction qui enregistre la plus forte baisse mensuelle (- 3,6 pour cent). La raison en est la réduction des droits de douane sur les produits importés tels les appareils de réception de l'image et du son (-8,2 pour cent) et les articles de papeterie et de dessins (-6,6 pour cent). Le poste cinéma, théâtre et concert se replie de 7,1 pour cent du fait de la réduction de prix du ticket d'entrée dans une salle de cinéma du centre-ville. La baisse de prix du mois de juillet s'étalera jusqu'en septembre. En octobre, les prix affichent une augmentation de 0,1 pour cent. Toutefois novembre et décembre seront stationnaires.

On constate que l'étude élaborée par la Direction de la prévision et de la statistique sur la situation économique et sociale du Sénégal ne prend pas globalement en compte l'économie de la musique. Comme nous venons de le montrer, le seul aspect dont il est question ici se limite à la *variation des prix* et encore se dissout-elle dans une fonction intitulée *Loisirs, spectacles et culture*. La seule allusion à l'industrie musicale concerne « vaguement » les *appareils de réception, d'enregistrement et de reproduction de son et d'image* ainsi que *les supports d'enregistrement pour l'image et le son*.

Un autre correctif à apporter est de mesurer la part de l'industrie musicale dans le produit intérieur brut (PIB)[32], une tâche sans doute dévolue à la Direction de la prévision et de la statistique.

Nous pouvons également constater le vide statistique dans le tableau suivant consacré à la musique enregistrée en Afrique et qui figure dans le *Rapport mondial sur la culture, créativité et marché* de l'UNESCO, édition 1998, page 407. Il n'y figure aucune donnée statistique sur le Sénégal à l'instar de plusieurs pays africains. Il s'agit là, de notre point de vue, d'une lacune à combler afin d'avoir un regard davantage appuyé sur ce créneau rentable.

Toutefois, ces difficultés ne constituent pas une entrave pour tenter de jeter les bases d'une réflexion autour des aspects économiques de l'industrie musicale.

Dynamisme du secteur de la musique

D'importantes sommes d'argent circulent dans ce secteur et l'État n'appréhende pas à sa juste valeur toute la capacité de cette forte valeur ajoutée.

A en croire *L'Autre Afrique* du 11 au 17 juin 1997, les records de vente au Sénégal plafonnent à 50 000 cassettes à raison de 1000 francs CFA l'unité. Il faut voir à la hausse ces chiffres. En effet, pour l'année 1997, les producteurs de musique au Sénégal ont mis 111 productions sur le marché et déclaré 467 100 exemplaires au BSDA (Bureau sénégalais du droit d'auteur).

Sur la base d'une simulation (Thiam1998:27-29) à partir des 467 100 exemplaires déclarés au BSDA en 1997, ce chiffre a été multiplié par 5 pour être plus près de la réalité. Ce qui donnerait 2,3 millions de cassettes réellement fabriquées.

Tableau 1.2 Évolution de l'indice harmonisé des prix à la consommation par fonction et par poste

Libellé	Jan.	Fév.	Mars	Avril	Mai	Juin	Juil.	Août	Sept.	Oct.	Nov.	Déc.
Loisirs, spectacles et culture	101,1	109,8	101,7	102,9	104,1	105,1	101,3	101,2	101,2	101,3	101,3	101,1
Appareils de réception, d'enregistrement et de reproduction de son et d'image	109,4	109,4	109,4	113,1	113,1	113,1	103,8	103,8	103,8	103,6	103,6	107,3
Équipement photographique et cinématographique, instrument d'optique	88,6	85,1	86,4	94,8	84,7	84,7	84,7	84,7	84,7	84,7	84,7	74,4
Jeux et jouets ; articles de sports ; camping et plein air	109,3	115,0	115,0	112,3	112,3	116,6	116,6	111,4	114,3	108,0	109,4	108,1
Supports d'enregistrement pour l'image et le son	92,8	93,5	92,7	91,6	91,6	89,7	89,3	87,5	87,5	87,5	87,5	81,1
Cinéma, théâtre et concerts	100,0	100,0	100,0	100,0	110,2	116,7	108,3	108,3	108,3	108,3	108,3	108,3
Manifestations sportives	93,1	104,6	104,6	104,6	104,6	104,6	104,6	104,6	104,6	104,6	104,6	104,6

Source : Direction de la prévision et de la statistique

Tableau 1.2 Activités culturelles : musique enregistrée

	Ventes unitaires valeur au détail (en dollars E-U par habitant) 1996	Répartition par type de musique (%)			Taux d'enregistrement Pirates 1995	Taux d'imposition toutes taxes confondues 1995	Lecteurs de CD pour 100 ménages 1995
		Musique populaire nationale 1996	Musique Populaire internationale 1996	Musique classique internationale 1996			
Afrique au sud du Sahara							
Afrique du sud	5,1	23	71	3	20	40	4
Angola	-	-	-	-	-	-	-
Bénin	-	-	-	-	-	-	-
Botswana	-	-	-	-	-	-	-
Burkina Faso	-	-	-	-	-	-	-
Burundi	-	-	-	-	-	-	-
Cameroun	-	-	-	-	-	-	-
Congo	-	-	-	-	-	-	-
Cote d'ivoire	-	-	-	-	-	-	-
Erythrée	-	-	-	-	-	-	-
Ethiopie	-	-	-	-	-	-	-
Gabon	-	-	-	-	-	-	-
Gambie	-	-	-	-	-	-	-
Guinée	-	-	-	-	-	-	-
Ghana	1,0	71	29	(-)	2	-	-
Guinée Bissau	-	-	-	-	-	-	-
Kenya	0,1	47	52	1	92	55	1
Lesotho	-	-	-	-	-	-	-
Liberia	-	-	-	-	-	-	-
Madagascar	-	-	-	-	-	-	-
Malawi	-	-	-	-	-	-	-
Mali	-	-	-	-	-	-	-
Maurice	-	-	-	-	-	-	-
Mozambique	-	-	-	-	-	-	-
Namibie	-	-	-	-	-	-	-
Niger	-	-	-	-	-	-	-
Nigeria	0,1	65	35	(-)	45	35	2
Rep dem du Congo	-	-	-	-	-	-	-
Rep. unie de Tanzanie	-	-	-	-	-	-	-
Rwanda	-	-	-	-	-	-	-
Sénégal	-	-	-	-	-	-	-
Sierra Leone	-	-	-	-	-	-	-
Somalie	-	-	-	-	-	-	-
Soudan	-	-	-	-	-	-	-
Tchad	-	-	-	-	-	-	-
Togo	-	-	-	-	-	-	-
Zambie	-	-	-	-	-	-	-
Zimbabwe	0,3	60	39	1	11	20	-
Etats arabes							
Etats arabes	-	-	-	-	-	-	-
Algérie	-	-	-	-	-	-	-
Arabie saoudite	5,4	59	41	(-)	43	12	17
Egypte	0,4	83	17	(-)	25	-	(-)
Emirats arabes unis	23,6	17	73	12	-	4	38
Irak	-	-	-	-	-	-	-

Source : UNESCO

Ainsi, au lieu de 293,6 millions de recettes (avec comme prix unitaire pour la cassette 800 francs CFA), le total des ventes en 1997 s'élève à 1,8 milliard de francs CFA.

Le bénéfice estimé pour les producteurs se situe entre 1,7 milliard (si on retient le coût de la production à 1,5 million de francs CFA) et 1,3 milliard (si le coût est de 5 millions comme référence).

Toutefois, avec l'instauration des hologrammes (des pastilles irisées à reflets multiples accolées sur chaque cassette pressée), les fausses déclarations ont diminué. Aussi la déclaration des ventes est-elle passée, en un an, de 250 000 exemplaires à plus de 1 250 000.

Dans le secteur de la musique, les plus grands bénéficiaires sont les pirates et les producteurs, même si ces derniers refusent de l'admettre. Ce qui laisse dubitatif Souleymane Thiam au regard des bénéfices considérables que génère le secteur et qui se chiffrent dans la fourchette entre 1,3 milliard et 1,8 million de francs CFA. Aussi affirme-t-il : « l'un et l'autre chiffre est en faux (*sic*) contre les habituelles affirmations du genre « la musique, nous y investissons sans y gagner » de la plupart des producteurs » (Thiam 1998:28).

Ce dynamisme du secteur de la musique profite également à d'autres secteurs comme l'imprimerie qui, sur la base des chiffres déclarés, a fabriqué à titre indicatif pour la musique au moins 555 000 jaquettes à raison de 15 francs CFA l'unité et 55 000 affiches pour 350 francs CFA l'unité. Les recettes sont évaluées entre 8,32 millions et 19,43 millions de francs CFA.

Des chiffres sans doute minorés si l'on tient compte des autres manifestations musicales qui requièrent la confection d'affiches : « Il ne serait pas erroné, encore moins surfait de parler, affirme un observateur de la scène musicale sénégalaise, concernant les imprimeurs de recettes afférentes à la musique de 100 millions de FCFA pour 1997 » (*Nouvel Horizon* 1998:29).

La part des vendeurs de cassettes (grossistes, détaillants, marchands ambulants) est aussi difficile à chiffrer.

En somme, le secteur de la musique est un créneau très rentable qui génère beaucoup de revenus et d'emplois même si l'on ne dispose pas de chiffres précis. Qu'est-ce qui explique donc que les opérateurs économiques n'y investissent pas ?

Dans une enquête (*Sud Quotidien* 1998:4), des hommes d'affaires sénégalais se prononcent sur cette question.

Dame Ndiaye de l'UNACOIS déclare qu'il n'écoute pas de musique, encore moins ses enfants. Aussi ne pense-t-il pas investir dans la musique.

Adja Awa Ndiaye, PDG de la Sénégalaise de matériaux de construction (SENEMAC), est plus tranchée dans ses positions :

> La musique ne fait pas partie de notre culture. Elle a détourné beaucoup de jeunes de leurs occupations religieuses, voire même culturelles (…) Nous ne devons pas, sous prétexte du chômage ou du fait que dans certains pays

développés la musique est ravalée à un stade industriel, reproduire cette situation ».

De son côté, l'analyste financier Gabriel Fal, en connaisseur de la réalité du marché, reconnaît que les industries culturelles s'exportent bien. Toutefois, déplore-t-il : « Investir dans le marché local ne vaut pas la peine parce que c'est un marché informel. Il y a également une forte absence de maisons de production crédibles, constituées en sociétés avec statut et capital, avec qui les hommes d'affaires peuvent s'associer par exemple en joint-ventures, car en matière d'investissement, surtout quand il s'agit de faire un appel public à l'épargne, il faut une certaine transparence ».

Puis il ajoute : « Je pense par ailleurs qu'il faut miser sur le marché international parce qu'à cause de la faiblesse du pouvoir d'achat, les investissements peuvent difficilement être amortis. Une cassette à 1000 francs, c'est déjà cher pour certains ».

C'est la même tonalité qu'on retrouve chez Sohaibou Guèye, secrétaire permanent des groupements économiques du Sénégal (GES) :

> Nous sommes d'abord dans un pays où l'on entend souvent dire que l'art ne nourrit pas son homme. Les musiciens passent tout leur temps à se plaindre avec tous ces problèmes de piratage, etc. (…) Pour inviter les hommes d'affaire à investir, il faudrait revoir la perception qu'ont les opérateurs économiques de la culture. Il y a, par ailleurs, un problème d'ordre économique et financier transversal dans tous les secteurs économiques : la cherté du loyer de l'argent (16 à 20 pour cent) demeure encore un obstacle à l'investissement ».

Enfin, avoue Adja Dior Diop de l'Association des femmes d'affaires et commerçantes (AFAC) : « C'est un secteur à propos duquel je ne connais pas grand-chose. Je pense que la meilleure façon d'inviter les hommes d'affaires à investir dans la musique serait d'abord de leur faire connaître les règles et fonctionnements de ce secteur, parce que la finalité de l'investissement pour un opérateur économique est partout la même : se faire de l'argent ».

Ce qui apparaît globalement à travers ces différents points de vue se résume en deux mots : prudence et ignorance. La complexité du secteur est telle que rares sont les hommes d'affaires qui osent s'y aventurer. Dans les années 1970, le richissime Ndiouga Kébé avait investi dans une boite de nuit dénommée le Sahel et un orchestre du même nom avec des musiciens très talentueux comme feu Mbaye Fall, Cheikh Tidiane Tall, Seydina Insa Wade, etc.

De même, l'homme d'affaires Cheikh Tall Dioum s'est associé avec le chanteur Youssou Ndour pour créer le Dakar Loisirs Club (DLC) ; El Hadji Ndiaye, un ancien photographe, a, quant à lui, fondé Les Pyramides Culturelles du Sénégal (PCS) qui abritent le Studio 2000 et Origine SA.

Hormis ces cas isolés, on remarque que la plupart des investisseurs sont des musiciens professionnels. Est-ce à dire que ce sont seulement ceux qui maîtrisent le secteur de la musique qui y réussissent ?

Un examen approximatif nous permettra d'avoir une idée plus ou moins juste de la capacité financière de quelques-uns de nos musiciens les plus prestigieux. Car « parler d'argent, c'est à leurs yeux du fouinage (*sic*). Du *gemeñu* (les mauvaises langues) comme on dit en wolof » (Thiam 1998:27).

Youssou Ndour est crédité d'une fortune immense ; il serait sans doute le musicien le plus riche de ce pays même s'il s'en défend :

> Vous n'allez pas me croire ! Ce que je peux vous dire, c'est que je ne garde pas des milliards dans les banques *Bilabial walakhi, Barké Serigne Touba bima gueum* (au nom de Dieu, le créateur et de mon guide Serigne Touba), je n'ai pas gardé des milliards. J'ose dire que je l'ai car j'ai fait beaucoup de réalisations. Grâce à Dieu, je suis à l'abri du besoin avec ma famille. Je pense avoir assez travaillé pour satisfaire mes besoins (…) j'ai des valeurs sûres comme des maisons (…). J'ai beaucoup de biens ici et ailleurs, qui, j'espère, suffisent pour mettre ma famille à l'abri (Le Quotidien 2004:7).

En tout état de cause, Youssou Ndour a mis sur le marché sénégalais des milliers de cassettes et animé de nombreux concerts, soirées, etc. qui lui rapportent beaucoup. Il a obtenu deux disques d'or : le single *Seven seconds* en 1994 avec Neneh Cherry vendu à plus de 2 millions d'exemplaires et *Anime* en duo avec l'Italien Maximo Cataldo. Ses affaires sont diversifiées allant de l'industrie musicale aux médias en passant par l'immobilier, l'agro-alimentaire (vergers).

Coumba Gawlo Seck a reçu des disques d'or en France et en Belgique avec « Pata pata », une reprise d'un des titres de la star sud-africaine Myriam Makéba. Face aux gains énormes qu'elle pourrait engranger, un hebdomadaire[33] avait titré : « Coumba Gawlo patapatauge dans les millions ». Des estimations avaient été faites sur la base des 600 000 exemplaires vendus en France entre 4 000 francs CFA et 10 000 francs CFA. Les recettes s'élèvent donc entre 2,4 milliards et 6 milliards.

Thione Ballago Seck, lead-vocal du Raam-daan, montre des signes extérieurs de richesse. Il possède un petit palais en marbre, des fauteuils de style Louis XIV, une collection de voitures de luxe. Ce qui fait titrer un journaliste : « Et si Ballago pesait… un milliard de FCFA ? » (Niang 2003:5).

D'autres musiciens sont considérés comme riches sans que l'on possède beaucoup d'informations sur leurs avoirs : Baaba Maal, Ismaël Lô, Omar Pène, Fatou Guewel Diouf sont perçus comme des nantis.

Cependant ces musiciens supposés riches constituent l'arbre qui cache la forêt. En effet, la plupart des musiciens sénégalais éprouvent d'énormes difficultés à se faire produire et à vivre correctement de leur art.

Dans une enquête que nous avons menée : sur un échantillon de 100 sujets interrogés, nous avons eu les résultats suivants : 21 pour cent seulement des enquêtés déclarent détenir un compte bancaire contre 70 pour cent qui n'en possèdent pas et 9 pour cent de non-réponses.

Figure 1.8 : Possession d'un compte bancaire par l'artiste

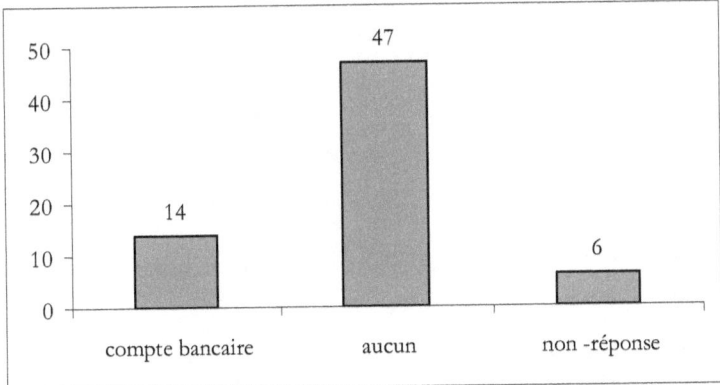

Source : enquête personnelle

Uniquement 9 pour cent affirment être propriétaires d'une voiture contre 88 pour cent qui n'en ont pas et 3 pour cent de non-réponses.

Figure 1.9 : Possession d'une voiture par l'artiste

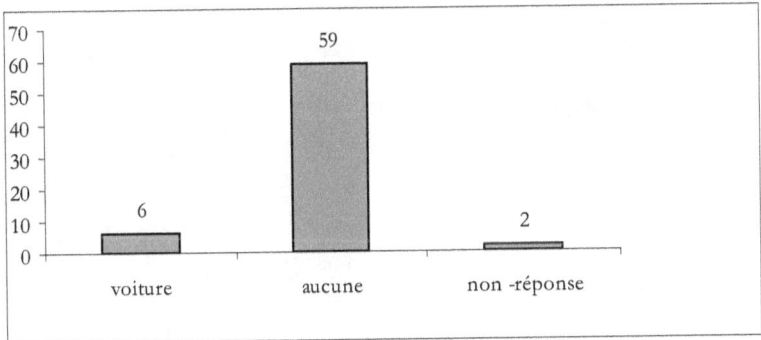

Source : enquête personnelle

Seuls 7 pour cent avouent passer leurs vacances à l'étranger contre 86 pour cent qui restent au pays et 7 pour cent de non-réponses.

Figure 1.10 : Lieux de vacances des artistes

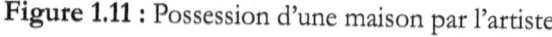

Source : enquête personnelle

Parmi les enquêtés 12 pour cent possèdent une maison contre 84 pour cent qui n'en ont pas et 4 pour cent de non-réponses.

Figure 1.11 : Possession d'une maison par l'artiste

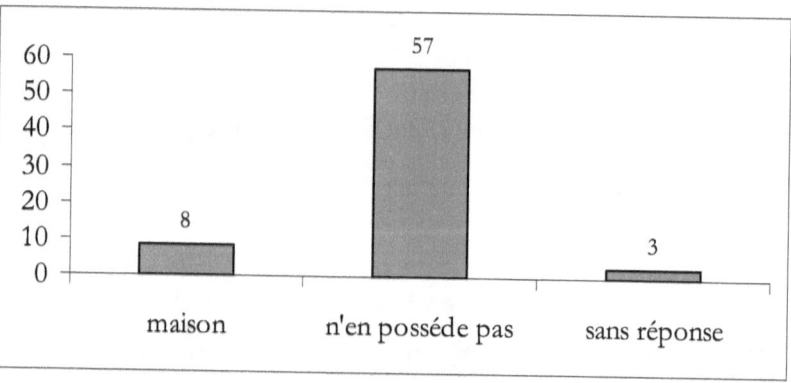

Source : enquête personnelle

Nous avons, donc, pris comme indices de richesse le compte bancaire, la voiture, les vacances, la maison et le standing. En faisant la moyenne de ceux qui sont dépourvus de compte bancaire (70 pour cent), de voiture (88 pour cent), de vacances (86 pour cent), de maison (84 pour cent), on se rend compte, à l'évidence, que plus de la moitié (82 pour cent) ne peuvent être considérés comme des nantis. Alors, qu'est ce qui explique qu'un secteur aussi dynamique ne puisse fournir les moyens de vivre à des centaines d'individus qui ont choisi comme profession la musique ?

La réponse à une telle interrogation réside dans l'étroitesse du marché, qui ne permet pas d'absorber la frénésie des productions musicales, et dans la faiblesse du pouvoir d'achat qui a pour conséquence le piratage des produits musicaux. En somme, tous ces maux, pointés du doigt, affectent le secteur et sont très liés à l'*informel*.

L'économie informelle

Elle est considérée comme une économie alternative. Connue sous le nom d'*économie informelle*, c'est une notion que Jean-Paul Gourevitch définit comme : « Une réalité multiple dont le seul lieu commun est que [les] formes de transaction échappent à la formalisation, c'est-à-dire à l'autorité de l'État et des pouvoirs publics, en s'effectuant le plus souvent en dehors d'eux, voire contre eux » (Gourevitch 2002:13).

Le secteur de la musique n'échappe pas à cette réalité. Aussi est-il question de ce qu'il est convenu d'appeler l'*informel de la musique* qui se définit comme étant l'ensemble des activités liées à ce sous-secteur de la culture et qui se caractérisent par l'amateurisme (production) et le non-respect de la réglementation en vigueur (piratage dans la distribution) dans l'unique souci d'une rentabilité économique au détriment de la qualité de l'œuvre et des créateurs.

L'essentiel de ces activités est regroupé autour du marché Sandaga, la Mecque de l'informel.[34] Une situation que l'on qualifie de *sandagaïsation* de la musique ou de *son baol-baol* pour montrer l'incursion de l'informel dans le secteur de la musique.

En effet, les commerçants de Sandaga qui étaient au départ des distributeurs de cassettes ont trouvé la production très rentable et s'y sont lancés. Le mécanisme utilisé par ces « bana-bana » (marchands du secteur informel) de la musique est d'une simplicité déconcertante. Lorsqu'un commerçant jette son dévolu sur un musicien dans le besoin et désireux de se faire produire, il lui commande une cassette. S'il accepte, le commerçant lui fait un acompte de 150 000 à 200 000 francs CFA. Le musicien n'a pas besoin d'avoir un orchestre. Avec un bon ingénieur du son, l'ordinateur pouvant se substituer aux instrumentistes, l'enregistrement est réalisé. Puis le *bana-bana* passe au pressage des cassettes et fait la déclaration au BSDA. Ensuite, il assure la distribution du produit. Au compte-gouttes, le musicien récupère le reliquat auprès de son *bana-bana* de producteur. Celui-ci lui avance, au gré de la marche des affaires, des sommes dérisoires de 10 000 ou 20 000 francs CFA (Diop J.M.1993). Jean Meïssa Diop s'indigne d'une telle pratique :

> C'est la pire des choses qui peut arriver aux musiciens en quête de notoriété ou pressés par des besoins d'argent. Une nouvelle race de producteurs « Bana-Bana » est arrivée qui ont vulgarisé le métier de producteur et affamant autant que les pirates » (Diop J.M.1993).

L'édition musicale n'existant pas au Sénégal, il suffit donc à un producteur d'avoir une petite cantine (une très petite boutique) de trouver un artiste avec qui signer rapidement.[35] Et tout est fin prêt : « Sans avoir besoin d'une expertise musicale » (Wal Fadjri 1998:7) s'insurge Habib Demba Fall. Là, c'est l'informel qui se déploie avec toutes ses ramifications. Il ne favorise pas un travail de qualité. En effet, les produits musicaux sont réalisés à la va-vite. Il s'agit d'une solution commode pour le producteur. Car, il lui est ainsi loisible en se réfugiant dans le secteur informel, de se soustraire au fisc. Pour certains, cette situation est imputable à la loi dans la mesure où le producteur est considéré comme un commerçant.[36]

Pour l'année 1995, ont été dénombrées 109 nouvelles productions enregistrées pour un tirage de 227 200 cassettes déclarées au BSDA contre 467 100 en 1997 et 299 000 en 1998. A ce niveau, le magazine économique *Performances Management* (Fall 1999:42-45) avance un ratio d'une cassette pour 27 habitants dans le marché de la production. Un chiffre qui a été établi sur la base du rapport entre la population totale du pays et le nombre de cassettes déclarées. Le paradoxe est qu'une production aussi considérable se fasse dans un marché aussi exigu que celui du Sénégal. Le pouvoir d'achat des ménages y est faible. Et cela l'est davantage avec les principaux consommateurs de musique que sont les jeunes, la plupart des chômeurs ou des élèves.

A l'opposé, dans les pays occidentaux, la sortie de disques ou de cassettes est programmée sur trois, quatre voire cinq années. Au Sénégal, il n'existe pas de fête (Korité, Tabaski, fin d'année, etc.) pour laquelle le marché n'est pas inondé de productions musicales. Ce qui fait dire à Macky Sall que « le marché musical au Sénégal tend à ressembler à celui du « fast food ». On sort des cassettes à la pelle, avec pour seul souci de coller aux goûts standards et au détriment de la qualité » (Wal Fadjri 1996).

A en croire Alain Josse de Syllart Production, la recherche effrénée du gain est motivée par « des considérations pécuniaires… Le musicien, avec son répertoire qu'il veut écouler, manifeste toujours son souhait de lancer une nouvelle cassette » (Wal Fadjri 1996).

Le prétexte, souvent servi pour justifier cette frénésie des producteurs, est que ce sont les *fans* qui le veulent ainsi. Tous les professionnels reconnaissent que cela dénote l'absence d'un véritable système de show-biz qui aurait pour avantage de bien préparer les productions musicales avant de les lancer sur le marché. En guise d'illustration, comme l'affirme Joël Guillermain, manager des Touré Kunda, « deux ans de préparation ont été consacrés à la réalisation de l'album Mouslaï qui, de surcroît, a nécessité huit mois de studio (enregistrement) » (Wal Fadjri 1996).

Le comble au Sénégal est que des musiciens non qualifiés en viennent à réaliser des arrangements, des orchestrations et des adaptations, et les producteurs, très souvent, « dépourvus de toute connaissance en matière de solfège, fixent… les modalités de production et n'acceptent qu'une musique qui colle à leurs désirs » (Wal Fadjri 1996).

De plus, aujourd'hui, c'est la mode au Sénégal de sortir des cassettes pompeusement baptisées *tubes de l'été* ; mais l'expression, c'est le lieu de le dire, qui conviendrait le mieux sous nos tropiques, devrait être « tubes d'hivernage ». Ces « tubes » pullulent pendant les grandes vacances. Aussi bien les nouveaux talents que les « ténors » de la musique sont piégés par la facilité. Des mélodies réchauffées que les professionnels appellent *remix* ou *remake*, sont servies aux mélomanes. Il ne s'agit, en réalité, que d'un nouvel habillage sonore pauvre en thèmes et en mélodies.

Le genre musical qui prospère sur le marché sénégalais est le *mbalax*. Ce penchant des producteurs sénégalais pour cette musique dénote une mainmise des affairistes, souvent dépourvus de culture musicale et artistique, de ce sous-secteur de la culture. Seul compte pour eux l'appât du gain. Ce qui met le chanteur Maas Kool, établi aux États-Unis, dans tous ses états :

> Ces gens, dit-il amer, tuent la créativité dans notre pays. Ils ne connaissent rien à la musique et c'est eux qui nous imposent le *Mbalax* car ils ont l'argent. Comme quoi, il y a une sous-culture musicale qui administre la musique de ce pays. C'est dommage les Sénégalais méritent plus que cette musique de rien qu'on leur impose. C'est vrai que les idées dominantes, comme eût dit Marx, sont les idées de la classe dominante, les idées de ceux qui tiennent le cordon de la bourse mais ceux-là sont incultes (Scoop 2003:6).

Loin de se disculper, le producteur et distributeur, Talla Diagne, apporte de l'eau au moulin des critiques :

> Le Mbalax, soutient-il, est rentable, c'est cette musique que vous réclame la clientèle. Si les populations préféraient le jazz nous ne produirions plus du mbalax. Nous produisons du rap. Le rap marche aujourd'hui, la mode est aux cassettes produites en live... c'est moins coûteux la journée de studio coûte 100 000 francs CFA l'heure et les « live » arrondissent les coûts (Scoop 2003:6).

Les artistes sont laissés à eux-mêmes et délaissés entre les mains de producteurs ignorants et cupides qui ne permettent pas au secteur de décoller véritablement.[37] L'État doit mettre en œuvre une politique culturelle digne de ce nom pour permettre aux artistes d'affiner davantage leur art.

En fin de compte, force est de reconnaître que cette facilité dans laquelle se complaît l'industrie musicale sénégalaise tire son origine de l'appât du gain mais également du manque de formation des mélomanes. Ils n'ont pas cette oreille musicale qui leur permet d'exiger une musique de qualité.

Si, donc, la production attire les affairistes, c'est parce que la distribution des produits musicaux génère d'importantes sommes d'argent : quelque *2,3 milliards alimentent la guerre de la distribution.*[38] Probablement plus.

En l'absence de chiffres précis, on pense que l'entreprise qui a le plus bénéficié de cette manne financière est le KSF de Talla Diagne, numéro un de la production et la distribution de cassettes. En effet, le monopole du commerce des cassettes musicales est détenu principalement par « Keur Serigne Fallou », plus connu sous les initiales KSF, que dirige Talla Diagne.

L'homme, malgré son jeune âge (la trentaine), a blanchi sous les harnais. Son expérience, il l'a acquise en suivant les traces de son grand frère Massaer Diagne. Il a démarré son affaire en vendant des cassettes, puis, petit à petit, il s'est dirigé vers la distribution. En 1986, il a pris une nouvelle option consistant à combiner la distribution avec la production. La distribution reste encore, au Sénégal, à l'état informel. Elle est contrôlée par Talla Diagne à partir de sa cantine B 224, au marché Sandaga, qui résonne comme un nom de code. En réalité, la cantine tient sur deux mètres carrés et servit, pendant longtemps, de lieu mythique de la vente de cassettes au Sénégal. Cet état de fait se trouve corroboré par l'affirmation de Pape Dembel Diop, bassiste et chef d'orchestre du Super Diamono d'Omar Pène : « Talla Diagne a un monopole de fait sur la distribution et il produit beaucoup d'artistes… Toute la musique sénégalaise est gérée par une cantine de deux mètres carrés » (Ndoye 1997:24). Cette cantine fut un passage obligé pour tout artiste faisant un tour à Sandaga.

La cantine est restée à son lieu d'implantation, mais Talla Diagne a déménagé, s'établissant à quelque distance de la mythique B 224 où il continue d'écouler ses produits. Car, entre-temps, il s'est lancé également dans la production. Ce déménagement de la direction s'explique sans doute par la volonté de Talla Diagne de faire face à la concurrence et de se moderniser en se structurant.

Mais ses nouveaux bureaux se trouvent toujours à Sandaga où il continue de régner en véritable maître incontesté et incontestable de la distribution. A la question « Pourquoi Talla Diagne ne veut pas quitter sa cantine et ouvrir carrément un grand magasin alors qu'il a les moyens de le faire ? », Khassoum Fall, un des responsables de sa structure KSF, répond qu'il s'agit là d'une question de marketing en tenant compte des réalités socioculturelles de ce pays. Pour lui, sociologiquement, le Sénégalais aime le marché. Car c'est un lieu de rencontres plein de chaleur, de gaîté, d'animation, de courtoisie où l'on se fait des salamalecs et où le *waxalé* (marchandage) est de rigueur. Faire un grand magasin, selon lui, ne permettrait pas aux clients de s'y retrouver. Il y a cette nécessité, à travers le *waxalé*, de communication entre le vendeur et le client. En quelque sorte, cela reproduit le *louma* (marché rural) qui est un lieu de commerce de produits mais également d'échange d'informations. Traditionnellement, les populations s'y rencontrent pour discuter et échanger des points de vue.

Seulement, cette explication sociologiquement séduisante ne nous satisfait que partiellement. Il faut se rendre à l'évidence : le secteur de la musique est essentiellement dominé par l'informel et la force de Talla Diagne se trouve dans ce secteur. Il y est arrivé en Baol-Baol avéré et, en mouride confirmé, a tissé un important réseau de distribution dont les principes jurent avec ceux de l'entrepreneuriat moderne.

Ses détracteurs lui reprochent à tort ou à raison de s'asseoir sur une mine d'or en usant de méthodes peu orthodoxes. Certains observateurs de la scène musicale tendent à atténuer ce point de vue :

> Il est quelque peu injuste, dit l'un d'eux, de parler de monopole. Talla Diagne a, en effet, en bon businessman, accepté le risque d'investir dans un secteur dé-

laissé par le tout le monde... Il a mis sur pied des méthodes, critiquables sans doute, mais qui donnaient aux jeunes talents inconnus de bonnes chances d'éclore (*Nouvel Horizon* 1999:18).

Talla Diagne est, en réalité, incontournable sur le marché de la distribution. L'arrivée de nouvelles structures de distribution n'a pas pu ébranler son empire (Jololi, Origines SA, Omar Gadiaga, etc.). Le secret de Talla réside sans doute dans son système de crédit aux distributeurs à la criée (marchands ambulants qui constituent 19 pour cent de nos enquêtés comme l'illustre la figure suivante). A ce propos, révèle Khassoum Fall, un des responsables de sa structure, *les vendeurs à la criée sont nos clients, nous leur vendons ou leur donnons sous forme de crédits les cassettes à distribuer* (*Nouvel Horizon* 1999:17).

Figure 1.12 : Points de vente des produits musicaux

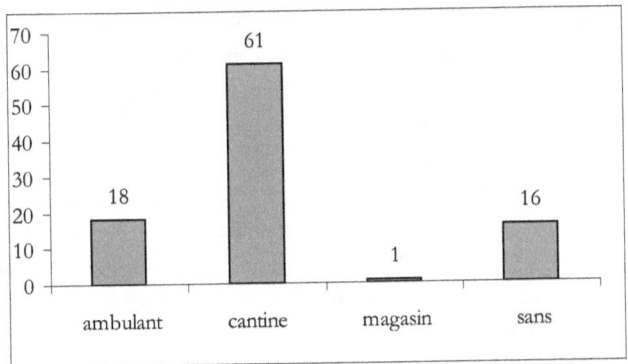

Source : enquête personnelle

Il s'agit des marchands ambulants qui circulent en ville avec leurs produits ou qui s'installent à un point fixe de la voie publique. Cependant, selon Hernando de Soto, l'expression *commerce ambulant* est inexacte car les « ambulants » ne « déambulent » pas tous. Il conclut donc qu'il faut parler de deux sortes de commerce ambulant : l'une *itinérante*, l'autre *fixe*.

Le commerce itinérant est, pour lui, une première étape du commerce ambulant ; n'ayant pas de place fixe, cette catégorie d'ambulants sillonne les rues des villes. C'est par leur habileté que les ambulants arrivent à trouver des clients. A force de s'exercer, ils gagnent de l'expérience et aussi la confiance de leurs clients. Ce qui leur permettra de bénéficier de crédits auprès des fournisseurs.

Avec ses déplacements, ils finiront par trouver des endroits commercialement attrayants qui les poussent à se fixer. Ils entrent ainsi dans la seconde catégorie du commerce ambulant qui indique que la déambulation est terminée et que le commerçant choisit un emplacement où s'installer. L'auteur trouve qu'il s'agit là d'une *invasion des rues* découlant de calculs économiques dont, entre autres, l'estimation de la valeur du lieu en fonction du nombre journalier de clients potentiels et en évaluant également les préférences de ceux-ci pour acheter à cet endroit précis.

Cette occupation de la voie publique obéit à des normes extralégales. Pour l'auteur, il s'instaure un *droit spécial de propriété* entre le vendeur et l'endroit fixe qu'il occupe. Mais, précise-t-il, ce « droit » n'est pas légal car il s'exerce sur une partie de la rue qui est d'usage public. Ce qui fait donc que nous sommes, toujours, ici, dans le domaine de l'informel.

Ce droit confère au marchand ambulant la possibilité d'utiliser la voie publique dans un but économique mais, remarque à juste raison de Soto : « Le caractère transitoire et hors de la légalité du droit spécial de propriété en fait un droit imparfait. Il ne peut être comparé à la propriété formelle... » (De Soto 1998).

Du fait de la mobilité de ces vendeurs à la criée, on ne peut que les repérer à certains endroits. Au moment où nous faisions notre enquête, on les retrouvait devant la direction nationale de la compagnie Air Afrique où ils venaient vendre des cassettes aux candidats en partance vers l'étranger. Ils se sont déplacés, après la disparition d'Air Afrique vers la direction de la compagnie Air Sénégal et d'autres représentations de compagnies aériennes. On les retrouve également dans les différents carrefours de la ville de Dakar.

Le phénomène des marchands ambulants de cassettes n'est pas très développé dans les régions où nous avons enquêté. Le fait qu'ils prospèrent à Dakar est lié au dynamisme de l'activité économique et du secteur informel dans la capitale.

Donc, du point de vue de Khassoum Fall, ce sont ces vendeurs à la criée qui font la différence par rapport à la concurrence. Nous avons voulu en savoir un peu plus sur ce monopole. Pour ce faire, nous nous sommes intéressé à un certain nombre de questions liées à la localité d'origine, à l'esprit baol-baol et à la religion.

Lors de notre enquête, nous avons, en effet, remarqué que 41 pour cent de la population enquêtée sont des Baol-Baol (originaires de la région de Diourbel) contre 23 pour cent de Kadior-Kadior (région de Thiès), 11 pour cent de Ndiambour-Ndiambour (région de Louga), pour ne reprendre, ici, que les pourcentages les plus importants.

Ce taux de 41 pour cent est surprenant ; on aurait dû s'attendre à avoir un pourcentage plus élevé du fait que la distribution est contrôlée par les Baol-Baol. La bonne explication nous semble la suivante : les Baol-Baol sont de grands migrants (Europe, Amérique, Asie et le reste de l'Afrique) et Sandaga constitue à la fois un passage transitoire (pour aller à l'assaut d'autres régions du monde) et un point d'arrivée (s'établir à Sandaga au retour de l'émigration). C'est donc cette mobilité constante qui explique un tel pourcentage.

En conséquence, nous pouvons en déduire, à la lumière de ces chiffres, que l'appellation Baol-Baol indique plus une mentalité, un esprit (caractérisé par la manière informelle de faire du commerce) que la résidence dans la localité du

Baol (ancienne appellation du royaume du Baol qui ceinturait l'actuelle région de Diourbel). Parmi ceux que l'on désigne comme tels, on trouve des Ndiambour-Ndiambour, des Kadior-Kadior, des Djolof-Djolof, des Saloum-Saloum, des Walo-Walo, etc.

En plus de la localité, plus exactement de l'esprit Baol-Baol, la plupart des vendeurs de cassettes sont adeptes de la confrérie mouride (73 pour cent contre 17 pour cent de tidjanes et 4 pour cent de layénes), confrérie fondée par Ahmadou Bamba Mbacké.[39] En talibé (disciple) dévoué, le mouride doit faire allégeance à son marabout. Celui-ci est investi d'un pouvoir mystique, ésotérique (*baatin*) qui lui permet d'influer sur les évènements. Plus le disciple est dévoué à son marabout, plus tout ce qu'il entreprend a des chances de réussir.

Lors de nos entretiens, cette anecdote, preuve du dévouement du talibé mouride, nous a été rapportée. Un commerçant mouride, dont les produits délictueux ont été saisis par le BSDA, a été convoqué par cette société. Forcé de se présenter devant les responsables de la dite société, il n'a eu qu'un seul regret, qu'on eût interrompu l'entretien qu'il avait avec son marabout venu lui rendre visite. Il a eu le sentiment d'avoir raté quelque chose de vital. Que sa marchandise soit saisie, qu'il « écope » d'une amende, voire d'un emprisonnement, il n'en a cure. Ce qu'il y a d'important à ses yeux, c'est son marabout à qui il a fait allégeance (*djébelu*).

En effet, chez les mourides, la foi en Serigne Touba est au début et à la fin de tout. Lui faire allégeance ainsi qu'à ses descendants confère la réussite, le bonheur ici-bas et dans l'au-delà. Cette philosophie sous-tend le dynamisme économique de cette confrérie. Ainsi, l'essentiel du secteur informel se trouve entre les mains des adeptes de la confrérie mouride. Ce sont également de grands émigrants. D'ailleurs, certains n'hésitent pas à les comparer aux protestants dont parle Max Weber dans son ouvrage : *L'éthique du protestantisme et l'esprit du capitalisme* (Weber 1985). Abdoulaye Wade fait sienne cette perspective lorsqu'il écrit :

> La doctrine (mouride) pose le principe de la sanctification par le travail. Le mouridisme et le protestantisme sont ainsi les deux seules religions (sic) qui définissent une telle attitude à l'égard de l'économie » (Wade 1970:9).

A ce propos, Jean Copans (2000:25) estime que la convocation de Max Weber dans la question mouride ne vise qu'à conforter un ethos mouride. Car, explique-t-il, on a assimilé l'esprit de la confrérie à un appel au travail et à l'obéissance. Ce qui revient à travailler gratuitement pour son marabout, pour le khalife général (le responsable suprême de la confrérie); pour l'ordre politico-économique établi (colonial, puis national). Toutefois, toujours dans cette perspective, les études sur la « nouvelle économie mouride » ont indiqué l'élargissement socio-économique de la confrérie et ses effets d'entraînement au niveau de l'espace national sénégalais.[40]

Talla Diagne, en fervent mouride, intériorise les valeurs de cette communauté. Toute sa démarche et ses propos sont guidés par son marabout. De même que le succès de son entreprise est assuré par son guide religieux. Ce qui lui fait dire que si sa structure (Keur Serigne Fallou) marche, c'est grâce à Serigne Fallou qui est le deuxième khalife de Serigne Touba.

Nous sommes allé nous entretenir[41] avec lui dans ses bureaux. Talla Diagne est peu loquace pour parler de ses affaires. Il nous a révélé lors de cet entretien que son marabout Serigne Modou Bousso Dieng, fils de Serigne Fallou Mbacké, lui a assuré que « ses activités iront toujours de l'avant du fait qu'il est un bon talibé et qu'il croit profondément en Serigne Fallou ». Cette prophétie, ramenée à une dimension temporelle, nous fait voir que Talla tient bon malgré la rudesse de la concurrence. En réalité, le bonhomme n'est pas dépourvu de savoir-faire en la matière, car, malgré son jeune âge, il a passé plus de 25 ans dans le commerce.[42] Il a tissé un vaste réseau de relations. Comme l'a analysé Ibou Sane (1993), les réseaux mourides se fondent sur la base d'appartenance au même terroir (la plupart sont des Baol-Baol) et à la même confrérie. Le fait que ses membres soient unis par une même communauté d'intérêt, aient la même vision et représentation de la société est gage de confiance dans les transactions commerciales. La caution (morale) est assurée par le marabout, par la confrérie. C'est un ensemble de valeurs, de codes et de comportements qui font régner la confiance entre les membres composant le réseau. Il s'agit d'une sorte de solidarité et d'entraide qui permet d'obtenir des crédits. S'il arrive qu'un commerçant ne dispose pas d'un produit, il est possible de se ravitailler auprès du collègue d'à côté et payer après. C'est donc sur la base de la confiance que se forment les réseaux d'approvisionnement et de redistribution des cassettes à Sandaga. Nous pouvons, dans le cas de la distribution des cassettes, retenir, outre la valeur bien africaine du respect de la parole donnée, deux niveaux de confiance. Le premier est la *confiance par assurance* caractérisée par la coïncidence des intérêts qui fait qu'on est assuré de n'être pas trahi car ce sont ses propres intérêts qui sont en jeu. Le second, que nous avons inventé et appelé la *confiance transcendantale,* nous paraît plus approprié pour caractériser les réseaux dont se sert Talla Diagne pour distribuer ses cassettes. C'est l'ordre religieux qui constitue le meilleur gage de confiance. Ainsi, comme l'affirme Khassoum Fall, l'un des responsables de KSF, « 80 pour cent des distributeurs de cassettes sont mourides, même si je ne dispose pas de statistiques précises ».[43] La filière de distribution de ce réseau comprend le magasin central, le semi-grossiste et le détaillant. Le semi-grossiste a son quota de 100 cassettes à revendre au détail. L'unité lui est cédée entre 700 et 850 francs CFA qu'il revend à 1000 francs CFA ou plus. De son côté, pour les protéger, KSF vend à un prix supérieur au détail.

Cette organisation, sous-tendue par des principes religieux, explique qu'il ait si bien résisté à la concurrence. Lui-même nous a avoué lors de notre entretien qu'il lui est arrivé d'acheter 95 pour cent des cassettes produites par Jololi ou Origine S.A. Ceci nous a amené à lui demander s'il ne voulait pas constituer un lobby en procédant de la sorte. Sa réponse fut : « C'est Dieu qui a voulu que je réussisse ».

En fait, les activités de Talla Diagne prennent leur source dans le secteur informel et il considère que ce secteur ne constitue pas un frein au développement de l'industrie musicale.

Si le dynamisme du secteur de la musique se révèle à travers la production et la distribution, il convient également d'analyser l'apport de la consommation dans l'essor de l'industrie musicale au Sénégal.

La consommation musicale

La consommation musicale concerne plus les déterminations psychologiques ou sociologiques qu'économiques ; elle s'inscrit même en porte-à-faux avec la théorie économique classique qui voudrait que le consommateur soit rationnel, ce qui supposerait que ses goûts ne changent pas et qu'il soit en mesure de rationaliser ses choix et donc qu'on ait à tenir compte de ses revenus. Il serait soumis ainsi à l'utilité, c'est-à-dire que la satisfaction qu'il retire de sa consommation serait supposée diminuer à mesure que celle-ci est effectuée.

Or, donc dans le cas des consommations culturelles, l'utilité marginale n'est pas décroissante, elle augmente, au contraire :[44]

Le plaisir et l'envie de consommer s'accroissent au fur et à mesure de la consommation. De ce fait, les goûts semblent évoluer au fil du temps, contrairement au principe de la rationalité des consommateurs (Benhamou 2003:13).

Toutefois, ce goût découle, comme le montrent Pierre Bourdieu et Alain Darbel, de « dispositions cultivées transmises au sein de la famille ». (Bourdieu et Darbel 1969).

Ceci explique que, de notre point de vue, les Sénégalais restent fondamentalement attachés au *mbalax* dans leur consommation de musique. Une enquête auprès de vendeurs de cassettes indique que 68 pour cent des sujets interrogés corroborent la préférence des Sénégalais pour les cassettes de *mbalax*.

Figure 1.13 : Consommation de mbalax

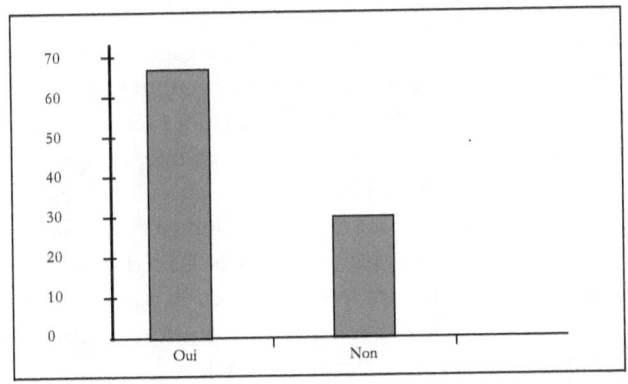

Source : enquête personnelle

Il s'y ajoute qu'au moment où nous faisions cette enquête en 2000, les cassettes de Youssou Ndour étaient les mieux vendues (76 pour cent) suivies de celles d'Omar Pène (11 pour cent) et Thione Seck (5 pour cent) avec 8 pour cent de sans réponse.

De fait, les consommateurs sont toujours restés fidèles au *mbalax* bien qu'à un moment ce genre musical ait « été concurrencé » par le rap. Le *mbalax* a fléchi mais n'a pas rompu.

Cette préférence pour le *mbalax* explique que, pour percer sur le plan local, les musiciens sont obligés de jouer cette musique. Ainsi, Youssou Ndour, Omar Pène, Thione Seck, Alioune Mbaye Nder doivent satisfaire les mélomanes sénégalais et changer de tempo quand ils jouent pour l'international. C'est pourquoi un chanteur aussi talentueux qu'Abdou Guitté Seck a abandonné la musique « mondialisée » du groupe Wock pour se consacrer au *mbalax*. Depuis lors, il caracole en tête des hit-parades sénégalais. Toutefois, une révolution intergénérationnelle est en train d'avoir lieu : les consommateurs affectionnent Titi, Pape Diouf, Abdoulaye Mbaye, Raas, Viviane, etc. Seuls l'indéracinable Youssou Ndour et le crooner Thione Seck semblent résister à cet assaut *générationnel*.

Il apparaît que le consommateur de *mbalax* est averti et cohérent dans ses goûts parce que le plaisir qu'il tire de cette musique provient de sa culture.

Ceci explique que le consommateur n'a pas beaucoup de choix en dépit de la floraison de cassettes produites sur le marché. La prépondérance du *mbalax* ne le lui permet pas. Il s'ensuit qu'il ignore la qualité des produits qui lui sont proposés. Youssou Ndour, très apprécié du public sénégalais, n'a pas eu l'écho favorable escompté avec son album *Sant* qui a pourtant obtenu un prix *world music* au Grammy Awards. En effet, il a joué une musique « religieuse » très éloignée du *mbalax* détonnant qu'on lui connaissait.

Le consommateur est dépendant de l'impact médiatique mais aussi de sa culture musicale très limitée qui ne lui permet pas de diversifier ses choix musicaux. La notoriété de l'artiste pousse également les consommateurs à acheter son produit. Ainsi le ténor a-t-il plus de chances de vendre ses cassettes que le jeune talent qui n'est pas encore connu.

Néanmoins les vendeurs de musique sénégalaise gagneraient à explorer la vente et la consommation par le biais d'Internet. Cela pourrait grandement stimuler la consommation musicale en visant, surtout, la diaspora sénégalaise, nostalgique et férue de *mbalax*. Youssou Ndour ne s'y est pas trompé, lui qui organise chaque année « son » Grand Bal à Bercy en France.

Au total, l'approche socio-économique de l'industrie musicale aura montré que le social et l'économique sont intimement liés. Ceci démontre que les bouleversements sociaux intervenus dans le secteur sont le fait du dynamisme économique qu'a favorisé l'émergence d'une industrie musicale encore embryonnaire. Cependant, il faut reconnaître que l'accumulation de richesses dans le secteur de la musique ne s'est pas faite en empruntant les modes de gestion classique. L'informel a été une autre manière de prospérer en rompant avec la réglementation en vigueur dans le secteur dit formel. Toutefois, l'usufruit ne va jamais aux créateurs, les pirates sont toujours aux aguets pour leur ôter le pain de la bouche. En réalité, ces mutations reflètent celles de la société dans son ensemble.

Conclusion

En définitive, il apparaît, au terme de cette étude, que la musique est un fait social total intégrant à la fois une dimension artistique, culturelle, sociale, technique, économique et communicationnelle. Toutefois, le fait musical est complexe et difficile à appréhender dans certains de ses aspects du fait de son caractère impondérable. La théorie de l'inspiration, du don rend, en effet, d'emblée impossible toute analyse sociologique, toute rationalisation de la musique. En effet, la musique s'appréhende comme le particulier, le non-identique, le non- reproductible. Ainsi, dans une sorte d'ambivalence, elle est autonome dans ses aspects purement esthétiques, et ancrée dans la réalité sociale en tant que fait social. Sous ce rapport, les sociologues ont éprouvé d'énormes difficultés à jeter les bases d'une sociologie de la musique. L'explication réside dans cette réalité propre à la musique :

> La musique est une production qui fait sens mais qui ne peut être traduite, et qui est reçue ou perçue en fonction des sentiments ou de l'imaginaire, eux-mêmes en constante évolution ou modification, parce qu'ils sont déterminés à la fois par le singulier et par l'appartenance sociale. De plus, parce qu'il est inscrit dans une temporalité (…) le langage musical crée un plaisir qui a un lien avec la sociologie du fait musical ; cependant les concepts et les méthodes actuels de la sociologie ne savent guère mettre un lien plaisir musical / sociologie de la musique en « équation ». Quoi qu'il en soit, la particularité du fait musical crée une expérience singulière et individuelle – qui s'inscrit dans le passé et l'expérience de chacun – et en même temps une expérience sociale ; celles-ci donnent toute sa dimension à la musique. Nous voyons donc là que nous pouvons étudier le fait musical avec des critères autres qu'esthétiques (Green 1997 :18).

Il est donc évident qu'il existe dans la musique des aspects liés au relationnel, à l'émotionnel qui ne peuvent être pris en charge par la sociologie. C'est pourquoi, nous estimons de façon péremptoire qu'une sociologie de la musique ne peut se faire, compte tenu de la spécificité du fait musical, sans collaborer avec d'autres disciplines comme la sémiologie, la psychologie et même la philosophie. Ainsi, elle pourrait, d'une part, renoncer à son autonomie pour « déchiffrer le contenu » dans ce qu'il a d'*a-verbal* et d'*a-conceptuel* en procédant comme la sociologie de la connaissance qui a recours à la philosophie pour définir ses concepts et, d'autre part, se servir de ses outils méthodologiques classiques pour étudier, par exemple, l'environnement social et les bases économiques.

L'intérêt d'une telle démarche éviterait, de notre point de vue, de vouloir, comme le fait Green, chercher à tout prix *les bases théoriques suffisantes et précises qui, tout en considérant le fait musical comme une « chose », (…) permettrait de le comprendre et de le définir avec ses caractéristiques* (Green 1997:19).

Nous considérons, donc, que le fait musical s'appréhende comme total et que, pour certaines de ses dimensions notamment esthétiques et sémiologiques, il requiert l'apport d'autres sciences humaines.

C'est ce que nous avons fait dans ce travail en renonçant à étudier le *contenu* de la musique. Ce qui nous a permis d'avoir les outils nécessaires à l'étude de l'industrie musicale qui se trouve être, en réalité, une composante du fait musical dans ses aspects liés à l'environnement historique, social, technologique, économique, etc.

Sous ce rapport, notre étude révèle que le processus d'évolution du secteur de la musique s'est effectué en suivant une courbe ascendante. Secteur informel de la musique et industrie musicale ne s'opposent pas dans ce processus. Par une forme d'autorégulation, on passe de l'un à l'autre et vice-versa. Il s'agit d'un système de vases communicants que commande le niveau de développement du Sénégal. Cette conjonction informel/formel, dans une interaction dynamique, a contribué à l'essor de l'industrie musicale au Sénégal. Ainsi, au départ, l'apparition des supports d'enregistrement (magnétophone, cassettes, etc.) à Sandaga et l'installation d'un studio d'enregistrement (Studio 2000) ont-elles favorisé la mise en place d'une industrie musicale au Sénégal.

Il s'en est suivi des changements qui se sont traduits par la structuration du secteur conduisant vers la professionnalisation, la décastification, le changement de mentalité, de statut social du musicien, la massification des groupes musicaux, le dynamisme économique du secteur, etc.

Cependant, apparaissent au plan international des enjeux liés à la volonté hégémonique d'une musique mondialisée appelée *world music* et qui a tendance à homogénéiser les rythmes et les sonorités. Cette musique mondialisée aurait pu apparaître comme l'expression d'une diversité culturelle dans le champ de la musique, mais elle devient suspecte dès lors que la logique économique l'emporte sur la finalité artistique.

Au plan local, il convient de remarquer qu'au contact de la modernité, la musique traditionnelle est en train de changer de registre au risque de perdre totalement son essence. Pour désigner cette transformation, certains n'hésitent pas à parler de musique *tradi-moderne* et mettent en garde contre la possible disparition de la musique traditionnelle si des actions ne sont pas entreprises dans le sens de sa revalorisation.

En effet, le *mbalax* s'impose sur la scène musicale du Sénégal. Prépondérant, ce genre musical a marqué et continue de marquer de son empreinte indélébile la musique sénégalaise. Toutefois, il constitue l'écran de fumée qui empêche l'expression d'autres sonorités tout aussi riches que diverses. Mu par une logique commerciale, le *mbalax* prend les contours de l'*informalité* tant au niveau de sa création, de sa production que de sa distribution. Ce fait est désigné sous le vocable de *sandagaïsation* ou de *son baol-baol* de la musique. L'informel est perçu comme une entrave au développement de l'industrie musicale.

Pourtant le Sénégal est l'un des pays d'Afrique le mieux équipé en *technologie musicale* (studios d'enregistrement, usines de duplication de cassettes, supports de diffusion : radios, télévision culturelle, Internet, etc.).

Nul doute que la musique est devenue un secteur clef de notre économie. D'importantes sommes d'argent y circulent. Pourtant, les pouvoirs publics ne mesurent pas encore toute l'importance de l'industrie musicale en expansion. Une lutte efficace contre le piratage des produits musicaux et un effort de soutien au développement de l'industrie culturelle en général et de l'industrie musicale en particulier placeraient le Sénégal dans une nouvelle voie : celle du développement par la musique à l'instar de Nashville aux États-Unis.[45] Pour tout dire l'industrie musicale est en voie de constitution dans ce pays.

Notes

1. Aujourd'hui cette compagnie a disparu mais les marchands ambulants continuent à tourner autour des agences de voyage afin de toucher la clientèle en partance pour l'étranger.
2. Célestin Monga lors des états généraux de la culture, Yaoundé, novembre 1991.
3. Durand Jean-Pierre est directeur de recherche au CNRS et Scardigli Victor directeur du laboratoire « Modes de vie, Communication, Développement » à l'IRESCO.
4. Mbaye Dièye Faye est membre du Super Étoile de Youssou Ndour, Papa Ndiaye Guéwel du Super Diamono d'Omar Pène et Papa Ndiaye « Thiopet » du DLC de Falou Dieng.
5. Ce sont les quatre villes qui, pendant la colonisation au Sénégal, étaient considérées comme des communes françaises et leurs ressortissants des citoyens français.
6. Il s'agit là d'un geste symbolique que fait le danseur en levant les mains et en les joignant pour finalement poser sa joue dessus, feignant, ainsi, de dormir pour signifier que l'on doit s'entendre avec autrui et ouvrir son cœur du matin au coucher.
7. Ainsi l'on peut distinguer les cordophones, les idiophones et les membranophones.
a) dans la catégorie des cordophones, nous pouvons citer le luth ou khalam qui se compose de quatre modèles : le *diassaré*, le *bappe*. Le *khalam bappe* est un peu plus grand que le *ndéré* ; avec une caisse de résonance plus profonde et des cordes plus longues permettant de donner de belles sonorités (basses), le *molo* et le *ndéré*. Le premier est particulièrement utilisé dans la région de Tambacounda, tandis qu'on retrouve le *molo* au Fouta (région de Saint-Louis et Matam). Le *bappe* et le *ndéré* n'ont pas d'aire d'utilisation précise.
Seul le *molo* est monocorde alors que les autres possèdent cinq cordes. Le *khalam bappe* et le *khalam ndéré* se jouent en duo.
Ces instruments ne se fabriquent pas n'importe comment. La coutume voudrait, en effet, qu'avant de fixer sur l'instrument la peau de bœuf tannée, on l'expose devant l'entrée du groupe d'habitations. C'est pour conjurer le mauvais sort en chassant les mauvais génies.
La *kora*, qu'on remarque en Casamance dans le sud du Sénégal, est un instrument à cordes pincées, une harpe-luth à vingt et une cordes. Elle a la forme d'une demi calebasse de

grande taille percée à l'arrière d'un orifice circulaire. Les moines de Keur Moussa ont modernisé la kora avec des accords à l'instar de la guitare.

Toujours dans la catégorie des cordophones, le *riti* en wolof et *gnagnours* en pays toucouleur est un instrument ayant une caisse de résonance en forme semi-sphérique faite de bois de fromager et recouverte d'une peau de lézard fixée par des clous. Il dispose d'une seule corde en crin de cheval nouée autour d'un petit manche en bois.

b) les **idiophones** sont essentiellement composés de « gourdes », calebasses séchées et évidées. Celles-ci accompagnent par exemple dans la région de Kaolack des chants de femmes de l'ethnie séreer. Les chants commencent toujours par une incantation afin d'écarter les génies maléfiques. En effet, les femmes demandent toujours l'autorisation au diable de jouer de leurs instruments. Car ceux-ci appartiennent aux esprits. C'est ce qui explique que les jeunes filles et les veuves ne doivent pas en jouer sous peine de s'attirer les vengeances du démon. En pays toucouleur, les gourdes sont appelées *kendal* du nom d'un grand arbre ou *paly yéla*. Les chanteurs entourent la plus âgée qui donne le ton. C'est le lieu de préciser que traditionnellement les femmes ne jouent pas d'instruments de musique. C'est chez les griots d'origine toucouleur que l'on retrouve des femmes instrumentistes.

Le *balafon*, xylophone en bois avec des gourdes servant de résonateurs, est un instrument d'origine mandingue.

c) les membranophones : les tambours sont généralement connus sous le nom de *sabar* en wolof ; leurs rythmes sont différents selon les tambours et les contextes : danses, réjouissances, baptêmes, travaux champêtres annonces publiques, séances de lutte, etc. Parmi les tambours, nous avons :
- le *tama* ou tambour d'aisselle en forme de sablier à tons variables. Coincé sous l'aisselle, le joueur exerce une pression sur les cordelettes tendant la peau tandis que le bras droit frappe la membrane avec une baguette ;
- le *sabar* (ou le *njol sabar*), long tambour étroit et comique, ouvert en son extrémité inférieure et souvent porté sur la hanche. Le son aigu, le *njol sabar*, dirige le rythme. Il est fabriqué avec un tronc d'arbre, recouvert d'une peau de chèvre ou de veau tendue à l'aide de coins de bois. Un système de ficelles permet de renforcer la tension. On le joue avec une baguette dans une main et l'autre main qui frappe alternativement le cuir ;
- le *junjun*, ancien tambour de guerre au son grave, de forme cylindrique et bimenbraphone, était réputé dans le Sine comme étant le tambour des rois de cette contrée ;
- le *gorong*, petit tambour en forme de tonneau, favorise la polyrythmie du *ndëp*. Il existe le *gorong mbalass* et le *gorong yégué*, plus aigu ;
- le *mbalax*, plus grand que le *gorong*, accompagne d'autres tambours ;
- les tambours grand format : le *lamb* qui nécessite une grande force pour le battre et le *ndeund*, ovoïde et monomembranophone, joué lors des luttes traditionnelles ;
- l'*asiko*, ancien tambour de l'île de Gorée, est carré et monté sur cadre. Il est recouvert de peau de mouton et muni de sonnailles ;
- le *mbeug mbeug*, utilisé dans diverses circonstances, et le *xiin*, tambour cylindrique monomembraphone de taille moyenne est aujourd'hui joué par les Baye Fall de la

communauté mouride. Autrefois, il était joué par les *jaam* ou serviteurs à l'intention des chefs On le retrouvait principalement à la cour du Cayor et du Baol ;
- le *bugarabu* provient de la basse Casamance tandis que le *sowruba* est un tambour mandingue allongé avec une membrane en peau de chèvre entourée de lanières et muni de gris-gris. Tout comme le djembé, également d'origine mandingue, il est recouvert de peau de chèvre ou d'antilope brodé de sonnailles métalliques et frappé avec des mains ;
- le *tabala*, originaire de la Mauritanie, est un grand tambour en forme de bol. (Cf. les ouvrages de Nikiprowetsky, Tolia, *Trois aspects de la musique africaine. Mauritanie, Sénégal, Niger*, OCORA, Paris (sans date), pp. 25-32 et Leymarie, Isabelle, 1999, *Les griots wolofs du Sénégal*, Servedit-Maisonneuve & Larose).

8. Ce genre de parrainage n'était pas propre au Sénégal. En Haute-Volta, l'orchestre de la mission catholique de Ouagadougou et, en Guinée, celui des fonctionnaires de Forécaria furent placés sous la coupole de l'administration coloniale. (Cf. Interview de Ndiouga Adrien Benga, enseignant chercheur in *Sud-Week-End*, n° 1895, samedi 31 juillet 1999, p. 3).
9. Ces artistes qui quittèrent l'administration coloniale passèrent d'un salaire de 9 000 FCFA comme fonctionnaire à 90 000 FCFA comme joueur de maracas ou près de 200 000 FCFA comme chef d'orchestre. Donc le professionnalisme existait déjà à cette époque. (Cf. Interview de Ndiouga Adrien Benga, enseignant chercheur in *Sud-Week-End*, n° 1895, samedi 31 juillet 1999, p. 3).
10. Au Congo, sous influence française, nous avions Serge Essous (technicien radio), Joseph Kabasélé (sténodactylographe), futur leader de l'OK Jazz. (Cf. Interview de Ndiouga Adrien Benga, enseignant chercheur in *Sud-Week-End*, n° 1895, samedi 31 juillet 1999, p. 3).
11. L'orchestre Les Déménageurs était un groupe panafricain composé de Sénégalais, Maliens, Congolais, Guinéens, Togolais, Camerounais, etc.
12. La Guinée, dont la musique va connaître un essor certain dans les années 1960-1970, a rompu dès 1958 avec le répertoire occidental.
13. Le Waatoo Sita signifie : *il est temps* ! en langue mandinka. Ce groupe de recherche musicale était composé d'André Lô (guitare), Lamine Konté (kora), Abass Goudiaby (bugëër (4 tambours)), Ass Fall (sabar), Charles Diagne (bassiste), Youssoupha Sadio (balafon balante) et Soleya Mama (guitare et chant).
14. Hip hop : « un système culturel marqué en priorité par la conscientisation, la contestation et l'affirmation identitaire, produit par des jeunes et se manifestant principalement par le rap, le djing, la danse et les graffitis, selon un parler, une gestuelle, un port vestimentaire... particuliers et porteurs de sens » (cf. Niang, A., *Les jeunes « bboys » de Dakar dans un contexte de redéfinition du rapport social : étude de la production du sens, des facteurs d'insertion/intégration selon une perspective constructiviste et une approche de la complexité*, 2003, Mémoire de DEA, Université Gaston Berger de Saint-Louis, 2003, p. 57.
15. MIDI ou Musical Instrument Digital Interface. Ce qui permet de procéder, à partir de l'ordinateur, à la programmation des notes de musique. Ainsi, le chanteur n'a plus besoin de recourir en studio aux notes d'un soliste ou d'un pianiste pour réaliser un tube.
16. Parmi celles-ci, nous pouvons, sans être exhaustif, citer les Touré Kunda (Ismaïla, Cheikh Tidiane, Ousmane, etc.), les familles Faye (Vieux Mac, Tapha, Lamine, Habib, Adama,

Mahanta), Ndour (Youssou, Aby, Viviane), Seck (Thione, Ousmane, Mapenda, Mor Dior, Assane Ndiaye), l'autre famille Seck (Laye Bamba, le père, Fatou Mbaye, Coumba Gawlo, les Seck Sisters), Faye (Vieux Sang Sing Faye, Mbaye Dièye, El Hadji, Alieu, Aziz), Guissé (Djiby, Cheikh et Alioune), Kassé (Alioune, Omar, Djoudjou, Pape, Ndèye), Boye (Pape et Armand), la famille de Doudou Ndiaye Rose, la famille de Soundioulou Sissokho, Diagne (Lappa, Bassirou).

17. L'entretien a eu lieu le jeudi 14 septembre 2000 sur la plage de Ngor village.
18. L'interview a eu lieu le 18 septembre 2000 au siège de Médiator.
19. Interview parue dans *Le Quotidien* et reprise par l'hebdomadaire *Révélation*, n° 198 du 7 avril au 14 avril 2006, p. 8.
20. Contribution de Moussa Sy, professeur d'éducation artistique au lycée John F. Kennedy, parue dans le *Sud-Quotidien*, n° 1761 du jeudi 18 février 1999, p.10.
21. Opinion exprimée par Alain Swietlik dans la revue *Modal* et citée par D. Laborde (note en bas de page in article de Bonniol, J. L., 1999, « A propos de la world music : logiques de production et de réception », in S. A. K. Haddad, dir., *Universalisation et différenciation des modèles culturels*, Beyrouth : Editions Agence universitaire de la Francophonie/Université Saint-Joseph, p. 333).
22. Laborde D. cité en note de bas de page par Bonniol J.L., *op.cit.*, p. 334.
23. La catégorie *world music* a été introduite dans les Grammy Awards en 1991.
24. Les *lawbé* sont une caste d'origine hal-pulaar dont les hommes exercent le métier de boisselier. Leurs femmes sont réputées comme vendeuses de produits aphrodisiaques très recherchées par les Sénégalaises. Elles sont connues comme inventrices du *lëmbël*, une danse jugée aujourd'hui érotique.
25. Chez les *lawbé*, écrit Abdoulaye Ly, les *danses mett[ent] en exergue des cambrures rebondies et animées par des coups de rein qui actionnent une batterie de ceintures de perles en enfilade en tout genre orchestrant un son dominant de crécelles (...) et arrachant aux danseuses des onomatopées et des jurons mimant, saluant l'ascension vers l'orgasme. C'est le lieu de rappeler cette fameuse danse lawbé* : « *le bar watam* (*bi mi khagne ma thi*) *qui est entré dans l'imaginaire des Sénégalais (...). Que dire du* « *ventilateur* » *dénommé ainsi pour décrire le mouvement rotatif des pales de l'appareil qu'impulsent de savants coups de rein à la croupe* (Ly Abdoulaye, *L'oralité paillarde des Lawbé : islam, érotisme et répression sexuelle dans le Sénégal contemporain*, Document inédit).
26. Le *tassou* lawbé avec souvent des propos faisant allusion à la sexualité du genre *am na gobar bo ma dabé kham li maye khouf.* Ce qui veut dire littéralement *j'ai une hache, qui me cherche saura ce que je vais tondre...*, parole égrillarde, faisant allusion à la tonte des poils pubiens.
27. Dans une approche distincte mais complémentaire, Abdoulaye Niang est revenu sur cette question de mutations intervenues dans la danse (Cf. « Fait musical, espaces de structuration de significations, communications et diffusion ». « Mbalax et danse » pour plus d'éclairage).
28. Cf. interview de Mme Siby in A.A. Dieng, Y.N. Diarra, S. Bachelier et E. Ndiaye, dir., *En avant la musique* ! Dakar : Siggi Enda-Art, p. 198.
29. Dans ce dossier, il est fait cas du chanteur Youssou Ndour qui règle ses comptes avec ses concurrents : *En gagnant pour l'hymne de la Coupe du Monde 98, la dernière du siècle, Youssou Ndour prend, aujourd'hui, une belle revanche sur tout le monde de la musique. Du coup, il s'affirme*

définitivement comme le leader incontesté du show-biz sénégalais. Quoi qu'on dise. Une place, enviée et enviable que beaucoup de musiciens, ouvertement ou non, se refuseraient à le voir récupérer des années durant, même si les faits l'avaient sacré déjà le « meilleur ». Mais cela est vrai au prix d'une longue querelle de leadership.

Le dernier épisode de cette bataille feutrée s'était déroulé en avril dernier, lorsqu'une partie de la communauté musicale, qui lui reprochait d'avoir « monopolisé » l'organisation du concert de la Semaine de la Jeunesse et des Sports grâce à un parti pris du ministère de tutelle, (…) lui avait tiré à boulets rouges. (…)

Grisé par le succès, Youssou Ndour a perdu la tête pendant quelques instants. Pour régler de vieux comptes nés immanquablement de la concurrence, de la rivalité parfois malsaine qui fait rage partout où il y a de la gloire ou de l'argent à récolter ; mais encore plus dans ce monde impitoyable qui est celui du showbiz. L'artiste, rancunier, tenace ou d'excellente mémoire, a rappelé une vieille histoire, presque oubliée de tout le monde sauf de lui. Il s'agit, là aussi, d'une autre histoire de foot et de musique. La voici : lors du Sénégal 92, la Coupe d'Afrique des Nations organisée par notre pays, Youssou Ndour avait offert une chanson écrite et proposée gratuitement pour servir d'hymne. Le comité d'organisation (…) avait refusé. Parce que c'était Youssou Ndour, parce que les autres n'apprécieraient pas (…) Cinq ans après, Youssou n'a rien oublié de ce refus qui, on s'en doute l'avait mortifié. L'artiste n'a pas de mots assez durs en revenant sur les faits. Ni pour juger les musiciens sénégalais qu'il traite, ni plus, ni moins, de « fainéants » pour leur concurrence déloyale et inexistante.

Et pour la première fois, sans doute, le triomphe de You n'est pas modeste. En étalant sa réussite, il met volontairement le doigt sur la faiblesse ou la médiocrité des autres. Dossier intitulé « Les Sénégalais et la réussite : sus aux gagneurs, vive le looser » paru dans *Nouvel Horizon*, n° 96 du 12 décembre 1997, p.18-19.

30. Le magazine *Thiof*, n° 30, janvier 2006, pp. 18-20 révèle que Youssou Ndour et Thione se sont enfin réconciliés. Ainsi comme l'écrit Souleymane Thiam à la page 2 : *Il a fallu que cette musique se retrouve dans une situation déplorable, à cause particulièrement de la piraterie qui lui cause de gros dommages, pour que Thione et You acceptent de se donner la main et de regarder dans la même direction.*

31. Quand économie et musique se rencontrent, cela pourrait donner sur le mode humoristique ce rapport d'un gestionnaire rendant compte de la « production » d'une représentation de l'*Inachevé* de Schubert :

   1. L'orchestre compte quatre hautboïstes. Ceux-ci n'ont rien à faire pendant de longs moments, leur nombre pourrait être réduit et leur travail mieux réparti tout au long du concert.

   2. Les douze violonistes jouent à l'unisson : un cas de prolifération de postes superflus. Leur nombre doit être réduit considérablement. Si l'on désire obtenir un volume sonore d'une certaine ampleur, on peut y parvenir au moyen d'amplificateurs électroniques.

   3. La production de demi-tons – raffinement superflu – exige trop de temps. Il serait souhaitable de les supprimer en relevant toutes les notes. On pourrait recourir aux services de débutant et dépendre beaucoup moins de spécialistes hautement qualifiés.

   4. Nombre de passages sont répétés trop souvent. Il est superflu, par exemple, que les instruments à vent reprennent une mélodie déjà jouée par les violons. Après

l'élimination de tous les passages inutiles, il serait parfaitement possible d'exécuter le concert en vingt minutes au lieu des deux heures nécessaires actuellement.

Si l'auteur, Schubert, avait travaillé de façon rationnelle, il serait certainement parvenu à achever sa symphonie (Chiapello, Eve, 1998, *Artistes versus managers. Le management culturel face à la critique artistique,* Editions Métailié, p.13).

32. Le PIB est le total de la valeur ajoutée des biens et des services réalisés dans un territoire pendant une période donnée, y compris par les ressortissants étrangers.
33. Il s'agit de l'hebdomadaire *Nouvel Horizon*, n° 428 du 31 juillet 1998, p. 30.
34. Le marché Sandaga se trouvait à ses débuts sur des dunes. Le 5 février 1927 la commune de Dakar achète le terrain qui devait abriter le marché au Crédit foncier du Sénégal pour la somme de 64 000 FCFA, soit 80 FCFA le mètre. Le 1er août 1933, date de l'immatriculation du terrain, débutent réellement les travaux de construction du marché. L'architecture est de modèle soudano-sahélien. Aussi le marché Sandaga est-il classé monument historique et fait-il partie du patrimoine culturel du pays.

    Situé à Dakar au carrefour des avenues Lamine Guèye et Georges Pompidou, le marché Sandaga est ce haut lieu du négoce qui abrite le secteur informel au Sénégal. On y trouve toutes sortes de marchandises qui vont des plus courantes (habits, chaussures, appareils électroménagers et autres denrées alimentaires) aux plus rares pour un marché avec des officines (Keur Serigne bi) pour les médicaments et de l'or dans le célèbre endroit appelé Lalu wurus. L'avenue Emile Badiane est bordée de kiosques tenus en général par les Baol-Baol (originaires de la région de Diourbel). Ce sont eux justement qui tiennent le commerce des appareils électroniques, souvent dernier cri : hi-fi, télévision, cassettes, vidéo, etc. provenant des États-Unis ou des pays asiatiques.
35. C'est l'éditeur musical qui choisit l'orientation musicale d'un produit, participe à l'écriture de la musique.
36. Un article paru dans le journal *Wal Fadjri*, n° 1900 du samedi 18 juillet 1998 à la page 7 intitulé : « Statut : obstacle de la loi », donne l'explication suivante à cette situation :
    Le cheval de bataille des producteurs devra être leur reconnaissance comme opérateurs économiques du milieu culturel. Ce qui n'est pas prêt de se faire, si la législation reste en son état actuel. En effet, les producteurs ne sont pas reconnus par le Bureau sénégalais du droit d'auteur, du moins tels qu'ils existent maintenant sur le marché musical sénégalais. Par contre, la législation ne reconnaît que l'édition musicale. Et étant donné que l'édition musicale n'existe pas au Sénégal, cela ramène à considérer nos producteurs comme de simples commerçants. D'où le problème de la protection de leurs œuvres qui est une conséquence directe. D'abord, la Convention de Rome, datant du 26 octobre 1961 et portant sur ce qu'on appelle les droits voisins, à savoir des artistes, interprètes ou exécutants, des producteurs de phonogramme et des organismes de radiodiffusion, n'a pas, elle non plus, été ratifiée. Ceci a pour conséquence d'exposer les producteurs ou du moins ceux qui se réclament comme tels, aux effets de la piraterie. Certes, le BSDA a des textes qui répriment cette pratique délictueuse mais la limite de ces textes est que la piraterie n'est assimilée qu'à de la contrefaçon. En l'occurrence, il n'y a pas de texte qui réprime de manière formelle la piraterie aussi bien artisanale qu'industrielle.
37. Interpellé lors d'une conférence de presse sur l'absence de ses produits sur le marché sénégalais, le chanteur afro-jazz Idrissa Diop fulmine : *Ceux qui, aujourd'hui, s'occupent de la musique sénégalaise, n'ont rien à faire dans le secteur de la musique. Ce sont des ignorants. Or, j'ai toujours refusé de tomber dans la médiocrité depuis trente ans de musique. Ce sont des ignorants. Ce n'est donc pas en ces moments que je vais y tomber. Il faut résister pour que ceux qui n'ont d'âme que*

pour l'argent, n'aient rien à voir avec le sérieux travail artistique. Il ne faut pas leur donner l'occasion de se mêler de choses sérieuses qui ne les concernent pas.

38. Selon l'hebdomadaire *Nouvel Horizon*, n° 166 du 23 avril 1999, p. 17 ; ce chiffre est avancé sur la base d'une estimation faite à partir du nombre d'exemplaires officiellement déclarés au BSDA (un minimum de 467 100 si on comptabilise 3000 unités par production) et de la masse inestimable, occupée par le piratage.
39. Cheikh Ahmadou Bamba, le fondateur du mouridisme, est né vers 1854 à Mbacké Baol au centre du Sénégal et mort en 1927 à Diourbel. Il fut une grande figure de la résistance passive contre le colonisateur. Toute sa vie fut consacrée à la religion et au dévouement aux préceptes divins.
40. Ce sont les études de V. Ebin : *A la recherche de nouveaux poissons. Stratégies commerciales mourides par temps de crise*, in *Politique africaine*, n° 45, 1992, pp. 86-99 ; « Les commerçants mourides à Marseille et à New York : regards sur les stratégies d'implantation », in E. Grégoire et P. Labazée (éd.), *Grands commerçants d'Afrique de l'Ouest*, Karthala, Paris, 1993, pp. 101-123 et Malick Ndiaye, *L'éthique Ceddo et la société d'accaparement ou les conduites culturelles des Sénégalais d'aujourd'hui*, 2 tomes (1. *Le Goorgi* ; 2. *Les Moodu-Moodu*). Presse Universitaires de Dakar ; Dakar, 1996 et 1998.
41. L'entretien a eu lieu le 15 septembre 2000 à 11 heures dans ses bureaux sis à Sandaga.
42. Chez les Baol-Baol, les jeunes apprennent très tôt les ficelles du métier.
43. L'entretien avec Khassoum Fall a eu lieu le 15 septembre 2000 à 10 heures dans les locaux de KSF.
44. Gary Becker et George Stigler ont élaboré le modèle de la consommation musicale : le consommateur produit le plaisir qu'il tire de l'écoute de la musique. Les intrants sont le budget, le temps, le capital humain et un certain nombre de biens marchands. Par exemple, l'écoute de la musique requiert du temps, du matériel s'il s'agit de musique enregistrée et une certaine expérience qui permet de se repérer dans l'ensemble des œuvres et de mieux apprécier les morceaux choisis. Les consommations culturelles nécessitent des formations, des savoir-faire, qui se sont forgés tout au long d'un processus d'apprentissage. Plus le consommateur écoute de la musique, plus la finesse de son écoute s'améliore, plus le plaisir associé à une heure consacrée à la musique s'en trouve accru. Ce qui semblait être une aberration économique, l'accroissement de l'utilité marginale, s'explique alors dans le cadre du paradigme néo-classique, l'individu est de plus en plus efficace et l'utilité qu'il produit augmente de plus en plus vite grâce à l'amélioration de sa propre productivité.

L'utilité ou la satisfaction de l'argent, résulte de la production et de la consommation de divers biens Z_i et du bien M qui représente la quantité de plaisir musical produite et consommée : $U = U(M, Z_i)$.

Les biens Z_i sont produits par le ménage à partir d'intrants : temps, capital humain, biens achetés sur le marché.

La variable M est liée positivement à deux variables (hypothèse d'un effet bénéfique des consommations passées sur les consommations actuelles) :

- le temps passé à l'écoute de la musique, t_m ;

- la formation, le capital humain qui favorisent cette écoute comme le plaisir qui en résulte S_m :

$$M = M\,(t_m, S_m)$$

Avec par hypothèse :

$$\frac{\partial M_m}{\partial t_m} > 0$$: plus le temps consacré à l'écoute de la musique est long, meilleure en est la productivité ;

$$\frac{\partial M_m}{\partial S_m} > 0$$: plus la formation de l'auditeur est poussée, plus grande en est la satisfaction retirée, et donc : $\dfrac{\partial^2 M_m}{\partial t_m \partial S_m} > 0$.

Les auteurs introduisent ensuite le temps dans le modèle afin d'apprécier l'impact du temps consacré jusque-là à la musique sur le plaisir musical aujourd'hui. Le capital humain musical au moment j résulte de l'expérience accumulée :
= Avec par définition de la « manie » bénéfique :
et E : terme qui mesure l'effet de l'éducation et des autres éléments du capital humain sur la capacité de l'individu à apprécier la musique (Cf. Benhamou Françoise, 2003, *L'économie de la culture*, La Découverte, p.14).

45. Nashville, une ville du Tennessee aux États-Unis qui, avant 1940, était l'une des plus pauvres de ce pays et qui s'est développée et enrichie grâce à la musique country. Avec l'installation d'une société des droits d'auteurs appelée Broadcast Music Inc. (BMI), affluaient dans la ville des compositeurs, des paroliers et des maisons de disques qui formèrent un système intégré. Ce qui permit de développer leur créativité et de leur conférer une bonne place sur le marché du disque. Aujourd'hui, l'industrie de la musique rapporte à la ville et à l'économie de l'État du Tennessee quelque deux à trois milliards de dollars par an.

Bibliographie

Angelo, M. d', 1990, *L'impitoyable industrie du disque*.
http://www.monde-diplomatique.fr/1998,/06/DAngelo/10606Html
Angelo, M. d', 1990, *La renaissance du disque : les mutations mondiales d'une industrie culturelle*, Paris : La Documentation française.
Association Saint-Louis Jazz et Normand, H., 1996, *Histoires du Jazz au Sénégal*, Nantes : Editions Joca Seria.
Ba, M., 1999, « Les musiciens ont toujours la cote », *Le Témoin*, mardi 9 au lundi 15 mars, p. 6.
Bachelard, G., 1970, *La formation de l'esprit scientifique*, Paris : Vrin, 4e édition.
Belorgey, F., 1997, *L'Autre Afrique*, 11 au 17 juin 1997, p.80.
Benda, W., 1992, *La musique africaine contemporaine*, Paris : L'Harmattan.

Benga Ndiouga Adrien, 1999, Interview. *Sud-Week-End*, n° 1895, samedi 31 juillet, p.3.
Benhamou, F., 2003, *L'économie de la culture*, Paris : La Découverte.
Bonniol, J. L., 1999, « A propos de la world music : logiques de production et de réception », in S. A. K. Haddad, dir. *Universalisation et différenciation des modèles culturels*, Beyrouth : Editions Agence universitaire de la Francophonie/Université Saint-Joseph.
Boudon R. & Bourricaud F., 1982, *Dictionnaire critique de la sociologie*. Paris : PUF.
Bourdieu, P. & Darbel, A., 1969, *L'amour de l'art. Les musées d'art européens et leur public*, Paris : Editions de Minuit.
Bourdieu, P., Passeron J. C. & Chamboredon, J., 1968, *Le métier de sociologue*, Paris : Mouton.
BSDA, 1996, *Bilan critique de la présence de la musique sénégalaise : les couacs du milieu*, Document inédit.
Cessou, S., 1997, « Sur un air... de paradoxe », *L'Autre Afrique* du 11 au 17 juin. pp. 78-81.
Cheikh Tahar Seck, & Yann N. Diarra., 1999, in A.A. Dieng, Y. N. Diarra, S. Bachelier et E. Ndiaye, dir., *En avant la musique* ! Dakar : Siggi Enda-Art, p. 229.
Cissé, A., 1998, « 'Tournées internationales. Le casse-tête des musiciens », *Sud Quotidien,* jeudi 22 janvier, p. 6.
Cissé, S., 1995, « Star-système ». *Sud Quotidien*, 14-15 août 1995, p. 2.
Chiapello, E., 1998, *Artistes versus managers. Le management culturel face à la critique artistique*, Paris : Editions Métailié.
Chion, M., 1994, *Musiques, Médias et technologies*, Paris : Flammarion.
Copans, J., 2000, « Mourides des champs, mourides des villes, mourides du téléphone portable et de l'Internet : les renouvellements de l'économie politique d'une confrérie », *Afrique contemporaine*, n° 194, pp. 24-33.
De Soto, H., 1998, *L'autre sentier : la révolution informelle dans le tiers-monde*, Paris : La Découverte.
Diarra, Y. N., 1999, « La musique sénégalaise en mouvement : hypothèses pour un profil du musicien sénégalais », in E. Ndiaye *et al.*, dir., *En avant la musique* ! Dakar : Siggi Enda-Art.
Diagne, S. B. & Ossébi, H., 1996, « La question culturelle en Afrique : contextes, enjeux et perspectives de recherches », Document de travail 1, Dakar, Codesria.
Dièye, A. B., 1998, « Pourquoi nos opérateurs boudent la musique », in *Sud Quotidien*, 12 mars.
Dièye, A. B., 1999, « Quand la musique se professionnalise », *Sud Quotidien*, 12 mars.
Dièye, A. B., 1999, « Les familles d'artistes. L'intimité de la création musicale », *Sud Quotidien*, samedi 19 juin 1999.
Diop, A. B., 1981, *La société wolof. Tradition et changement. Les systèmes d'inégalité et de domination*, Paris : Karthala.
Diop, J. M., in *Wal Fadjri*, n° 528 du jeudi 9 décembre 1993.
Diop, R. S. L., 1996, « Le musicien », in *Sud Week-end*, n° 954 du samedi 15 juin 1996.
Durand, J. P. & Weil, R., 1993, *Sociologie contemporaine*, Paris : Editions Vigot.
Durand, J. P. & Scardigli, V., 1993, « La sociologie de l'information et de la communication », in J.-P. Durand et R. Weil, *Sociologie Contemporaine*, Paris : Edition Vigot.
Durkheim, E., 1968, *Les règles de la méthode sociologique*, Paris : PUF.
Evrard, Y., 1993, *Le management des entreprises artistiques et culturelles*, Paris : Editions Economica.
Fall, B., 1999, « L'industrie musicale à la croisée des chemins », *Performances Management*, n°3.

Faye, A. & Thiam, S. *et al.*, 1999, « Fortune. Le poids de nos musiciens », in *Thiof,* nouvelle série, n° 3 du 15 mars au 1 avril 1999, p. 7.
Ferréol, G., dir, 1995, *Dictionnaire de sociologie,* Paris : Armand Colin.
Gautreau, M., 1970, *La musique et les musiciens en droit privé,* Paris : PUF.
Green, A.-M., 1997, *Musique et sociologie : des relations à définir...,* Paris : OMF Université Paris-Sorbonne IV.
Gourévitch, J.-P., 2002, *L'économie informelle, De la faillite de l'État à l'explosion des trafics,* Editions Le Pré aux Clercs.
Gurvitch, G., 1947, *La sociologie au XXe siècle,* Paris : PUF.
Huchard, O.S., 1999, « Aperçu de la musique sénégalaise », in A.A. Dieng, Y. N. Diarra, S. Bachelier et E. Ndiaye, dir. *En avant la musique* ! Dakar : Siggi Enda-Art.
Javeau, C., 1976, *Comprendre la sociologie,* Paris : Marabout-Université.
Javeau, C., 1990, *Leçons de sociologie,* Paris : Méridiens Klincksieck.
Kane, A., 2000, « La confiance au cœur des interactions dans les arrangements financiers populaires », *Revue sénégalaise de sociologie,* n° 4/5, pp. 213-262.
Lahoud, R., 1996, « La musique pourrait rapporter plus que les phosphates », in *Sud Week-end,* n° 867 du samedi 26 février.
Lalande, A., 1988, *Vocabulaire technique de la philosophie,* volume I : A-M, Paris : PUF
Leymarie, I., 1999, *Les griots wolof du Sénégal,* Paris : Servedit, Maisonneuve et Larose.
Le Courrier ACP-UE, 2002, septembre-octobre, n° 194.
Le Soleil, (19 février 1999), « Une partition complexe : les musiciens malades des taxes », *Dossiers le Soleil. Cahiers & spéciaux,* http://www.Primature.SN/le soleil.
Le Témoin, n° 449 du mardi 9 au lundi 15 mars 1999, pp. 6-7.
Marshall, A., 1891, *Principles of Economics,* tome 1.
Mauss, M., 1968, *Sociologie et Anthropologie,* Paris : PUF.
Mbodj, G., 1997, « Technologie du corps et développement social », *Revue sénégalaise de sociologie,* n° 1, pp.79-88.
Mc Nee, L., *Le cadastre de la tradition : propriété intellectuelle et oralité en Afrique.* http://www.arts.uwa.edu.au/MotsPluriels/MP898lmn.html.
Ndiaye, M., 1996-1998, *L'éthique Ceddo et la société d'accaparement ou les conduites culturelles des Sénégalais d'aujourd'hui,* 2 tomes (1. *Le Goorgi* ; 2. *Les Moodu-Moodu*), Dakar : Presses Universitaires de Dakar.
Ndiaye, M. A. & Sy, A.A., 2000, *Africanisme et théorie du projet social,* Paris : L'Harmattan.
Ndiaye, M. A. & Sy, A.A, 2003, *Les conquêtes de la citoyenneté, essai politique sur l'alternance,* Dakar : Éditions Sud-Communication.
Ndiaye, M. A. & Sy, A.A, *Esquisses philosophiques, la quête identitaire et la mondialité.* A paraître.
Ndour, S., 2002, « Identités culturelles et Cinéma : quelle image pour l'Afrique à l'heure de la Mondialisation », *Safara,* n° 1, pp.187-196.
Ndour, S. 2006, *Industrie musicale et informel de la musique au Sénégal : analyse comparative, mutations socio-culturelles et transformations économiques d'un secteur en pleine expansion,* Thèse de doctorat 3e cycle de sociologie soutenue le 16 novembre, sous la direction du professeur Gora Mbodj, Université Gaston Berger de Saint-Louis (Sénégal).
Ndoye, I., 1997, *Emergence d'une industrie musicale au Sénégal : atouts et contraintes,* Grande enquête de fin d'études pour l'obtention du diplôme supérieur de journalisme, Dakar : CESTI.

Ngom, S., Les industries culturelles facteur d'intégration, Document inédit.
Niang, D. S. & Mbaye, 1998, « La musique sénégalaise : les couacs du milieu », 9 octobre, *Dossiers le Soleil. Cahiers & spéciaux.* http://www.Primature.SN/le soleil
Niang, D. S., 2003, « Et si Ballago pesait… un milliard », *Scoop*, samedi et dimanche 19 janvier, p. 5.
Nja Kwa Samy, 2000, « Musique et business », in *Africultures,* n° 29, juin, p.128.
Nouvel Horizon, n° 61 du 11 avril 1997, p. 12.
Nouvel Horizon, n° 166 du 23 avril 1999, p. 17.
Nzalé F., 2001, « Dialgaty, Diogaty, Taran-tacc… La sensualité en danse », *Sud Quotidien,* n° 2541, samedi 22 septembre, p. 8.
Prévost-Thomas, C., 1998, *La chanson francophone contemporaine : structure, pratiques et fonctionnement,* Paris : OMF, Université Paris-Sorbonne IV.
Quotidien, n° 496, jeudi 19 août 2004, p. 7.
Roberts, M. D., 1998, « World music. La transplantation de la culture », in *Culture, créativité et marché. Rapport mondial sur la culture de l'UNESCO,* Paris : UNESCO.
Rocher, G., 1968, *Le changement social,* Montréal : Éditions HMH.
Saint-Louis Jazz et Hervé Lenormand, 1996, *Histoire du jazz au Sénégal,* Editions Joca Seria.
Sall, I., Ndiaye, A. & Thiam, S., 1997, « Showbiz sénégalais. La guerre des étoiles reprend », in *Nouvel Horizon,* n° 61 du 11 avril, pp. 10-18.
Sall I. et al., 1997, « Mariage entre musiciens. Pour le pire, jamais pour le meilleur », in *Nouvel Horizon,* n° 61 du 11 avril, p. 15.
Sané, I., 1993, *De l'économie informelle au commerce international : les réseaux des marchands ambulants en France,* Thèse de doctorat de sociologie et sciences sociales, Lyon : Université Lumière Lyon II.
Scoop du samedi 26 et dimanche 27 avril 2003, p. 6.
Seck, C.T. & Diarra Y.N., 1999, « La musique sénégalaise : quels contenus ? », in E. Ndiaye et al., dir., *En avant la musique* ! Dakar : Siggi Enda-Art.
Seck, N. & Clerfeuille, S., 1996, *Les grandes figures des musiques urbaines africaines,* Paris : Éditions Afrique en créations.
Ssewakiryanga, R., 1999, « L'avènement d'une nouvelle jeunesse. La musique africaine américaine et la jeunesse ougandaise », *Bulletin du Codesria,* n° 1-2.
Stayleton, C., 1987, African *All-Star. The Pop Music of a continent,* Londres : Quartel Books.
Sud Quotidien, n° 1612 du mardi 25 août 1998, p. 4.
Sud Quotidien, samedi 22 septembre 2001, p.8
Sud Quotidien, n° 2027 du samedi 5 janvier 2002, p.6.
Sud Week-end, n° 954 du samedi 15 juin 1996, p.1
Sy, M., 1999, « SOS pour la musique sénégalaise », *Sud Quotidien,* n° 1761 du jeudi 18 février, p.10.
Télé Mag, n° 85, février 2000, p. 14.
Thiam, S., 1998, « L'argent de la musique dans le secret des coffres-forts », *Nouvel Horizon,* n° 428 du 31 juillet.
Thiam, S., 2000, « Aux origines d'une rivalité. Frères ennemis…? », *L'Info 7,* n° 602, samedi 7 octobre, dimanche 8 octobre 2000, p. 5.
Thiof, Nouvelle série n° 3 du 15 mars au 1 avril 1999, p.7.

Throsby, D., 1998, « Le rôle de la musique dans le commerce international et le développement économique », in *Culture, créativité et marché. Rapport mondial sur la culture de l'UNESCO*, Paris : UNESCO.

Tosin, L., 1999, « Musique. Le manque à gagner des artistes », *L'Autre Afrique*, n° 102 du 10 au 23 novembre 1999, pp. 40-42.

UNESCO, 1982, *Les industries culturelles : un enjeu de la culture*, Paris : Editions UNESCO.

Wade, A., 1970, *La doctrine économique du mouridisme*, Dakar : L'Interafricaine d'Editions.

Wal Fadjri, n° 1307 du vendredi 26 juillet 1996.

Wal Fadjri, n° 1900 du samedi 18 juillet 1998. p.7.

Wal Fadjri, n° 3157 du samedi 21-dimanche 22 septembre 2002.

Wane, I., 2000, « Paroles et Musiques. Derrière les appellations des groupes musicaux », in *Télé Mag*, n° 89 juin, p.13.

Wane, M. P., 1999, « Mbaye Dièye Faye, Les Sénégalais ont tardé à reconnaître leurs valeurs », *L'Info*, n° 243 du samedi 31 juillet-dimanche 1er août 1999, p. III.

Weber, M., 1985, *L'éthique protestante et l'esprit du capitalisme*, Paris : Presses-Pocket.

2

Aspects socioculturels de la construction du fait musical au Sénégal

Abdoulaye Niang

Introduction

Comme l'ont souligné, à juste titre, Souleymane Bachir Diagne et Henri Ossebi (1996:43), en Afrique, la musique est bien l'une des branches les plus négligées des études portant sur les industries culturelles qui regroupent la télévision, le cinéma, la radio, les arts graphiques et picturaux, etc.[1] Il s'agirait d'effectuer un instant rééquilibrage concernant le domaine musical qui occupe une place très importante dans la vie socioculturelle. Pour certains chercheurs, cette place est déterminante et la musique serait même constitutive de la spécificité de l'humanité (Hagen et Bryant 2003). Ce domaine, comme tendent à le suggérer de plus en plus une orientation et une interprétation qui se veulent novatrices, aurait des répercussions directes sur les performances économiques des villes (Florida 2002).[2] Il serait en outre devenu un foyer de diffusion de schèmes de pensée et d'action à travers le rayonnement progressif des modèles artistiques de travail qui inspireraient désormais certaines entreprises (Menger 2003). Cette centralité souvent reconnue par des instances internationales (comme l'Unesco), mais aussi au niveau national (le ministère de la Culture et du Patrimoine historique classé du Sénégal), d'un certain point de vue, ne peut que rendre plus paradoxal le fait que la musique soit –à l'instar d'autres composantes des industries culturelles–, un parent pauvre des recherches sur la société sénégalaise pourtant définie à l'envi comme une société du rythme.

Ce décalage justifie pleinement que la sociologie se penche de plus près sur le champ (Bourdieu 1980) de « l'industrie musicale » traversé en outre par des difficultés au point que la première question que nous nous sommes posée au départ de cette recherche était la suivante : existe-t-il (vraiment) une industrie musicale au Sénégal ?[3]

Il est question, d'abord, de donner une définition de l'industrie musicale qui, certes, s'inscrit dans le même sillon que celle qui sert de référence à l'étude globale, mais cette partie tente en outre de mettre l'accent sur le caractère « total », construit et interactif de l'industrie musicale. Pour ce faire, option a été faite, pour ces raisons à la fois théorique et pratique, de procéder à une reconstruction conceptuelle, par un recours au concept de « fait musical » ou « phénomène musical ». Par l'une quelconque de ces deux expressions que j'utilise indifféremment, je fais référence à la production de la musique, et à ce qui la touche directement ou indirectement. Il est dès lors entendu que ce terme de « phénomène musical » ou « fait musical » englobe celui d'« industrie musicale » et offre, à mon sens, une bonne visibilité du champ de la musique.

L'utilisation du concept de « fait musical » ne correspond, de ce fait, aucunement à un déplacement de sens du concept d'« industrie musicale », mais répond en réalité à une mise en exergue d'une perspective théorique, d'une approche de l'industrie musicale appréhendée comme un fait social total comme le soutient une certaine vision des sciences sociales (Grawitz 1993:356-9). Cela revient, à l'instar de Marcel Mauss, d'une part, à rattacher à ce fait sa tridimensionnalité qui s'inscrit dans la mise en relation mutuellement intégrative de ses aspects « social » (avec ses multiples démembrements juridique, économique, politique…), « historique » et « physio-psychologique », dans un souci d'appréhension non parcellarisé d'un phénomène social, toujours inséré dans un contexte global d'où son exclusion en altérerait le sens ; et, d'autre part, à placer concomitamment l'analyse à l'échelle de l'« expérience concrète » (Lévi-Strauss 1993:XXV-VI) et du vécu directement saisissable pour le chercheur.

Notre propos est aussi, au-delà de la référence à cette double exigence, de souligner le bien-fondé d'une perspective interdisciplinaire, d'une approche soucieuse de prendre en considération la complexité « anthroposociale » (Morin 1994), l'intersubjectivité vécue par le chercheur mais aussi l'effort d'objectivité qui devrait aller avec. Cette démarche n'est pas la plus simple, mais son adoption se justifie par sa richesse potentielle. Le choix de recourir prioritairement à la méthode qualitative, dans la tentative de saisie des aspects socioculturels, procède aussi de ce souci. Cela s'est fait à travers l'utilisation de techniques de recueil de données telles que les entretiens semi-directifs avec des informateurs clés (musiciens, managers, distributeurs de cassettes/*compact disc*, producteurs…), des *focus groups*, etc. Cela exigera aussi, en plus de cette élaboration de grilles d'entretien, et de l'identification des auteurs des discours, de faire appel aux principes habituels de saturation, de diversification, de crédibilité, .etc. ; de procéder concurremment au repérage de catégories de sens, décelables dans les discours, les attitudes, et usitées par les acteurs, reconduites ou reconstruites par le chercheur selon leur degré de conformité aux exigences de catégorisation socioanthropologique, en essayant de trouver le lien fédérateur entre les comportements et attitudes.

La pertinence de toutes ces dispositions théoriques et méthodologiques demande, bien entendu, à être confirmée par la réalité du terrain qui, en dernière instance, reste déterminante. Selon cette option d'étude, on s'intéresse aussi bien globalement à l'élaboration de l'œuvre musicale en tant que telle qu'à son auteur, aux genres, aux formes d'expression et de réaction incluant la danse, aux catégories du sens, aux représentations sociales, au contexte socioculturel en somme.[4]

Le fait musical est donc vu comme un fait social total, une pratique sociale d'acteurs interactifs exprimant tout autant identités collectives, facteurs de convergences et de rencontres cimentant un imaginaire et un vécu communs ou rendus communs par la « communion musicale ». Ce fait est aussi perçu comme une source d'éclosion de singularités plurielles, exprimant une fonction d'affirmation différentielle, de créativité de la part des auteurs, mais aussi du public qui se pose comme un participant actif à l'œuvre, et qui peut procéder ce faisant à une réappropriation, contribuer à une réorientation. Toutes choses trouvant leurs marques dans un système de socialisation, d'autonomisation relative et de déterminants structurels qui définissent les innovations possibles mais aussi canalisent et restreignent les libertés des acteurs du fait musical.

Ce recours à une perspective constructiviste, qui fait le lien entre les interactions et les structures (Corcuff 1995), ne pouvait avoir champ d'application plus approprié que le fait musical, lieu par excellence, aussi contradictoire que cela puisse paraître, des excentricités les plus débridées comme des interdits les plus sévères, des échanges interactionnels basés sur le langage du corps, de l'instrument, de la voix, et des stratégies sociales de contrôle, notamment sexuel, le phénomène musical étant un des lieux privilégiés de sublimation.[5] Si les espaces jadis habituellement ménagés pour des expressions ritualisées du désordre connaissent une restriction constante (séances de *sabar, lavaan*, etc.), d'autres se recréent en substitution, investissant des espaces de l'urbain expressément créés à cet effet (bars, dancings, clubs, etc.) et donnant une autre vitalité aux expansions ostentatoirement condamnées par la norme.

Le dessein de ce qu'il est convenu de considérer comme une investigation exploratoire du champ de la musique au Sénégal consiste à identifier et comprendre, à différents niveaux, à partir principalement du contexte socioculturel sénégalais, les éléments qui interviennent dans la construction et la structuration, jamais définitivement fixée, du fait musical. A ce titre, il importe de faire une précision ici : il sera bien plus essentiellement question d'une description et analyse des processus que d'une description des genres musicaux retenus, quoique ce faisant, bien entendu, on s'intéresse inévitablement aux contours, ne serait-ce que ceux les plus généraux, de ces genres musicaux.

La première section tâchera de poser conjointement les problèmes définitionnels proprement dits et ceux qui restent liés à ces premiers et qui ont trait aux perspectives théoriques s'offrant comme autant de lectures différenciées du champ musical. Cette section rappellera également les grandes étapes de la démarche, précisera les types d'instruments de recueil de matériaux, de même que les outils utilisés pour le traitement des données.

La seconde section, consacrée aux aspects socioculturels, prendra des contours descriptifs et analytiques. En m'appuyant sur les deux formes musicales les plus marquantes du moment à mon sens, le *mbalax* et le rap, je procéderai à une tentative d'explicitation de l'arrimage de la musique au champ socioculturel qui l'abrite, aux catégories sociales distinctes qui en sont porteuses, qui la construisent par leurs interactions multiples (jeunes, adultes…), et aux différenciations qui peuvent en découler.[6]

Quelques considérations théoriques et méthodologiques

Qu'est-ce que la musique ? Alfonso Padilla affirme l'impossibilité qu'il y a à donner une définition universelle pour la musique et propose en lieu et place une identification plus prudente de ce qu'il appelle les « universaux en musique ». Le terme même d'« universalité » est discuté et se voit attribuer des significations différentes. Peut être regardé par exemple comme universel ce qui est absolu, fortement probable, ou généralement observé (Roubanovitch et Le Gonidec 2003).

L'universalité de la musique serait, pour ma part, à comprendre précisément dans sa présence, jusque-là, dans toutes les sociétés connues, sans exclusive.

Les universaux en musique se voient ainsi sériés, par Padilla, au plan :

1. Social :

- présence de la musique dans toutes les sociétés,
- la musique est créée avant tout pour l'écoute et pas pour la lecture en premier,
- le soubassement de la musique est à la fois biologique (découle de l'hérédité, de l'inné) et culturel (découle de règles assimilées),
- la musique comprend des formes vocales, quelle que soit la culture,
- elle remplit un nombre fort élevé de fonctions organisées de manière complexe,
- elle est sujette à des changements continus et fréquents ;

2. Langagier et acoustique :

- la musique comprend les composantes acoustiques essentielles que sont la hauteur, l'intensité, le timbre et la durée,
- elle est régie par des normes tacites ou formelles au niveau de sa base de production locale, lesquelles normes ne sauraient être universalisées absolument ;

3. Structurel général :

- la musique se construit selon des principes d'opposition dialogiques rassemblant des unités par un équilibre instable qui s'incarne dans des binômes de type boucle musicale/pas de boucle, « tension »/« détente », etc.,
- la fonctionnalité musicale se donne à voir dans une progression à quatre étapes harmonisées incluant une introduction, une exposition, un développement et une finition ;

4. Structurel spécifique : qui se traduit par le fait que la musique ne connaisse pas d'éléments tout à fait universels, quelle que soit l'importance du nombre d'éléments communs recensés dans les différentes musiques connues.

En résumé, on pourrait dire que si le fait musical se présente comme universel, ses manifestations, elles, demeurent diverses. D'où l'importance qu'il y aurait à placer l'étude de chaque fait musical dans un espace socioculturellement déterminé, avec une analyse prenant en considération cette dimension conjointement globale et locale. Cette diversité soulignée traduit l'exigence d'intégrer que le phénomène musical soit à voir, quel que soit son degré d'universalité, comme une production culturelle située.

C'est cette lecture qu'adopte Ousmane Sow Huchard dont la définition fait ressortir au moins deux dimensions fondamentales : la dimension culturelle de toute musique qui est toujours l'émanation d'un groupe socioculturel ; l'intentionnalité relative aux fonctions et usages prévus d'une œuvre ou d'un type musicaux donnés, qui cherchent essentiellement à « impressionner » (Huchard 1999:204). En tant que production culturelle, cette musique sénégalaise connaîtrait aujourd'hui un « développement spectaculaire » (Huchard 1999:203) qui peut s'expliquer à partir de quatre éléments principaux :

1. l'avènement de la cassette dans l'enregistrement, la diffusion et la commercialisation des produits musicaux ;
2. l'utilisation de l'outil informatique dans la production musicale grâce aux innovations en cours dans ce domaine ;
3. la venue des radios à transistors ;
4. le développement dans le privé et le public de chaînes de télévision et de stations de radio faisant usage de formules différentes pour leurs émissions (tendance communautaire ou commerciale).

Ce développement est renforcé par l'imbrication du produit musical dans le réseau international d'échanges qui contribue également, dans une large part, à dynamiser davantage ce secteur des industries culturelles dont l'importance exige qu'il soit étudié de manière plus approfondie.

En d'autres termes, le développement de la musique devrait être accompagné d'un développement des analyses sur la musique, quelle que soit par ailleurs la nature de ces analyses (littéraires, anthropologiques, etc.). Pour ce faire, chacune de ces lectures devrait tenir en compte les « variables stratégiques principales » (Huchard 1999:204) suivantes :

1. les émetteurs de sons musicaux qui sont de deux sortes :

    - l'homme (son statut social, sa condition et situation socioprofessionnelle, son statut artistique en tant qu'auteur, compositeur, etc., sa localisation géographique, sa condition de naissance, son éducation et sa formation, sa langue, etc.),
    - les instruments (le mode de production des sons, leur nature moderne ou traditionnelle, la technologie de fabrication, la filiation de l'instrument, les circonstances de son utilisation : culte, fête, etc.),

2. les sons musicaux, cette nature musicale étant reconnue à la condition que les quatre propriétés relatives au timbre, à la durée, à l'intensité, à l'intonation soient présentes ;

3. les deux types de gestes musicaux qui ont trait à la production musicale en tant que telle et à la danse, qui est une réponse à cette production-stimulus (Huchard 1999:204-210).

La musique sénégalaise, pour être mieux capitalisée, devrait, selon Huchard, faire l'objet d'une codification. L'auteur va très loin dans la détermination de la place qu'il faudrait accorder à la musique dans la société sénégalaise. En effet, il argue que l'utilisation des instruments de musique par tous les Sénégalais, l'intégration de ces instruments dans le système éducatif, demeure « la condition sine qua non pour garantir leur survie » nécessaire dès lors que cette musique a un impact certain sur le développement et la génération d'emplois avec la création de PME, PMI actives dans la fabrication d'instruments, etc. (Huchard 1999:211-214). A un autre niveau, Huchard affirme en outre que la musique, à travers ses représentants les plus illustres, est aujourd'hui la garante la plus sûre pour la « promotion de l'image » de marque du Sénégal (Huchard 1999:215).

Ndiouga Adrien Benga a lui aussi souligné le déficit de recherche concernant le champ musical au Sénégal. Il le fait en s'interrogeant précisément sur le délaissement de la recherche historique sur la musique qui trouve son origine dans un conditionnement de la recherche par le politique. Son article essaye d'identifier les interactions entre styles musicaux et facteurs sociaux, économiques et politiques d'une part et, d'autre part, d'établir les rapports entre la citadinité et la musique moderne. La question est de voir si la ville favorise l'émergence de « nouvelles formes musicales » (Benga 2002:290). Toute la réflexion est donc étayée par l'hypothèse d'un pouvoir structurant de l'urbain dans la formation et la transformation des formes musicales qu'il abrite, étant entendu ici que l'une des caractéristiques fondamentales du milieu urbain serait sa capacité à accélérer les processus de changement social.

Cette position partagée par d'autres chercheurs est exprimée dans un historique de la musique urbaine dans lequel il est dit que « les innovations et les évolutions musicales (…) ont culminé dans la musique urbaine » (Vibes 2004).

Avec la renaissance d'une culture de la rue dans ce cadre urbain, c'est l'action combinée de la « bourgeoisie bureaucratique » et de la jeunesse qui serait à l'œuvre (Biaya 2002:344). Cette nouvelle alliance va consacrer la rupture partielle avec le modèle senghorien et ses supports (écoles artistiques nationales, lieux officiels de manifestation culturelle, etc.). En même temps, le contexte économique (la crise économique provoque des mouvements de population des terroirs vers les villes et du centre-ville vers la banlieue au niveau de vie bien plus modeste), scolaire (démythification de l'école comme facteur clé de réussite sociale), politique (l'élite formée localement se substitue, progressivement, avec le président Abdou Diouf, à l'élite formée en Occident) se caractérise par une série de transformations. Les artistes de la nouvelle génération se recrutent ainsi souvent dans les rangs des jeunes produits de la déperdition scolaire. Néanmoins, une frange de ce groupe provient également de jeunes qui sont inscrits encore à l'école ou à l'université.

Dans cette lancée, il apparaît assurément que les jeunes constituent essentiellement la base de recrutement de la musique rap et *mbalax*.

Le rap, une branche du mouvement hip-hop, est ainsi venu bousculer le paysage musical sénégalais, avec des logiques inédites, au sein d'une société sénégalaise fortement bouleversée (Niang 2006:168).[7] Cette jeunesse qui est, dans tous les discours communément admis, la catégorie porteuse de l'avenir de cette société, subit un remodelage induit par un véritable brouillage des repères jadis fixés par des rites initiatiques de passage, des bornes assez précises. La crise est multidimensionnelle et recèle une série de ruptures à plusieurs niveaux (Mbodj 1993) avec notamment des pointes en milieu urbain. Les jeunes, pour leur part, se sont investis dans la recherche de modèles en réponse à cette crise.

Le hip-hop, mouvement social porté par les jeunes, est arrivé dans ce contexte de changement social. Il s'est dès lors présenté aux yeux de la jeunesse comme un système culturel alternatif en mesure de fournir des schèmes de pensée et d'action plus appropriés à leurs aspirations, surtout la jeunesse dakaroise située dans un cadre cosmopolite considérablement ouvert aux échanges et emprunts de différentes sortes. C'est sur ce substrat que se construit le hip-hop local, générateur d'une culture de type interstitiel qui tente d'articuler une culture locale déjà hybride à d'autres, occidentales.

Le rap, qui a la place centrale dans le hip-hop à Dakar, comme ailleurs, se trouve ainsi exposé à une hybridation de second degré qui donne naissance, suivant une dynamique d'intégration et de rejet sélectifs, à des constructions identitaires interculturelles et transnationales. L'interculturalité, telle que le montre Gilroy, fait voir que les cultures franchissent les frontières suivant le principe d'une transnationalité dans la circulation de leurs modèles qui échappent ainsi aux bornes officielles (Kihm 2000:6).

Le hip-hop s'est implanté, par ces canaux de diffusion, d'abord sous les traits d'une mode aussitôt vue comme une sorte de *fad* (courant éphémère de la mode) ou de *craze* (pratique regardée comme étant « exagérée » et n'intéressant généralement qu'un petit groupe) qui passerait vite (König 1969), tant il semblait vrai à nombre de ses non-adhérents qu'il ne serait qu'une imitation caricaturale de modèles américains. Mais de l'état de mode à ses débuts, il a connu une évolution en se posant par la suite comme une alternative porteuse, dans son principe du moins, d'un mouvement social complexe. Ce dernier a tendance à allier un soubassement fortement identitaire –il est vrai, et cela constitue une des difficultés pour qu'il soit accepté par les non-adeptes du hip-hop– sous forme d'une base de recrutement réduite, avec le *posse* (groupe hip-hop) en tant que groupe primaire, à un idéal de représentation de la grande masse de ceux que les *bboys* (membres du mouvement hip-hop) perçoivent comme les lésés du système sociopolitique.[8]

L'engagement, de fait, est un des maîtres mots du *MC* (Maître de Cérémonie) qui doit « représenter », par des textes conscients. Cet engagement se fait suivant des modalités différentes. Trois tendances peuvent être retenues : une première dite *hardcore* représentative de la branche la plus dure du rap et adepte, dans le fond et/ou la forme, d'une attitude dure envers ceux qu'elle étiquette comme les « fossoyeurs de la société » (politiciens…), et plus généralement envers tout contrevenant de ce qu'ils considèrent comme l'ordre normatif ; à l'opposé, la tendance *cool* ou *soft* qui évoque dans ses textes des thèmes tels que l'amour ; entre les deux, une troisième tendance qui puise dans les ressources de l'une et de l'autre et s'octroie la liberté d'associer dans sa thématique la critique, dure quelquefois, mais aussi des histoires que ses auteurs disent plus « relax » étant entendu, pour ceux-ci, comme me le déclarait le *bboy* KKVI, qu'« on ne peut être énervé du 1er janvier au 31 décembre ».

Si, aux débuts, les oppositions étaient très dures entre notamment la première tendance et les deux autres, surtout après la sortie de *Ku weet xam sa bopp* du *crew* Rap'Adio qui avait exacerbé ces conflits, aujourd'hui elles se font généralement moins sentir du public surtout, et semblent souvent s'orienter vers des préoccupations de positionnement stratégique. Néanmoins, ces conflits, pas seulement stratégiques, existent toujours et se manifestent tant dans les productions (cassettes par exemple) que dans les spectacles, à l'occasion. Cet état d'oppositions mais aussi d'alliances qui cohabitent avec, est observable dans le hip-hop d'ici et d'ailleurs de manière générale. De fait, une frange significative du rap sénégalais adhère à une position dans le hip-hop qui fait du *clash* (attaque verbale), du *beef* (conflit qui peut justement constituer une base ou une conséquence à propos des *clashs*), un moyen d'exercer un droit de regard sur le mouvement, de poser une sorte de garde-fou contre ce qu'elle estime être des « dérives », des attitudes de « fake » (faux, contraire à l'esprit, à l'authenticité hip-hop), de l'incompétence.[9] Sans compter les affrontements qui existent en certaines circonstances.[10]

Mais quelle que soit la tendance, dans ce rap local, ou les affrontements qui s'y déroulent, les artistes se font toujours le porte-voix d'un discours politiquement et socialement engagé (Niang 2006:179-181). Les rappeurs sénégalais demeurent en effet des artistes engagés, qu'ils soient d'une tendance ou d'une autre, si par engagement on entend l'évocation de thèmes sociaux et politiques dans les *tracks* (morceaux de musique).[11] Ainsi, à l'encontre du *mbalax* souvent accusé de développer un discours laudatif, dilué, pauvre, cruellement dénué de créativité, immanquablement accompagné d'une « nouvelle danse », et formaté pour être en vogue quelques semaines ou mois (Sall 1999:8; Sall 1997:15), l'une des sources de légitimité du rap résiderait dans la richesse, la pertinence fréquemment observée de ses *lyrics* (paroles). En dépassant donc le stade d'une mode de jeunesse, le rap s'est approprié une légitimité sociale. Ce « reprofilage » du rap, auquel sont venus s'ajouter d'autres changements (débuts de professionnalisation, diminution de la radicalisation...), explique qu'à une période de rejet par la société a fait suite cette reconnaissance actuelle (Niang 2006, 2003), qui fait dire à un responsable religieux sénégalais : « Ils [les rappeurs] ramènent les gens sur la bonne voie » (Niang 2007:9).[12]

De tout ce qui précède, et à partir de conceptions pas toujours convergentes il est vrai, il ressort néanmoins, des différentes études évoquées, que certains mécanismes paraissent essentiels dans la construction du fait musical au Sénégal. Parmi ceux-ci, en plus de la place des mesures politiques entre autres, on observe la récurrence, notée dans ces études, de la centralité du cadre urbain très réceptif aux processus interculturels de modelage réciproque de ces cadres systémiques constitués des musiciens et de leurs environnements.

Ces différentes conceptions font voir l'historicité et l'interaction comme autant d'éléments très importants qui participent à la formation du fait musical. Pour ma part, outre les mécanismes exposés par les travaux évoqués, la dimension de l'incertitude (Morin 1994:5), les limites des agissements des acteurs (musiciens, managers, public, représentants de l'État, médias, revendeurs de cassettes et *compact disc*, etc.) insérés dans un ensemble au sein duquel l'ordre et le désordre se côtoient, confrontant liberté et poids conditionnant des structures (Archer 1998:11), gagneraient à être plus explicitement intégrées dans l'analyse. Ce tout forme un système ouvert. Il s'offre comme un cadre d'action multipolaire dont les membres, inconsciemment ou consciemment, sont affectés par toutes ces interactions, directes ou indirectes ; et sont marqués par l'hybridité.

Il n'est dès lors pas question de percevoir le domaine de la production musicale comme relevant purement du vouloir de l'artiste mû par la simple conditionnalité de son imagination créatrice, le musicien étant alors dans ce sens idéalisé, une sorte de parangon de la notion de liberté. Il ne s'agit pas non plus de le percevoir comme une « victime » inerte de conditionnements absolus qu'il subirait passivement.

Il s'agit, en réalité, de partir du principe selon lequel les acteurs du champ musical, tout en usant de diverses ressources pour se positionner et positionner leurs alliés, ne sont pas exempts de certains contraintes et conditionnements présents, inscrits dans une historicité, et qui pèsent dans leurs actions et représentations actuelles.

De fait, on peut arriver à reconstituer comment le hip-hop, de même que le *mbalax*, sont le résultat d'un long processus fait de construction/déconstruction/reconstruction sur fond d'incertitude. Qui aurait pu prévoir que les balbutiements du *mbalax* de la fin des années 1960 allaient aboutir à une généralisation aussi prégnante de ce genre musical aujourd'hui omniprésent au Sénégal ? Que les podiums hip-hop organisés dans des cadres limités comme le collège du Sacré-Cœur seraient un prélude à une éclosion impressionnante de *posses* de rap à Dakar ? Ce n'était pas de l'ordre du chimérique certes, mais tout cela semblait si peu probable.

En somme, il est important de placer le fait musical dans une perspective diachronique pour en comprendre les contours actuels. Ceci, en s'appuyant principalement sur une approche qualitative afin d'atteindre les objectifs d'identifier :

- les acteurs qui construisent le fait musical (artistes, producteurs, public…) ;
- les mécanismes à l'œuvre dans cette construction ;
- les lieux de création et d'expression du fait musical ;
- des cas assez significatifs pour servir d'exemples en se basant sur des orientations et tendances actuelles du phénomène musical.

Dispositif méthodologique

Il a fallu constituer un échantillon qui, dans ce cas précis, était un échantillon inter-cas, ce qui implique qu'on prenne en compte des cas qui :

- tout en étant relativement « similaires », présentent une bonne variance pour les « variables opératives » retenues ;
- soient assez « contrastés » pour autoriser un test de transférabilité (Schneider 2002:22).

Le choix du *mbalax* et du rap répond à ce double impératif de convergence musicale et de différenciation de genre. Toutefois, puisqu'il est question jusque-là d'une étude exploratoire qui vise principalement à identifier des facteurs explicatifs, et au sein de laquelle les difficultés attachées à la généralisation des résultats ou à l'échantillonnage ne sont pas très déterminantes, la transférabilité pourrait être véritablement confirmée ou infirmée, ultérieurement, à travers par exemple une étude descriptive ou corrélative (Villalon 1998).

L'échantillonnage a combiné les principes du quota et de la méthode comparée (Schneider 2002:20). Ont été ainsi retenus les sous-ensembles suivants : artistes (du *mbalax* et du hip-hop), familles d'orientation et/ou de procréation des artistes, revendeurs de cassettes et *CD (compact disc)*, managers, organisations et institutions d'encadrement (Association des métiers de la musique du Sénégal-AMS, Bureau sénégalais du droit d'auteur-BSDA, ministère de la Culture et du Patrimoine historique classé, etc.), producteurs, distributeurs, public, médias. Les entretiens individuels uniques, ou répétés comme dans le cas du récit de vie (Bertaux 2005, 1997 ; Deslauriers 1991), de même que les *focus group*s ont été réalisés essentiellement durant la période comprise entre les mois de décembre 2004 et d'avril 2005. Des données complémentaires ont été collectées en 2007, notamment durant la période s'étendant des mois d'août à octobre.

Les sous-thèmes des grilles d'entretien tournaient tous autour du thème central de l'industrie musicale (par exemple pour les producteurs/distributeurs, des sous-thèmes portant sur l'existence d'une industrie musicale, les atouts de l'industrie musicale, les contraintes, les perspectives…).[13]

Un instrument d'analyse stratégique, Mactor, a été aussi mis à contribution pour les analyses, les matrices à partir desquelles des graphes ont été réalisés, afin de présenter un tableau explicatif visible des acteurs, des mécanismes socioculturels élaborés dans des lieux divers qui font sens.

Acteurs, mécanismes socioculturels et lieux du phénomène musical

Les acteurs du fait musical

Le récit de vie de Kabou Guèye dont je propose quelques extraits ici, exemple illustrateur à plus d'un titre, complexe à certains égards, apporte un éclairage sur les processus en cours dans la construction d'une carrière musicale. Basée sur un niveau individuel démultiplié par le choix de plusieurs cas, l'étude de la carrière de quelques musiciens, par le récit de vie, permet de comprendre des processus plus globaux. Ceci, à partir d'une reconstitution séquentielle des expériences vécues et racontées, d'un moyen de typification de ces singularités du fait des similarités significatives qu'elles entretiennent entre elles, dans certaines de leurs grandes lignes et, donc, d'une possibilité de généralisation si on se réfère à plusieurs cas. Le choix de cet acteur du phénomène musical comme cas de référence se justifie donc pleinement, avec un parcours non seulement riche, mais aussi comportant des similitudes avec bien des acteurs du milieu de la musique. Kabou Guèye est auteur, compositeur, arrangeur, bassiste, technicien, directeur artistique de Xippi, membre de la commission d'identification des œuvres du BSDA, etc.[14] Voici un premier extrait de ses propos :[15]

> Je suis venu à la musique parce que j'ai toujours aimé la musique. Je suis né dans une famille de griots. Ma mère, elle chantait, quand elle était jeune, et mes parents chantaient, mes grands-parents et tout, ma grand-mère quoi ! Parce que du côté de mon père, c'est des marabouts. De l'autre côté, toujours du côté de son père, c'est des marabouts, mais ma mère chantait, sa maman chantait et tout, donc je suis né dans cette maison, j'ai évolué là-bas, au milieu des artistes. C'est pourquoi j'ai aimé la musique dès le bas âge. Et quand je suis allé à l'école, en un certain moment, je ne voulais plus aller à l'école, je voulais faire de la musique. Après mon BEPC, j'ai fait quelques années et puis, voilà, je me suis dit, j'y vais, j'abandonne l'école pour la musique. Je vais faire de la musique ! Oui ! D'ailleurs, ça a été très difficile avec mes parents, mes sœurs, parce que mon père, il n'était plus là en ce moment-là. Et j'ai dû quitter forcément.

Le mode d'entrée habituel dans la carrière musicale, constaté pour les premières générations de *mbalaxmen* (musiciens du *mbalax*) issues, selon Benga (2002), de l'administration, tout comme celles du hip-hop qui ont tout simplement quitté l'école, beaucoup plus attirées par ce qu'elles ont estimé être une « école de la vie », explique que les familles s'y soient opposées. Celles-ci désapprouvent ce parcours qui va d'une situation jugée stable, normale et connue vers une autre de loin plus incertaine et, qui plus est, dépréciée par des représentations sociales réprobatrices. Ce qui est saisissant, c'est qu'aussi bien dans le cas du *mbalax* que dans celui du rap, l'adhésion des artistes dans ces musiques a pris des allures d'« une entrée par effraction » dans le sens où celle-ci se réalise souvent avec la répréhension des proches, ce qui donne lieu à des pratiques de contournement pour vivre cet art. Et ce qui inhibe ou stimule durablement l'artiste jusqu'à ce que ces proches le rejettent définitivement ou se résignent et finissent par reconnaître et accepter son choix. En effet, l'opposition peut être vécue comme une incompréhension, une mauvaise volonté, que l'artiste peut essayer de lever, surpasser, en cherchant à convaincre de la légitimité et du bien-fondé de son choix. Dès lors, la réussite, dans un tel cas, se poserait comme une démonstration autant, voire plus agie, par la volonté de convaincre l'autre que par celle de se réaliser avant tout. En fin de compte, ces oppositions montrent qu'au-delà du genre musical, c'est la pratique artistique en soi qui est ici rejetée.

Cette opposition de la famille évoquée au début du discours est soulignée également par un *MC* du *posse* Soul Souly Clan, en ces termes :

> C'est ce qui retarde le rap ici [cette intolérance]. Ils dénoncent ce qu'ils appellent nos « gros pantalons », ils mettent du temps à comprendre ! C'est quand ils constatent que les enfants des autres ont réussi avec le rap qu'ils commencent à comprendre !

Ce rappeur est appuyé par un autre *MC* du même *crew* qui le conforte dans cet avis :

> Tu vois ? Tu vois ? (…) frérot, ils nous ont retardés grave ! […] A cette heure-ci, on devrait être plus avancés [si ce n'était ces problèmes]». Et selon le premier toujours : « A cause de ces problèmes, tu peux pas être libre, tu te caches pour rapper, etc. Ce n'est que quand ils [les parents] voient que les autres [rappeurs] ont réussi qu'ils deviennent plus relax et te laissent rapper en paix. Mais entre-temps, tu auras perdu beaucoup de temps.

Les dires de ces rappeurs suggèrent que certains artistes sont encouragés et qu'ils auraient donc plus de chance de réussir rapidement. Mais ce qui apparaît habituellement, c'est l'opposition des proches pour la majeure partie des artistes avec lesquels des entretiens ont été menés.

Dans tous les cas, le fait est qu'à une génération d'intervalle, on remarque des difficultés quasi similaires pour les jeunes qui veulent s'investir dans une carrière musicale, quoiqu'une variation dans les oppositions des proches, quelquefois moins dans leur nature que dans leur intensité, soit intervenue entre-temps. On ne pourrait non plus occulter la différence des contextes (l'insertion socioprofessionnelle devenue plus difficile, une plus grande acceptation de la carrière musicale même si des réticences demeurent…) entre les années 1960, 1970 et la décennie 2000. En outre, l'instabilité des positions notée dans de nombreux cas est révélatrice de l'état d'esprit qui prévaut sur la carrière musicale. La tendance observée est que les parents sont moins critiques quand ils espèrent des retombées positives (ressources financières, prestige social…) pour leur progéniture, mais aussi pour eux-mêmes.

L'exemple d'un groupe de trois jeunes filles, ALIF (Attaque libératoire de l'infanterie féministe), basé aux quartiers Grand-Yoff/Patte-d'Oie de Dakar, avec lequel j'avais eu des entretiens, peut être rappelé. L'opinion parentale a connu trois phases pour une de ces artistes : une forte opposition au début qui s'est transformée en soutien et encouragement lorsque le groupe a eu un produit, mais qui s'est soldée par la suite en dissuasion lorsque les retombées attendues de la sortie de la cassette n'eurent pas été finalement à la mesure des attentes. Et, de manière générale, c'est avec les personnes les plus réticentes ou indifférentes qu'avaient été observé le plus fort taux de changement dans les positions puisqu'elles ont fini par constituer plus de 70 pour cent des sources de soutien pour les jeunes rappeurs (Niang 2001:133-4), sur les 76 jeunes artistes qui avaient déclaré être épaulés. Les dires de Y, rappeur, enregistrés dans un *focus group*, confirment la persistance de cette attitude. Sur un ton très ironique, il me confie :

> De nombreuses femmes d'âge mûr sont passées chez moi me saluer, des femmes qui ne m'avaient jamais salué avant ! Après, tu comprends que les Sénégalais sont comme ça. L'autre jour, alors que je me rendais chez Weuz, le

> DJ de BMG, dans la soirée, j'ai rencontré une ancienne camarade de classe. Je lui ai dit, tiens, ce n'est pas — ? Elle a dit : « mais oui, c'est moi » et a commencé aussitôt à discuter en me disant qu'elle m'avait vu un jour à la télé. Moi, je savais bien que ce n'était pas moi [qu'elle avait vu]. [Mais je n'ai pas démenti] Et lui ai dit qu'on était en train de préparer des trucs. Elle m'a donné toutes ses coordonnées ! Or, je ne saurais même pas dire combien de temps on est resté sans se voir [avant cette rencontre]. Elle a tellement insisté pour que je l'appelle et que je lui fasse signe quand notre cassette sortira. Tu vois, là, elle s'intéresse alors que quand on était ensemble à l'école, on te prenait pour un con !

Les tentations (alcoolisme…), le manque de sérieux et de reconnaissance sociale que les représentations sociales attachent à la vie d'artiste expliquent, dans bien des cas, cet effet dissuasif remarquable sur les proches. Mais la réticence finalement apparaît moins liée aux risques de perversion que les représentations attachent à la vie artistique qu'au désabusement de parents convaincus que leurs enfants perdent leur temps dans une activité « informalisée », de plus, non rentable, dénuée de gratification morale, de prestige social.

Ras, manager, explique que cette informalité est consubstantielle à la mentalité sénégalaise :

> C'est par rapport à la mentalité sénégalaise. Primo, on aime très faire les choses par rapport à des termes qui n'ont rien à voir avec le professionnalisme. C'est la personne [les affinités] d'abord ! Et par rapport à la mentalité des gens.

Comme Kabou Guèye le soulignedans un de nos entretiens, les pratiques informelles sont effectivement omniprésentes dans le champ musical sénégalais. Il raconte :

> J'ai toujours joué avec le « Super Etoile », j'ai été bassiste, ensuite j'ai été technicien. Parce qu'on n'avait pas de technicien, j'étais là, j'étais technicien. Parce que quand Habib est venu, il a pris ma place à la basse, moi j'ai été [alors] technicien. [...] Après ça, je suis allé au bureau, je suis devenu directeur artistique. Donc, je suis devenu producteur, parce que tu sais, dans la musique, y a pas de métier bien défini. Parce que c'est les musiciens qui deviennent producteurs, les musiciens qui deviennent… éditeurs, les musiciens qui deviennent promoteurs, et tout quoi, tu vois ? C'est comme ça que ça se passe chez nous. En fait, y a pas d'école pour la musique, y a pas d'école de formation du producteur, du manager, etc. Non ! On est formé comme ça dans le tas. Y a certainement des… on peut faire des cours, comment dirais-je encore, de perfectionnement et tout ça, ou bien acheter des bou-

quins de perfectionnement, mais sinon y a pas d'école pour ça. On se forme dans le tas, voilà !

Ainsi, la prégnance de pratiques informelles à tous les niveaux se pose comme facteur de dégradation de la pratique musicienne, et contribue à renforcer la précarité de leurs conditions d'existence et donc celles de développement de la profession. Généralisées, ces pratiques –des relations intragroupes à la rémunération, en passant par la formation, comme l'évoque le discours de Kabou Guèye– en plus d'être inhibitrices pour le développement personnel de l'artiste qui tarde à intégrer les exigences d'une vie professionnelle, constituent un facteur dévalorisant. Elles desservent la perception de l'activité musicale, déjà soustraite, dans les représentations sociales, de l'univers des activités professionnelles, comme activité sérieuse, notamment lorsqu'elle « ne rapporte pas » et qu'elle est alors d'autant plus rejetée par l'entourage du musicien. Ainsi, selon cette même personne, « Tu vois des gens qui vont en soirée, qui jouent, après la soirée, ils se [retrouvent] avec 1000 francs… c'est très difficile, les gens ne comprennent pas ça, la musique ne nourrit pas son homme ici… les musiciens ne vivent pas bien. »

Cette situation se présente comme une tendance lourde même si on peut observer l'amorce d'une dynamique de changement dans le champ musical par rapport au niveau de revenu et de formalisation, et que comme Guèye le précise, « maintenant, tout est bien défini, hein ! Tout est défini ! J'écris et puis je signe, etc. Donc, c'est comme ça que ça se passe maintenant, oui ! Les choses se passent comme ça maintenant. »

Cependant, au total, l'informalité demeure largement répandue et dominante. De plus, comme je l'ai observé, les ressources générées par l'activité musicale des artistes, en général, sont « ponctionnées » (« producteurs », taxes, piratage, etc.).

Au final, compte tenu de tous ces paramètres, le soutien des proches est surtout conditionné par les attentes. Par ailleurs, les musiciens eux-mêmes sont les premiers à reconnaître les difficultés de vivre décemment de leur profession.

Ce que je souhaiterais surtout montrer ici, c'est d'une part la connectivité établie par les proches entre succès, prestige personnel au niveau individuel et transfert de ces éléments (succès, prestige) dans le groupe d'attache dudit individu, et, d'autre part, la double implication (acte de soutien et nivellement conditionnel de ce soutien) des éléments cités et de leur nature dans les comportements du groupe : si le prestige sans grandes retombées financières assure néanmoins à son auteur une tolérance plus grande de son entourage qui en tire un profit symbolique, l'économique a tendance à avoir plus d'impact et lui assure un plus grand soutien de cet entourage. Il y a ainsi une hiérarchie des formes de succès sensiblement corrélée aux attitudes ainsi différenciées. Les artistes en sont bien conscients. Et cela procède, projeté au niveau macrosociologique de la société sénégalaise, d'un processus général de repositionnement des critères de cotation dans la hiérarchie des valeurs. Sans trop m'avancer dans une interprétation de la conception sénégalaise du bien économique et de la valeur, qui n'est pas le principal propos ici, on peut toutefois voir que de simple moyen d'accès au prestige, auquel était primordialement attribuée en soi la qualité symbolique, le pouvoir économique est progressivement réifié lui-même en symbole, renfermant à la fois le symbole proprement dit et ce que ce dernier représente. Le signifiant économique a tendance à devenir signifié lui-même, le medium de la symbolisation, en même temps le symbole lui-même, même s'il ne s'y fonde pas totalement.

Un tel changement serait à voir comme une manifestation d'un attribut du fait musical, à travers l'étude de certaines de ses manifestations (*mbalax*, hip-hop) : le phénomène musical est une vitrine de la société sénégalaise, comme nous le reverrons plus loin. Ainsi, un changement de cette nature est l'un des principaux révélateurs des perceptions et comportements de tous ces acteurs qui font le phénomène musical.

Pratiques informelles d'acteurs et logiques d'actions dans le phénomène musical

L'étude du phénomène musical gagnerait à être étayée sur les pratiques de l'ensemble de ses acteurs pensés comme les pièces d'un puzzle unique dont l'absence d'une seule constituerait une limite de taille. Il s'agit ici, au-delà des discours à ne point négliger du reste, de procéder parallèlement à l'observation et à l'analyse des pratiques réelles comprises comme les résultantes de logiques d'action plurielles comportant plusieurs dimensions. L'étude des attitudes des acteurs, des pratiques, et de leurs rapports avec les produits musicaux en offre une bonne base d'analyse. Ainsi, c'est une chose que de savoir qu'un dispositif juridique régit l'utilisation des produits musicaux, mais c'en est une autre pour l'acteur que d'intégrer les interdits ou injonctions de celui-ci dans son univers normatif, comportemental. Je propose de présenter la construction de cet univers sur la base de plusieurs dimensions conditionnelles de l'action, à savoir les dimensions :[16]

- informative et communicationnelle qui se rapporte à la détention ou non de l'information par l'actant,[17] ici par exemple l'individu consommateur de musique qui sait qu'il est interdit de se procurer des supports de diffusion dits « pirates » ; et à la façon particulière dont il reçoit cette information et la comprend selon une dynamique interactive de transmission et réception de messages décodés et compris (spots publicitaires anonymes, conversation avec un musicien victime du piratage…) ;

- affective : c'est le rapport émotionnel d'attirance ou de répulsion, de sympathie ou d'antipathie que le sujet entretient avec l'objet, ici par exemple l'artiste créateur de la musique, le genre musical, etc. Les références par rapport à ces préférences qui guident les choix apparaissent bien à ce niveau. Selon les revendeurs avec lesquels nous avons eu des entretiens et un *focus group*, des tendances assez nettes sont décelables par rapport à certaines catégories sociales. Par exemple, les adultes s'intéresseraient davantage au *mbalax*. De façon générale, Youssou Ndour cristalliserait les ventes chez les quadragénaires et quinquagénaires… 50 Cent chez les jeunes bboys, Cabo, le RNB et le zouk chez les jeunes en général (notamment élèves, étudiants…) ;

- normative : c'est, sur le plan social, le degré de légitimité ou d'illégitimité attachée à la pratique en question, la condamnation ou tolérance formelle de l'opinion, articulée au sens commun, sur cette pratique ;[18]

- conative : c'est ce qui pousse l'actant à agir, c'est son intentionnalité, ce qui précède son engagement dans l'action, et qui peut se comprendre en référence aux autres dimensions dont la prise en compte à des niveaux différents, leur interprétation, leur évaluation, etc. sont source de motivation pour l'actant. Par exemple, K.N., revendeur, dit que ce sont en majorité les citadins qui « connaissent la musique » qui achètent effectivement des cassettes et des *CD* quoique ces acheteurs constituent à peu près « 20 pour cent seulement » des consommateurs de musique, les 80 pour cent restant n'en achetant pas. La connaissance de la musique serait ici fondamentale pour pousser à acheter ;

- expérientielle (externe et personnelle) : elle est une dimension déterminante, c'est la conséquence effective qu'encourent ou qu'ont effectivement éprouvée les individus qui se sont livrés à la pratique prohibée ou valorisée, c'est un constat de visu et/ou un vécu de la sanction positive ou négative de l'acte à travers laquelle la société ne fait pas que dire son approbation ou sa désapprobation, mais accompagne celle-ci d'une punition ou gratification morale formelle et/ou symbolique. S.T., revendeur de cassettes, a été emprisonné (dimension expérientielle personnelle) pendant près d'une semaine à la maison d'arrêt et de correction de Rebeuss, après une descente d'agents du BSDA collaborant avec la police, et je me suis entretenu avec lui juste après sa libération.[19] Il explique :

> Ils font un mauvais travail. Un jour, ils m'ont arrêté car ils ont trouvé un sachet [contenant des supports audio] dans mon magasin qui ne m'appartenait pas [le sachet]. Et ils m'ont retenu pendant 5 jours rien que pour cela (…) A 100 m.[20] C'est seulement ici que j'ai vu ces genres de choses. Par exemple, à l'extérieur, on ne prend que tes bagages et on te laisse partir. Mais au Sénégal, on te prend et te défère et bloque tout ton travail pendant une semaine ou même plus. Moi je ne comprends plus rien, je ne sais pas si l'on veut nous interdire la vente de *CD*.[21]

Il a dû prendre un avocat qui lui a coûté une centaine de mille de francs CFA, en plus de la pénalité d'à peu près 15 000 francs CFA pour le matériel (lecteur de *CD*, amplificateur...) qui est appliquée aux revendeurs et qui est censée garantir l'usage autorisé de ce matériel, si ce n'est pas à titre illicite (duplication...). Je suis allé refaire un entretien avec lui quelques semaines plus tard et ai pu noter que sa position était devenue beaucoup plus prudente, de même que celle des autres revendeurs qui lui sont proches (dimension expérientielle externe), à l'instar de K.N. :

> Si on [les autorités] ne fait pas preuve de plus de tolérance, (...) on va laisser tomber [le métier de revendeur] parce qu'il y a de l'argent [certes, cependant il y a aussi des risques] mais [de toute façon] ce sont surtout les producteurs qui en gagnent.

De fait la marge bénéficiaire des revendeurs provient bien plus des enregistrements prohibés (les compilations, sélections qui sont d'ailleurs de plus en plus gravées sur *CD* à la place des cassettes traditionnelles) que des cassettes originales qui leur reviendraient entre 800 à 1000 francs CFA et qu'ils revendent entre 1 200 et 1 300 francs CFA en général. Le public lui-même marque une préférence assez nette pour les sélections, comme le reconnaît D.S., un client qui déclare que « souvent, ce sont des sélections que j'achète, des sélections de rap ou de *mbalax*. »

Les producteurs quant à eux, comme il est d'usage lorsque l'on parle d'argent au Sénégal, ne précisent pas ce qu'ils gagnent et disent beaucoup dépenser. A.G., l'un d'eux, affirme qu'« il faut au minimum 3 000 000 [francs CFA] pour produire un artiste (...). Ça peut aller jusqu'à 20 000 000. C'est surtout lié à la célébrité de l'artiste. »

Pour la distribution qui est ici souvent associée à la production, il consent à dire que le distributeur « peut demander un pourcentage de 10 à 15 pour cent sur le prix de vente du produit ».

On voit donc comment les comportements peuvent faire l'objet d'ajustements, avec ici l'exemple des revendeurs, en rapport à cette dimension expérientielle, qu'elle soit externe ou personnelle ; ce dernier aspect, personnel, qui marque le vécu, à un niveau interne, de ce qui n'était que perçu par le biais d'observations d'autres acteurs, est très important. Si cette expérience individuelle est gratifiante pour l'acteur, au fil de ses reproductions, elle finit par se ritualiser, et peut faire faire un feed-back surtout sur les dimensions normative et conative. La légitimité positivement vécue et éprouvée au plan individuel fait de lui un adhérent plus résolu du discours socialement partagé, de même qu'elle renforce ses dispositions conatives. En définitive, cette expérience individuelle actualisée dans un cadre collectif légitimant se sédimente en devenant un élément de son « stock de connaissances » (Berger et Luckman 1986). Elle interpelle aussi constamment son univers de significations, de références quelquefois si bien intégré dans ses conduites que cela lui semble naturel. Il en est de même, *mutatis mutandis*, des acteurs collectifs tels que les stations de radio locales souvent logées dans la catégorie des mauvais payeurs, concernant les droits d'exécution des œuvres musicales qui sont pourtant, ils en sont tout à fait conscients, un des soubassements de leur fonctionnement. S'il peut être admis que ces derniers acteurs sont bien plus au fait de la législation, on ne peut pas cependant ne pas inclure, dans l'analyse de leurs comportements déviants, l'effectivité de l'impact des dimensions identifiées dans le cas des individus, et l'insuffisance, la non-opérabilité à réduire l'explication à la seule dimension informative ou normative. Du reste, les deux cas –individuel et collectif– peuvent être rapprochés dans la mesure où, bien qu'il s'agisse d'un acte personnel dans l'exemple de l'acteur individuel, la légitimation et la reproduction à l'identique de cet acte par d'autres membres de la société introduit une portée collective dans l'individualité. L'individu est en effet d'autant plus porté à un type de conduite que celui-ci est un fait de groupe, même si cela ne se passe pas exactement en même temps ;

À un autre niveau, le rôle de l'État régulateur ne peut pas être occulté. Mais cet État serait passé à côté de sa mission selon le secrétaire général de l'Association des métiers de la musique du Sénégal :

> Je vous dirais que l'État ne comprend pas encore l'importance de la culture et l'État ne sait pas ou ne veut pas savoir l'importance socioéconomique de la culture. Nous autres Africains, on n'a que ça à donner, nous recevons de tout, mais la culture, on n'a pas à l'apprendre (…), c'est notre vécu quotidien, c'est notre comportement, c'est notre vie. Je crois que le fait qu'en quatre ans de gouvernement, on ait eu sept ministres de la culture, déjà vous donne un aperçu de la vision de l'État par rapport à la culture, et si vous voyez dans le cadre des budgets des ministères, le ministère de la Culture reste le ministère qui a le plus faible budget au Sénégal ou plutôt l'un des ministères qui a le plus faible budget au Sénégal. (…) Alors que quand on voit le rayonnement du Sénégal, il est lié par la culture d'abord et par la musique en général. Youssou Ndour a été récemment nominé *Grammy Award*. Selon Youssou Ndour, en 1998, pendant la Coupe du monde, à l'ouverture de la Coupe du monde 1998, quand plus de 2 000 000 000 de téléspectateurs ont simultanément vu un garçon sortir du stade de France avec le nom Sénégal en chantant l'hymne de la Coupe du monde, (…) 2 000 000 000 d'oreilles ont simultanément entendu le nom du Sénégal, [ce] qui est une communication que nulle autre ne peut donner [plus] que la culture. L'État, jusqu'à aujourd'hui, ne comprend pas l'importance socioéconomique de la culture ».

C'est avec l'ensemble de ces acteurs (artistes, État, public, médias, producteurs, distributeurs, revendeurs, etc.) que seront construites des matrices dont certains résultats sont présentés ici sous forme de plan, de graphe et de balance.

Figure 2.1 : Plan des influences et des dépendances entre acteurs

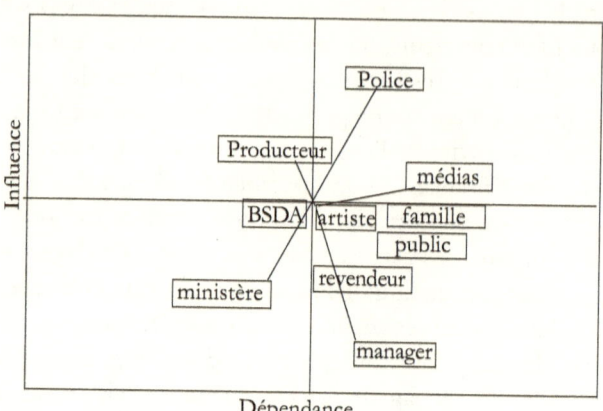

Les représentations matricielles de la figure 2.1 sont construites à partir d'une détermination de quatre pôles :

- le pôle de création/production de l'œuvre comprenant l'artiste, son entourage familial, ses amis, le manager, le producteur ;
- le pôle de diffusion qui concerne l'acteur « médias » (nationaux et internationaux) ;
- le pôle de consommation/appropriation relatif à l'acteur « public » (national et international), le distributeur et le revendeur ;
- le pôle institutionnel incluant un volet promoteur (acteur 1 = le ministère de la Culture), protecteur (acteur 2 = le BSDA) et répressif (acteur 3 = la police).

Les attributs des pôles et de leurs éléments respectifs ne sont pas exclusifs et les catégorisations proviennent de l'accentuation de certains aspects au détriment d'autres, mais on peut voir aisément que le BSDA par exemple est à la fois mû par la volonté de protéger les autres et celle de réprimer les contrevenants ; que le pôle de consommation peut aussi être diffuseur, etc.

Les relations sont évaluées en pondérant les positions de tous les répondants par leurs réponses et l'observation par rapport à des variables : dans le premier graphe situé ci-dessus, il s'agit de l'influence et de la dépendance entre acteurs ; dans les deux suivants placés ci-dessous, cela se rapporte respectivement aux distances nettes entre acteurs et entre objectifs. Le dernier porte sur la balance des positions par objectifs valuées. Cependant, les quatre graphes forment un système.

Les éléments qui retiennent particulièrement mon attention pour le premier graphe (Figure 2.1) sont la position privilégiée des médias (pour les deux variables) et des producteurs (pour la variable influence) ; celle de la police s'explique surtout par la faiblesse de ses liens directs avec les autres acteurs (voir le graphe des distances nettes entre acteurs), par sa relative indépendance qui renforce sa position... Un autre aspect intéressant est le regroupement de certains acteurs (BSDA, artistes, public, famille) qui montre la force de leurs connexions et qui confirme que l'artiste est effectivement inséré dans un large système interactionnel qui influe considérablement sur la construction du fait musical.

Figure 2.2 : Graphe des distances nettes entre les acteurs

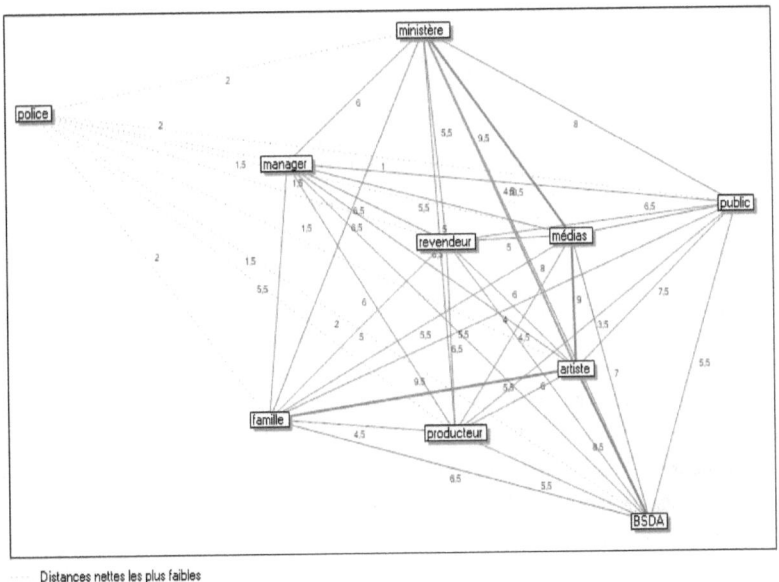

- .... Distances nettes les plus faibles
- ——— Distances nettes faibles
- ——— Distances nettes moyennes
- ——— Distances nettes relativement importantes
- ——— Distances nettes les plus importantes

Pour les graphes des distances entre objectifs ci-dessous, il y a les déclarations des différents acteurs qui sont synthétisées comme suit : vivre décemment de la musique, faire bénéficier son entourage des retombées de sa réussite dans l'industrie musicale, se réaliser par la musique, faire la promotion de l'artiste par la musique, participer à la mise en œuvre d'une musique de qualité.

Figure 2.3 : Graphe des distances nettes entre objectifs

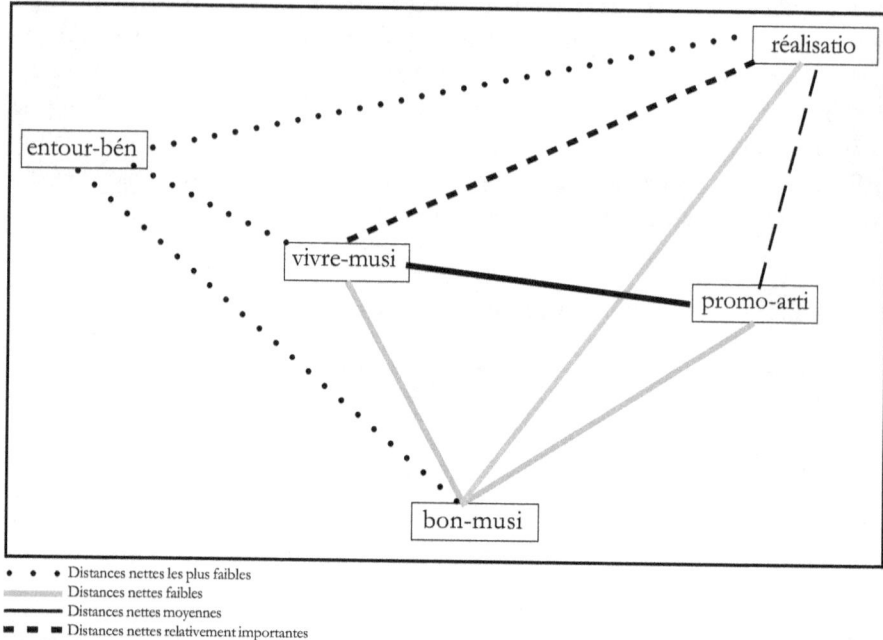

- • • • Distances nettes les plus faibles
- ▬▬ Distances nettes faibles
- ▬▬ Distances nettes moyennes
- ▬ ▬ ▬ Distances nettes relativement importantes
- ▬▬▬ Distances nettes les plus importantes

Légende :

entour_bén = faire bénéficier son entourage des retombées de sa musique

vivre_musi = vivre décemment de la musique

realisatio = réalisation de soi à partir de la musique

promo_arti = faire la promotion de l'artiste par la musique

bon_musiqu = avoir des produits musicaux de qualité

La lecture de ces graphes confirme le sérieux des contraintes de l'industrie musicale au Sénégal souligné par les acteurs. Il est remarquable que les distances les plus importantes ou relativement importantes soient observées par exemple entre des institutions de l'État (ministère, BSDA) et les artistes (graphe des distances nettes entre acteurs) et que des objectifs tels que « la promotion de la musique » et « vivre décemment de la musique », censés être proches, soient aussi distants (graphe des distances nettes entre objectifs).

L'ensemble des acteurs se montre, dans le discours, favorable à la promotion de l'industrie musicale, précisément à travers celle des artistes, qui devraient, selon eux, vivre de leur art, comme l'illustre très explicitement le graphe des positions appréciées par rapport à l'objectif cité (figure 2.4). C'est, parmi tous les autres graphes, celui qui est choisi pour donner un exemple de contradiction par cas extrême.

Figure 2.4 : Balance des positions par objectif valuées

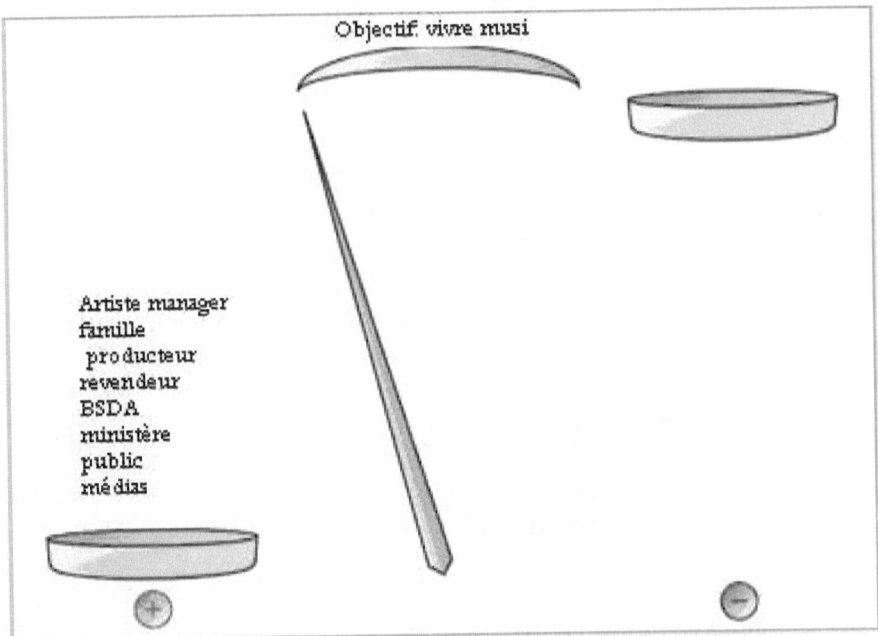

On peut évoquer ici deux aspects liés.

Comme cela a été mis en relief dans les dimensions de l'action, les logiques attitudinales et comportementales des acteurs sont liées à plusieurs dimensions et, dans le cas de l'industrie musicale telle qu'elle se construit ici, ces différents acteurs (revendeurs, public…) ont eu des comportements informels qui tranchent avec l'objectif cité (que tous concourent à ce que les artistes vivent décemment de la musique) auquel ils affirment unanimement être favorables.

D'un autre côté, malgré une certaine évolution, le métier d'artiste continue à être perçu comme une occupation atypique qui sort du cadre de la normalité et est, dès lors, inséré dans un registre d'exception, comparativement à des activités estimées plus standards.[22]

Par ailleurs, sous un certain angle de vue, les produits musicaux dérivés de cette occupation subissent eux aussi cette déformation car ils sont considérés comme des sortes de bien commun qui exemptent ses usagers d'obligations de redevances, précisément parce que la notion de « propriété intellectuelle » n'est pas encore vraiment intégrée dans l'imaginaire de l'acteur sénégalais typique. Et les pratiques ne sauraient être détachées de cet imaginaire. Ce type de considération déborde le champ strictement musical et s'ouvre sur divers domaines de la vie socioculturelle. Ainsi, ce qu'on pourrait désigner comme l'idéal-type du Sénégalais ne se gênerait pas par exemple pour recopier un modèle de statuette aperçu chez un artisan, de même qu'il pourrait copier une œuvre musicale sans éprouver de sentiment de culpabilité, et cela en toute bonne foi.

La trajectoire de l'industrie musicale au Sénégal, liée aussi traditionnellement à l'appartenance « castuelle », n'est pas non plus étrangère à cette conception, les premiers chanteurs de *mbalax* puisant très souvent leurs chansons dans le répertoire traditionnel commun. Cette conception est accentuée par des représentations sociales sur la fonction de l'artiste et a plusieurs conséquences, aussi bien par rapport à la perception du produit déjà soulignée dans ce travail qu'aux actions envers les musiciens proprement dits, à deux égards au moins.

D'abord, l'opprobre est jeté volontiers sur la fonction de musicien en tant que telle, encore plus sur ceux parmi eux qui sont considérés comme les plus déviants.[23] Toutefois aujourd'hui, cette désapprobation s'atténue considérablement avec une série de réaménagements observés au niveau des attributions de rôles des castes sociales. Les difficultés issues de la crise sociétale et économique ne sont pas étrangères à ces reconsidérations.[24]

En deuxième lieu, les musiciens ont été plus souvent vus comme des repreneurs d'œuvres connues que comme des créateurs, avec toute la différence faite par le public sénégalais entre l'arrangement, même inédit, l'interprétation, la nouvelle composition d'une œuvre déjà connue, et la notion de *fent* (création d'une chanson « totalement » nouvelle) de loin plus valorisée et qui reçoit l'assentiment du plus grand nombre, lors même que l'accueil favorable fait actuellement aux tubes d'autres artistes retouchés, ou aux reprises de leurs propres œuvres par les musiciens, pourrait être vu comme une manifestation de plus des contradictions dans le phénomène musical.[25]

Cette dynamique répétitive des créations est aussi révélatrice de l'exigence de qualité toute relative que le public dit considérer. Toutes ces contradictions relevées ne sont pas des incongruités ; elles seraient même, on peut le dire, « normales » car elles relèvent de la nature complexe des faits humains qui intègrent souvent des relations d'opposition, des logiques antinomiques.

Le fait musical demeure une réalité composite. Et à la question « comment expliquer ces écarts, ces contradictions ? » On pourrait répondre : en se penchant à la fois sur les représentations, les conduites (qui impliquent les personnalités), le système interactionnel global, et sur les produits de ce dernier.

La production complexe du fait musical présente d'autres facettes (après la facette orale) des dynamiques structurantes de la communication, à travers l'espace comme lieu de renforcement ou de construction de liens sociaux (Ntagteverenis 2003), comme la danse, la formation et la diffusion de modèles par le fait musical.

Fait musical, espaces de structuration de significations, communications et diffusion

Mbalax et danse

L'une des réactions les plus visiblement perceptibles et liées aux créations musicales demeure la danse (Jousse 1974). Le *mbalax* est une vitrine qui permet d'observer la société sénégalaise reconfigurée, la danse une sorte d'image agrandie que renverrait une loupe pour évaluer des aspects pas toujours directement visibles de ces transformations. La danse appartient à un secteur, la communication, qui fait partie des secteurs « rapides » des sociétés (Balandier 1988:66). Lorsqu'on s'intéresse à la manière dont les danses sont créées ici, on se rend compte que « la constante est que le Sénégal enregistre chaque année un nombre impressionnant de nouvelles danses qui, d'une manière ou d'une autre ne laissent pas indifférents » (Nzalé 2001a). Cette profusion est remarquée ailleurs par d'autres observateurs de la vie socioculturelle, tels que Bass Tingal selon qui, « toutefois, la prolifération des danses du *mbalax* s'explique tout autant par le désir ressenti par le chanteur de coller à l'air du temps que de laisser libre cours à son imagination du moment » (Tingal 1997:12). C'est parce que l'impératif de souscrire aux besoins de la mode s'exerce sur celui-ci qu'« il est fréquent, surtout dans les shows, d'entendre la vedette prendre à témoin les fans pour leur annoncer qu'il va leur montrer sa nouvelle danse » (Tingal 1997:12).

Cet accompagnement d'une sortie musicale par une nouvelle danse promotionnelle n'est pas inédit mais la fréquence est devenue bien plus forte.[26] De plus, y est notée une projection de l'intime dans l'espace public, avec des tenues et postures très aguicheuses. Les séances de *sabar* (tam-tam et danse) ne se soustrayaient pas non plus à cette projection mais celle-ci est aujourd'hui placée sous le signe d'un rapprochement croissant de la gestuelle purement suggestive avec des gestes plus proches de l'acte réel. Dans le sillon des *warmbithie, guinte thiere ndawal, thiebou dieune, kanara,* ...dont les images et concepts sont empruntés au quotidien du Sénégalais, qu'il soit plus restrictivement local ou plutôt marqué par une influence externe, se sont développés les *withiakhou, watatu, thioker bi* (Fallou Dieng), *jogaty* (Coumba Gawlo Seck), *dawal vélo* (Lemzo Diamono), *wokatu* (Gallo Tchello), *upukaay* (Mbaye Dièye Faye), *jalgaty* (Papa Ndiaye), etc.

La diversité des univers de référence utilisés pour nommer ces danses est révélatrice de l'hybridité des influences qui règne dans le fait musical et, plus largement, dans la société sénégalaise. Ces danses font l'objet d'une appréciation mitigée, répartie entre ceux qui les défendent et ceux qui les considèrent comme des signes de dépravation avancée, manifestant une généralisation des pratiques déviantes.[27]

Le fait est que, même si bien des discours interpellent sur un « retour » aux valeurs, le changement étant souvent une réalité difficile à admettre, surtout lorsque ses directions vont à l'encontre des idéaux socioculturels, la société sénégalaise est bel et bien en train de changer. Ces danses fascinent, attirent un large public, attisent les imaginations, les phantasmes, ouvrent des espaces qui défient la censure sociale, bref offrent des échappatoires face aux interdits. Les artistes promoteurs de ces danses ne s'y trompent pas, ils ne se laissent pas démonter par les critiques assez virulentes quelquefois, convaincus qu'elles relèvent surtout d'un désir de conformité sociale par rapport au discours, ou d'une minorité non significative à leurs yeux ou alors d'une « simple » affaire de goûts artistiques. Dans tous les cas, cela n'empêche point un nombre appréciable de Sénégalais de se délecter du visionnage de ces clips incriminés, tandis que d'autres y réagissent avec indignation. L'étiquetage peut être effectivement l'expression d'une opinion « socialement correcte », en d'autres mots conformiste finalement. Ce faisant, il ne traduit pas une opposition réellement convaincue. Autrement, il peut, certes, être exprimé de bonne foi mais cette opinion peut ne pas être assez dominante pour enrayer cette dynamique. Toujours est-il que ces clips, ces gestes musicaux de manière générale, sont bien présents.

Le changement est ici en œuvre dans les pratiques réelles, c'est-à-dire dans les normes et, surtout, dans les modèles, en aval ; il n'est pas encore arrivé à s'affirmer dans les valeurs. C'est un effet d'hystérésis qui n'a rien d'exceptionnel, et ce décalage entre vécu réel et valeurs est symptomatique d'une société sénégalaise en transition qui a encore du mal à intégrer et accepter l'effectivité d'un affaiblissement de sa maîtrise sur son historicité (Touraine 1974:56). Ce changement est bien visible dans la réaffectation des espaces d'expression et la formation de modèles qui guident l'action.

Espaces d'expression, formation/renforcement et diffusion de modèles de perception et d'action

L'espace, tel que tentent de le montrer d'assez récents travaux anthropologiques, dans la diversité de ses contextes, peut être vu comme un élément à mettre en relief dans la production et la consommation de la musique (Grazian 2004:205). Bien des performances musicales avaient comme cadre d'accueil un espace public ouvert au regard de la société en général, des adultes en particulier, et étaient réalisées souvent à l'occasion de cérémonies rituelles (baptême, mariage, rites propitiatoires, etc.). C'est dans ce sens que Oumar Ndoye, psychothérapeute, affirme que « sur fond de pudeur et d'imprégnation religieuse les danses étaient à l'origine régentées parce que répondant à des rituels et significations magico-religieuses, traditionnelles et culturelles » (cité dans Nzalé 2001b:8). De ce fait, elles restaient sous contrôle même quand elles pouvaient donner lieu et donnaient effectivement lieu à des transgressions. Parfois, certaines cérémonies étaient même expressément prévues pour permettre justement ces transgressions ritualisées, et donc contrôlables. La maîtrise sur l'historicité était alors plus grande.

Le déplacement de ces lieux de performance vers des espaces qui, bien que dits « publics », n'en demeurent pas moins plus fermés, comme les boîtes de nuit, les bars/dancings, les plages, les lieux de concerts… s'accompagne d'une réinvention de la ritualité de ces activités autocontrôlées désormais par les individus mêmes qui les vivent, et consacre une certaine « suspension » de la censure sociale dont les agents les plus emblématiques, notamment les adultes, voient leurs positions de censeurs fragilisées par la réservation, sur le plan axiologique, de ces espaces de divertissement à une catégorie sociale, spécialement les jeunes. Ce sont donc des espaces discriminants virtuellement ouverts aux « majeurs » mais fermés précisément à eux qu'on pourrait considérer comme « les plus majeurs ». Ce qui, bien sûr, ne signifie guère qu'une personne d'âge mûr soit exclue de ces lieux dans l'absolu, ni même, ce qui arrive d'ailleurs, qu'elle n'ose se réserver le droit d'en jouir, mais ce faisant précisément elle perd de son autorité.

Ce que je voudrais mettre en lumière, c'est la « disjonction » entretenue entre ces espaces et le reste de la société, ainsi que le rôle central que la jeunesse joue dans la construction du phénomène musical, tant il apparaît que ces espaces deviennent de plus en plus réservés, échappant partiellement à la censure sociale, et s'offrant comme des domaines d'exercice du « pouvoir des jeunes ». L'une de nos enquêtées, K.K., une jeune femme exerçant une profession libérale, précise par rapport à l'un de ces espaces qu'elle ne va « jamais [en boîte] seule », mais « toujours avec des amis ». Il s'y crée des normes de groupe par le biais de ces interactions entre acteurs, lorsqu'ils ne sont pas simplement des espaces de prolongement du vécu de ces petits groupes qui y initient ou revivent des pratiques, il s'y crée des identités.[28] C'est donc aussi bien des lieux de construction que de renforcement de liens déjà existant, selon des rites vécus par le groupe. Tous les sujets questionnés dans le groupe « public », comme D.S., un jeune qui dit y aller pour « passer du bon temps avec ses copains », ont fait voir directement ou indirectement ces deux rôles de l'espace. En se déplaçant, en changeant de lieu de prédilection, la musique, en tant que construit social, se restructure par rapport à cet environnement renouvelé, mais surtout aux nouvelles conditions de sa construction sociale. Elle est réorientée de plus en plus vers ce à quoi la disposent ces lieux érigés en espaces cathartiques, en devenant en plus d'une distraction, un medium de contournement non plus simulé et socioculturellement encadré, mais effectif, des interdits.[29]

Ces lieux accèdent, par leur positionnement renforcé, à une sorte de réaffectation fonctionnelle. Les *night clubs*, les bars dancings, etc. ne sont pas une nouveauté à coup sûr, mais la nouveauté réside dans la place qu'ils se voient attribuée dans le processus de construction du fait musical, et dans la disjonction catégorielle (selon les générations, les catégories sociales) qui peut y être renforcée. Ce n'est pas non plus à un procès de la musique ou des boîtes de nuit que cette interprétation invite, mais à une lecture réactualisée de l'importance du lieu comme espace de partage de valeurs, et de la fonction du lieu dans la formation de normes collectives, menant ultérieurement à l'émergence d'identités particulières mais qui ont une capacité d'expansion appréciable au niveau de la société globale, en partant du phénomène musical.

Que les goûts musicaux reflètent des clivages générationnels entre autres n'est pas un fait nouveau; il n'est pas non plus indiqué de considérer que tous les jeunes fréquentent ces lieux. Mais ces derniers peuvent être considérés comme des axes de diffusion privilégiés des cultures jeunes.

En fait, la musique, ou comme le dit, lors d'un entretien, G.P., un promoteur musical, « le musicien rentre partout dans l'intimité [la] plus profonde du public, dans son sommeil, jusque dans les toilettes, dans sa douche, etc. ». Mais que cette musique soit écoutée dans la chambre avec les pairs, ou regardée à la télévision avec toute la famille, elle est interprétée à travers un cadre cognitif, des modèles dont les plus dominants proviennent en partie du noyau dur de ceux qui la vivent au plus près, les artistes créateurs et le public qui vient directement interagir avec ceux-ci, et qui la revivent avec leurs cercles d'interactions comme agents-relais. Est-ce une manière de dire que l'intensité du vécu serait forcément proportionnelle au lieu où l'on se trouve : face au musicien, seul dans sa chambre... en un mot à la proximité physique ? Mon propos se situe loin d'une telle assertion. Mais ce qu'il y a de réel, c'est que le feed-back le plus direct que reçoivent les créateurs de l'œuvre musicale, ce sont ces réactions des acteurs présents dans les lieux de performance musicale. Bien que l'impact, la détermination, l'influence ne se résument pas à l'immédiat certes.

Il serait dès lors indiqué d'inscrire l'analyse du sens contenu dans l'acte de communication musicale dans le registre « chronotopique » (Côté 1998:11) qui intègre le lieu et le temps, sous leurs diverses formes.

Fait musical et « médiateté » de la communication musicale

La musique apparaît ainsi comme une mémoire socioculturelle, non seulement parce qu'elle se pose en témoin de traits socioculturels caractéristiques des groupes humains, mais aussi parce qu'elle se prête aux conditions de reconstitution, souvent embellies, il est vrai, de moments privilégiés de sociabilité, d'événements vécus ou de cadre d'existence valorisé. En tant que productrice de sens, sa saisie interpelle une analyse du symbolique qui unit les fragments disséminés de l'action qui, prise dans sa stricte immédiateté, ne saurait être comprise comme ce qu'elle est véritablement : l'aboutissement, à un moment donné, de processus qui mobilisent chez l'acteur placé dans un environnement structurant une multitude de dimensions.

L'action est une construction, le sens un élément primordial de celle-ci qui prend les traits d'un ensemble synthétique supposant un mouvement entre les protagonistes de l'interaction dont les échanges incluent signifiant, signifié, forme symbolique et sens proprement dit dans cette production. La synthèse de ces quatre éléments cités se fait suivant un processus dans lequel ils se confondent (Bélanger 2002). Il apparaît que le fait musical est à étudier en tenant compte du fait que, derrière l'acte, la parole, la posture du moment à interpréter, il y a tout un ensemble de facteurs non visibles directement (héritage, intention, espace d'expression où se déroule l'acte…) mais qui interviennent à fond dans la compréhension. A ce propos, Jean-François Côté, à raison, met en garde contre le danger de se laisser abuser en faisant une saisie immédiate des expressions du sens, cette immédiateté étant visible comme « modalité épistémique de la communication médiatique contemporaine » (Côté 1998:12). Or derrière les apparences trompeuses de la transmission immédiate, il y a « la présence de formes d'expressions chronotopiques qui ne lui appartiennent pas en propre et qui requièrent donc des formes de compréhension « médiates » susceptibles d'en révéler le sens ». Ceci, en tenant compte du fondement historico-temporel de la communication battant en brèche cette « compréhension usuelle de la communication et de la « transmission de sens » définies dans leur immédiateté médiatique » (Côté 1998:12), comme le fait l'analyse positive du sens qui s'appuie sur l'anthropologie culturelle de tendance pragmatiste. L'analyse dialogique à laquelle il est fait appel dans cette recherche pour comprendre le fait musical place cette transmission de sens dans un cadre épistémique reconnaissant la base socio-historique des modalités de la communication, en se positionnant sur un angle herméneutique.

Cette perspective vise à faire voir la place qu'occupe la variable chronotopique, en mettant en lumière les rapports médiats entre cette dernière et le cadre socioculturel du phénomène musical, aussi bien dans sa composante chant que danse. L'acte de signification présent représentant le comportement d'une personne qui s'enferme dans sa chambre et reprend, jamais parfaitement à l'identique, les pas de danse effectués en boîte, visualisés sur la télévision… s'appuie alors sur un cadre de référence socioculturel auquel l'acteur fait subir une « transformation d'un sens » (Côté 1998:13). Ainsi dans l'actualisation personnalisée d'un fond commun à une communauté, l'acteur dote l'acte individuel d'un cachet spécifique, qui le distingue par sa forme particulière sans qu'il ne se détache de ce fond commun (Niang 2003:73-6). C'est une infinitude de personnalisations certes mais issus d'un capital de significations et de gestes commun. Bref, à partir du commun, on produit du personnel, de l'individuel.

Les agents-relais, pôles de référence actionnels, ne transmettent donc nullement l'intégralité de leurs schémas perceptif et comportemental, les niveaux d'adhésion et d'engagement étant différents, mais véhiculent les fondamentaux de leurs modèles que se réapproprient les autres protagonistes de l'interaction. Ce faisant, ces modèles construits se diffusent ensuite dans ces autres lieux (familial, groupe d'appartenance, etc.) qui assurent leur continuité, avant que n'intervienne leur changement futur. C'est un retour d'impact de normes assimilées dans la socialisation secondaire sur le foyer à la fois de la socialisation primaire et secondaire, le cadre de diffusion alliant ordinairement entre autres lieux le cadre familial et celui des groupes de pairs, porteurs par excellence de ces deux niveaux de façonnement de l'être social.

Conclusion

L'importance de l'industrie musicale et, partant, du fait musical, est de plus en plus largement admise. Des écrits de l'Unesco et des travaux relativement récents font figurer les industries culturelles parmi les principaux leviers du développement (Florida 2002 ; Unesco 2003, 2002, 2001) ; le manque d'engouement dont elles font l'objet de la part des chercheurs est donc un paradoxe. Or, en tant que phénomène social total et véritable terrain d'observation pour saisir l'étendue des changements qui affectent la société sénégalaise, l'investissement du fait musical par les sciences sociales serait très utile pour mettre à jour les mécanismes de construction en œuvre dans cette société, que ce soit dans le déplacement des lieux de performance musicale, qui se reconstituent dans des cadres socialisateurs nouveaux (dancings,...) dans le développement de modèles de diffusion communicationnels, avec l'émergence progressive de la danse comme outil véhiculeur de « contre-valeurs » ou d'innovation (c'est selon) ou ailleurs.

Cette étude centrée sur deux des genres musicaux parmi les plus visibles, le *mbalax* et le rap, a mis en exergue des régularités (opposition des proches au début, abandon des études, formation sur le tas…) et des variantes (contenu des textes, formes de l'engagement des artistes, réceptivité variable du public en rapport aux différents genres et aux catégories générationnelles ou sociales, etc.).

Pour une bonne compréhension de ce phénomène, appel a été fait à une perspective constructiviste combinée à une approche de la complexité. Elles ont été associées à un appareillage méthodologique diversifié (entretiens individuels, groupes de discussion, logiciel d'analyse stratégique…). Ce qui a permis de voir comment les interactions, en s'articulant à un héritage socioculturel, ont abouti à la construction du fait musical, donc de l'industrie musicale au Sénégal.

On peut considérer qu'il existe les bases d'une industrie musicale, même si l'omniprésence des pratiques informelles qui y ont cours compromet son éclosion. Cette informalité, les contradictions qu'elle génère et qui l'affectent parallèlement sont telles que certaines personnes interrogées ont même réfuté l'idée de l'existence de cette industrie. Mais l'informalité trouve racine dans les représentations sociales et se justifie dès lors dans les pratiques au sein desquelles elle est légitimée, à la fois par ce soubassement représentationnel et par les directions que prennent les dimensions (conative, expérientielle, effective…) de l'action qui la confortent.

Campagne nationale de renforcement des capacités juridiques des acteurs de la musique, séance du 05/10/2007.

Ce sont les acteurs (État, public, artistes, producteurs…) qui construisent l'industrie musicale dont le développement n'est ni un donné ni une mission impossible. En un mot, elle ne pourra être que ce qu'ils en feront, au-delà des déclarations d'intention et des limites que leur opposeront constamment les contraintes structurelles, les aléas naturellement liés à tout fait social. Ce qui a été constaté au

Sénégal, au regard des similitudes structurelles, socioculturelles, sous réserve d'approfondir l'étude en dépassant le stade exploratoire, afin de poser les bases d'une transférabilité, pourrait être indicatif pour les pays de la sous-région, voire du continent.

Notes

1. Cette situation n'est pas propre à l'Afrique. En effet, Pierric Calenge observe aussi de son côté que, de façon générale, « l'industrie de la musique est une branche peu étudiée des industries culturelles » (Calenge 2002:37). Mais le manque observé en Afrique est de loin plus notable.
2. L'économiste américain Richard Florida évoque la créativité, la diversité, l'inventivité, la tolérance…, attributs selon lui largement portés par les artistes, comme étant nourricières d'une économie du savoir porteuse de potentialités qui peuvent mener à des performances réellement significatives pour la cité. Parmi les indices retenus par Florida (indice de diversité, indice bohème, indice d'immigration,…), par exemple l'indice dit « bohème » exprime la concentration des artistes dans une ville rendue ainsi plus attractive, et pousse alors à mettre ces acteurs au centre de l'analyse, au cœur du développement local, du développement *high tech* (Florida 2002).
3. De fait, les sociologues (Simmel, Weber…) se sont intéressés assez tôt au rôle que joue la musique dans la société (Peterson et Dowd 2004:195).
4. La représentation sociale, selon la définition de Denise Jodelet qui résume une acception assez bien consacrée, peut être comprise comme « une forme de connaissance socialement élaborée et partagée, ayant une visée pratique et concourant à la construction d'une réalité commune à un ensemble social ». C'est donc un instrument cognitif partagé par un groupe social qui joue un rôle de guide pour l'action, à un niveau individuel ou collectif (Mamontoff 2004).
5. Comme l'a bien fait remarquer le sociologue Gora Mbodj, lors d'un atelier méthodologique sur l'industrie musicale tenu le 20 octobre 2003, au Centre interdisciplinaire d'études et de recherches de la vallée (CIERVAL) dont il est le directeur, aussi bien dans les sociétés wolof, tukulër que sérer traditionnelles, beaucoup de danses étaient très orientées vers l'érotisme. Cet érotisme très visible dans le chant et la danse des lawbe est présenté par Abdoulaye Ly comme une manifestation de la liberté de ceux-ci. Il exprimerait non une « érotologie » ou une « érotomanie » concernant les lawbe mais, plus profondément, un « hymne à la vie » (Ly à paraître:5-6).
6. Il s'agit ici d'une démarche sélective par rapport à ces deux cas (*mbalax* et rap) pris comme modèles. Ce choix ne doit pas ainsi faire oublier que d'autres formes musicales auraient pu être considérées, telle la forme religieuse.
7. Je développe davantage sur l'histoire de l'implantation du rap au Sénégal, moins connue que celle du *mbalax* plus anciennement établi, et largement évoquée par Ndour dans cet ouvrage. En outre, quand on parle de rap comme d'une branche musicale du hip-hop, il faudrait comprendre que le DJing est à prendre aussi en compte, même s'il n'est pas expressément évoqué ici. Le hip-hop comprend le *MCing*, le *Djing*, la danse (*breakdance*, *topdance*), les graffiti…

8. Les *bboys* sont les pratiquants et, par extension, tous ceux qui adhèrent aux principes du hip-hop. Le terme *bboy* est dérivé selon le cas de *break boy* en référence aux débuts du hip-hop avec la breakdance, de *bronx boy*, quartier de New-York qui a abrité les premières *block parties* avec Kool Herc, Afrika Bambaataa…, de *bad boy* (mauvais garçon), expression qui est un véritable pied de nez à la société « bien pensante »… Quant au terme *posse*, il est largement utilisé dans le contexte sénégalais. Néanmoins, les *bboys* font appel à d'autres désignations comme les termes *crew*, *squad* qui signifient aussi « groupe ». Des expressions sont aussi utilisées pour désigner la réunion de plusieurs *posses* (*cartel*, *cliqua*, *connexion*, etc.).

9. Comme le titre « Wax lèp » dans l'album autoproduit *Nekke*, du *posse* XPO, sorti en 2004, qui critique en termes caricaturaux, et très durement Bill Diakhou, Sikki Saka de Thiès, etc. Egalement, un titre du prochain album du *posse* Pinal Gang de Pikine que nous avons écouté en juin 2006 avec leur directeur de staff, et qui tance vertement d'autres rappeurs connus. Et encore Azou qui critique Iba du groupe Rap'Adio, dans « Benn fan's bi wone », dans le volume « Taye » de la compilation *Moye Lolou*, sortie en 2005 (Maestro Music Sega Production). Les exemples pourraient être multipliés.

10. Lors d'une nuit de fin décembre 2005, un concert coorganisé à Pikine Icotaf par la mairie de Pikine et Radio Oxy-Jeunes a dégénéré en bataille rangée à la suite d'un désaccord entre les partisans du MC Omzo et les organisateurs.

11. Dans son chapitre, Daniff a aussi fait état de cet engagement dans le rap qui est une permanence notée par une grande partie des observateurs de cette musique.

12. Nous privilégions délibérément le rap au Sénégal dans cette partie. En effet, il reste encore, selon nous, moins connu que le *mbalax*, bien que, de plus en plus, des chercheurs s'y intéressent.

13. Durant la première semaine d'octobre 2007, j'ai assisté à un séminaire organisé par l'AMS, au Collège Sacré-Cœur. Ce séminaire qui impliquait aussi la CIPEPS (Coalition interprofessionnelle des producteurs et éditeurs phonographiques du Sénégal) et le PIPP (Projet de promotion des investisseurs privés) était consacré à l'avant-projet de loi sur les droits d'auteur et les droits voisins, et regroupait des artistes, journalistes, un juriste… Les rappeurs y étaient majoritairement représentés. Cet avant-projet devait ensuite être soumis à l'État. Il aurait été approuvé actuellement et les acteurs de l'industrie musicale attendent en ce moment son application effective.

14. Xippi est une structure qui appartient au chanteur et homme d'affaires Youssou Ndour. J'ai eu eu un entretien téléphonique avec Kabou Guèye le 12 juin 2006 au cours duquel il m'a dit qu'il n'était plus directeur artistique de Xippi mais qu'il travaillait toujours avec Youssou Ndour.

15. Les transcriptions rendent compte le plus fidèlement possible des propos des interviewés.

16. Je me base sur une étude des attitudes ouverte et combinée à différents paramètres pris en compte par rapport aux logiques d'action locales. Ce modèle représente mon ambition de construire un système théorique pour comprendre l'action sociale, notamment celle concernant l'*Homo senegalensis*. Il est en construction et demande à être encore testé et amélioré.

17. Actant est utilisé au sens de l'individu qui agit, et pas au sens proprement linguistique donc.

18. Le sens commun, selon la thèse dite « fondationniste » d'origine schützienne, se conçoit comme un élément bâti à partir de l'expérience, intervenant dans l'action comme « horizon de sens partagé par tous les participants dans le mode du travail et de la communication ». C'est, selon cette thèse, dans le rapport intersubjectif qui lie le sujet à son protagoniste, mettant en œuvre des « présupposés », des modèles communs, partagés que peut se comprendre le fondement du lien social, de l'action, en tant que lesdits présupposés et modèles conditionnent cette action (Gueorguieva 2002).
19. Rebeuss est la maison centrale d'arrêt et de correction du Sénégal, située en plein cœur de Dakar.
20. L'expression « 100 m » est utilisée pour désigner la maison d'arrêt et de correction de Rebeuss.
21. Pour le mode de fonctionnement du BSDA et les questions de droit dans le phénomène musical, pour plus de détails, se référer à la partie de Soumaré.
22. Cette perception de la pratique artistique est aussi de rigueur dans d'autres contextes socioculturels. De fait, Marcel Fournier souligne cette particularité de la profession artistique lors d'une conférence au Musée d'art contemporain de Montréal (Fournier 1987).
23. On fait référence aux musiciens non *ñeeño*, le *ñeeño* étant opposé au *géer* qui n'était pas autorisé à faire de la musique un métier.
24. Comme le montre bien Ndour qui parle de « décastification » dans son chapitre.
25. On parle, à ce propos de ces reprises et retouches de « réchauffé », traduction littérale de l'autre terme utilisé, le verbe « tangal ».
26. On peut citer les danses dites « ventilateur », « climatiseur » rendues célèbres par Youssou Ndour et Alla Seck par exemple.
27. A ce propos, il y a présentement une controverse sur une vidéo qui montre un concours de danse. Intitulée « Goudi town. Concours Yeungeul down », elle circule sur le web et en *CD*. Ce concours, largement évoqué par des journaux, a débouché sur l'arrestation, par la DIC, le mardi 18 septembre 2007, de personnes incriminées dont trois qui faisaient office de danseuses (parmi lesquelles la célèbre Ndèye Guèye, leader des « Gazelles de Dakar », un groupe de danse), le directeur général de « Top Pneu », le gérant de la boîte de nuit « Alexandra », DJ You, Amara Mbaye le présumé cameraman. Dans ce qui est considéré comme une affaire de mœurs, des Sénégalais se sont même constitués partie civile, avec maître Massokhna Kane. Ces derniers verront leur proposition jugée irrecevable. Les sanctions, rendues publiques le jeudi 27 septembre 2007, varient entre des peines d'un mois de prison ferme avec des amendes de 200 000 francs CFA (pour les organisateurs), à six mois de liberté surveillée (pour les danseuses et le reste). Quant au *CD* déjà largement diffusé, il a été interdit de commercialisation (Fofana 2007:5). Cette affaire a considérablement relancé le débat sur la danse.
28. Valastro évoque à ce propos la force des liens entre les jeunes, la musique, la communauté (Valastro 2004).
29. Alan P. Merriam, dans *The anthropology of music*, recense « dix fonctions essentielles » que remplirait la musique, à savoir les fonctions « expressive », « esthétique », « d'amusement », « communicative », « de représentation symbolique », de déclenchement de réactions physiologiques, ainsi que celles de renforcement de l'adhésion aux normes sociales, « institutionnelle et religieuse », de renforcement de l'identité culturelle, d'intégration sociale (Merriam 1978).

Bibliographie

Archer, M.S., 1998, « Théorie sociale et analyse de la société », *Sociologie et sociétés*, vol. XXX, n°1, pp. 1-14.

Balandier, G., 1988, *Le désordre. Éloge du mouvement*, Paris : Fayard.

Bélanger, D.-C., 2002, « La théorie du sens ». (http://www.cvm.qc.ca/dcb/pages/sens.htm). 26 juin 2002.

Benga, N.A., 2002, « Dakar et ses tempos. Significations et enjeux de la musique urbaine moderne (c.1960-années 1990) », in M.-C. Diop, dir., *Le Sénégal contemporain*, Paris : Karthala, pp. 289-308.

Berger, P. et Luckmann, T., 1986, *La construction sociale de la réalité*, Paris : Méridiens Klincksieck.

Bertaux, D., 2005, *L'enquête et ses méthodes : le récit de vie*, Paris : Armand Colin.

Bertaux, D.,1997, *Les récits de vie. Perspectives ethnosociologiques*, Paris : Nathan.

Biaya, T.K., 2002, « Culture du loisir et culture politique », in M.C. Diop, dir., *Le Sénégal contemporain*, Paris : Karthala, pp. 341-352.

Bourdieu, P., 1994, *Raisons pratiques. Sur la théorie de l'action*, Paris : Seuil.

Bourdieu, P., 1987, *Choses dites*, Paris : Minuit.

Bourdieu, P., 1980, *Le sens pratique*, Paris : Minuit.

Calenge, P., 2002, « Les territoires de l'innovation : les réseaux de l'industrie de la musique en recomposition », *Géographie, Économie, Société*, n° 4, pp. 37-56.

Corcuff, P., 1995, *Les nouvelles sociologies*, Paris : Nathan.

Côté, J.-F., 1998, « La société de communication à la lumière de la sociologie de la culture : idéologie et transmission de sens », *Sociologie et Sociétés*, vol. XXX, n° 1, pp. 1-16.

Deslauriers, J.-P., 1991, *Recherche qualitative. Guide pratique*, Montréal : Mac Graw-Hill.

Diagne, S.B. et Ossebi, H., 1996, *La question culturelle en Afrique : contextes, enjeux et perspectives de recherche*, Dakar : CODESRIA.

Florida, R., 2002, *The Rise of the Creative Class: and how it's Transforming Work, Leisure, Community and Everyday Life*, New-York: Basic Books.

Fofana, B., 28 septembre 2007, « Verdict du procès 'Guddi Town'. Les danseuses en liberté surveillée, les organisateurs condamnés pour 'outrage public à la pudeur' », *Le Populaire*, p. 5.

Fournier, M., 1987, « Le statut social de l'artiste », *Possibles*, vol. 11, n° 2, pp. 137-147.

Grawitz, M., 1993, *Méthodes des sciences sociales*, Paris : Dalloz.

Grazian, D., 2004, « Opportunities for Ethnography in the Sociology of Music », *Poetics*, n° 32, pp. 197-210.

Gueorguieva, V., 2004, « Sept thèses sur le sens commun ». (http://www.fas.umontreal.ca/anthro/varia/alterites/n3/gueorguieva.html). 12 janvier 2004.

Hagen, E.H. et Bryant G.A., 2003, « Music and Dance as a Coalition Signaling System », *Human Nature*, vol. 14, n° 1, pp. 21-51.

Huchard, O. S., 1999, « Aperçu de la musique sénégalaise », in A. A. Dieng, Y.N. Diarra, S. Bachelier et E. Ndiaye, dir., *En avant la musique. Annuaire des métiers de la musique au Sénégal*, Dakar : ENDA /Unesco, pp. 203-218.

Jousse, M., 1974, *L'anthropologie du geste*, Paris : Gallimard.

Kihm, C., dir., 2000, « Territoires du hip-hop », *Art Press*, hors-série, pp.1-98.

König, R., 1969, *Sociologie de la mode*, Paris : Payot.

Lévi-Strauss, C., 1993, « Introduction à l'œuvre de Marcel Mauss », in M. Mauss, *Sociologie et anthropologie*, Paris : PUF, pp. IX-LII.
Ly, A., (à paraître), « L'oralité paillarde des Lawbé : Islam, érotisme et répression sexuelle dans le Sénégal contemporain ».
Mamontoff, A., 2004, « Les représentations sociales ». (http://www.iperlogo.it/gypsies/francais/cours/repres/default.htm). 7 janvier 2004.
Mbodj, G., 1993, « Domaines et dimensions de la crise sociétale de la jeunesse », *Université Recherche et Développement*, n° 2, pp. 37-50.
Menger, P.-M., 2003, *Portrait de l'artiste en travailleur. Métamorphoses du capitalisme*, Paris : Seuil.
Merriam, A.P., 1978, *The Anthropology of Music*, Chicago: Northwestern University Press.
Morin, E., 1994, *Introduction à la pensée complexe*, Paris : ESF.
Niang, A., 22-23 octobre 2007, « Predicative Music: a Secular Mediatization of Religious Communication? The Case of Rap and *Mbalax* Music in Senegal », paper presented at the ISITA/PAS/Northwestern University Workshop on "Text, Words, and Images: New Media and Islam in Africa", Evanston.
Niang, 2006, « Bboys: Hip-hop Culture in Dakar, Sénégal », in P. Nilan et C. Feixa, eds., *Global Youth? Hybrid Identities, Plural Worlds*, Londres et New York: Routledge, pp. 167-185.
Niang, 2003, *Les jeunes « bboys » de Dakar dans un contexte de redéfinition du rapport social : étude de la production du sens, des facteurs d'insertion/intégration selon une perspective constructiviste et une approche de la complexité*, Mémoire de DEA, université Gaston Berger de Saint-Louis.
Niang, 2001, *Etude interdisciplinaire du rap à Dakar à travers une approche de la complexité : entre mouvement social et groupe primaire*, Mémoire de maîtrise, université Gaston Berger de Saint-Louis.
Ntagteverenis, P., 2003, « L'espace social comme lieu du lien social », *Esprit Critique*, vol. 5, n° 3, pp. 36-46.
Nzalé, F., 22 septembre 2001a, « Dialgaty, diogaty, taran-tacc… La sensualité en danse », *Sud Quotidien*, p. 8.
Nzalé, F., 22 septembre 2001b, « Le *mbalax* a brouillé les repères », *Sud Quotidien*, p. 8.
Peterson, R.A. et Dowd, T.J., 2004, « Making Music Sociology: an Introduction », *Poetics*, n° 32, pp. 195-196.
Roubanovitch, E. et Le Gonidec, M.-B., 2003, « Petit essai critique sur la notion d'ethnomusicologie ». (http://www.ethnomusicologie.net/reperestheoriques.htm). 7 décembre 2003.
Sall, C., 23-27 juillet 1997, « Musique : l'inspiration des artistes. Une thématique au rabais », *Tam-Tam*, n° 9, p. 15.
Sall, M., 13 août 1999, « Productions musicales. Des cassettes aux humeurs de Sandaga », *Sud Quotidien*, p. 8.
Schneider, D.K., 2002, *Balises de méthodologie pour la recherche en sciences sociales : Module V : Les méthodes qualitatives*, Genève : UNIGE/TECFA.
Tingal, B., octobre 1997, « Les danses du *mbalax* », *Télé Mag*, n° 58, p. 12.
Touraine, A., 1974, *Pour la sociologie*, Paris : Seuil.
Unesco, 2003, « L'alliance globale pour la diversité culturelle ». (http://www.Unesco.org/culture/alliance/indexf.html#Objectif). 20 décembre 2003.
Unesco, 2002, *Stratégie à moyen terme pour 2002-2007 pour la région Afrique*, Dakar : Unesco.

Unesco, 2001, *Consultation régionale sur les industries culturelles en Afrique. Rapport final*, Cotonou : Unesco.

Valastro, O.M., 2004, « Homo sentiens : les jeunes et la musique. La renaissance de la communauté dans l'esprit de la nouvelle musique ». (http://critique.ovh.org). 13 janvier 2004.

Vibes, 2004, « A History of Urban Music. The Evolution of Urban music from West Africa to the West Midlands », *Vibes*, n° 4, pp. 1-54.

Villalon, L., 2004, « Méthodes de recherche ». (http://www.umoncton.ca/enef/villalon/nf4082/m2.html). 29 décembre 2004.

3

Dimension juridique de l'industrie musicale

Youssou Soumaré

Postface

Il convient d'apporter quelques précisions sur cette étude notamment dans cette partie relative aux aspects juridiques.

Sa rédaction a débuté en 2003 et bien que nous nous soyons fondés sur la loi 73-52, texte qui régissait jusque là le droit d'auteur au Sénégal, nous avions tantôt mis l'accent également sur l'avant projet de loi qui existait à l'époque portant sur le droit d'auteur et les droits voisins. Aujourd'hui c'est chose faite, cet avant projet est devenu véritablement une loi et figure dans l'ordonnancement juridique sénégalais après qu'elle fut votée par les deux chambres et promulgué sous l'intitulé: Loi 2008-09 du 25 janvier 2008 sur le droit d'auteur et les droits voisins.

Cette loi est salutaire car elle découle d'un voeu ancien des artistes et autres créateurs sénégalais. En effet, la première mouture de cette loi date de 1996, mais du fait de l'instabilité au sein du ministère de la culture à l'époque, le processus devant conduire à son adoption a bien mis du temps. Il s'y ajoute également le fait que la grande famille artistique, dans ses différentes composantes, voulait être largement associée à l'élaboration de cette loi ; elle voulait etre une réelle partie prenante.

Ainsi, avec le soutien de la banque mondiale qui avait dans un premier temps commandité un audit de l'environnement juridique sénégalais à travers le rapport de l'avocate allemande Sybille schlatter (Cf. notre étude. Rapport accablant sur les manquements de la loi de 1973), le gouvernement sénégalais à travers le PPIP allait diligenter ce dossier.

L'élaboration de ce texte a nécessité le concours du Professeur André Lucas, spécialiste en Droit de Propriété Intellectuelle, du Professeur Ibrahima Camara, chargé de cours à l'académie mondiale de l'OMPI, de Aziz Dieng, président de l'Association des métiers de la musique du Sénégal (AMS), du président de la Coalition interprofessionnelle des producteurs et éditeurs phonographiques du Sénégal (CIPEPS), feu Mamadou Konte et Ngoné Ndour, et de Madame Diaby Siby, Directrice du BSDA qui avait déjà écrit la première mouture qui servira de base à la nouvelle loi.

Au finish, les acteurs culturels sénégalais, à travers leurs associations respectives et comme souhaité, ont pris une part active dans l'élaboration de ce texte.

> *Ce texte est opportun car la seule loi valable au Sénégal jusque là en matière de droit d'auteur était la loi 73-52 qui demeurait désuète du fait qu'elle ne prenait pas en compte les lois et conventions internationales ratifiées par notre pays. Ce texte devenait vétuste et inadapté au contexte international en matière de réglementation dans ce domaine.*
>
> *Cette nouvelle loi impose également la réforme de la structure qui passe à une société civile comme c'est le cas dans la plupart des pays européens, et va plus loin en permettant la possibilité de créer des sociétés parallèles spécialisées avec l'octroi de licence à partir d'un délai de cinq ans à compter de son adaption.*
>
> *Réforme qui se traduit également par une série de mesures comme l'instauration d'une assemblée générale annuelle. Elle fait également obligation d'instituer un système d'élection. Autrement dit, le président du Conseil d'administration ne va plus être nommé par l'État ; il le sera par les sociétaires. Outre la consécration des droits des artistes interprètes, des radiodiffuseurs et des producteurs de phonogrammes et de vidéogrammes, ce qui constitue une autre innovation majeure, la loi 2008-09 sur le droit d'auteur et les droits voisins consacre finalement des règles de sanctions dissuasives à l'égard des contrefacteurs.*
>
> *Théoriquement, cette loi constitue véritablement une révolution et jette les bases d'un environnement juridique plus sécuritaire dans le domaine de la propriété littéraire et artistique au Sénégal, en attendant d'assister réellement à sa mise en oeuvre.*

Introduction

Évoquer les aspects juridiques de l'industrie musicale revient à analyser le cadre formel qui est censé régir ce secteur en pleine expansion.

Au Sénégal, l'essentiel des normes juridiques qui régissent ce secteur relèvent pour l'instant de la législation en matière de droit d'auteur. Qu'est-ce que le droit d'auteur ?

Du temps de Platon, on disait déjà que si l'homme avait quelque chose en commun avec les dieux, c'était cette capacité qu'il avait de créer à partir de rien. Et contrairement aux autres activités où l'homme transforme ou modifie une matière première, le compositeur, l'interprète, le chanteur… en un mot le créateur, crée au sens strict du terme.

Ainsi, la législation en matière de droit d'auteur serait née le jour où l'homme a senti le besoin de faire protéger celui-ci par la loi. Cette protection a pour but de permettre à l'auteur d'exercer toutes les prérogatives liées à ce droit spécifique. Elle permet aussi de stimuler l'essor intellectuel par la rétribution.

D'ailleurs, elle figure en bonne place dans la Déclaration universelle des droits de l'homme de 1948 qui stipule en son article 27.2 que « Chacun a le droit à la protection des intérêts moraux et matériels découlant de toute production scientifique, littéraire ou artistique dont il est l'auteur ». Le droit d'auteur est donc la protection juridique conférée au titulaire de droits sur l'œuvre originale qu'il a créée. Il faut rappeler qu'il comprend deux grandes catégories : les droits patrimoniaux et le droit moral.

Il est donc prévu que l'auteur doit donner son accord préalablement à toute utilisation de son œuvre et percevoir les redevances échues ; or si nous prenons comme exemple le domaine qui nous intéresse ici, la musique, où les œuvres n'ont pas de frontière et sont utilisées dans diverses parties du monde, l'auteur est dans l'impossibilité d'assurer lui-même la mise en œuvre des droits qui lui sont reconnus.

Pour permettre à l'auteur d'exiger d'une part le paiement de ses droits à des échéances fixes et, d'autre part, de veiller au respect de ceux-ci, il devenait primordial de regrouper les créateurs qui donnèrent ainsi mandat à une société d'auteurs, pour défendre leurs intérêts ; c'est tout le sens de la notion même de *gestion collective*. Ces préoccupations majeures ont été à l'origine de la création au Sénégal, très tôt après son indépendance, plus précisément en 1972, du BSDA.

Il peut paraître dès lors ambigu, avec l'existence d'une telle institution, placée sous la tutelle du ministère de la Culture, et dotée d'un arsenal juridique, d'accorder une quelconque place à l'informel dans un secteur comme celui de la musique (*voir études précédentes*).

La réalité est toute simple. Au Sénégal, nous sommes face à des règles qui, si elles ne sont pas souvent théoriques, sont parfois désuètes ou tout simplement anachroniques. Voilà le malaise qui sous-tend le système juridique au niveau de l'industrie musicale dans sa globalité. Cependant, au moment où nous rédigions ce travail de recherche, il existait un projet de loi sur les droits d'auteur et sur les droits voisins ; mais ce projet a du mal à prendre sa place dans l'ordonnancement juridique actuel, si l'on sait que la première mouture date de l'an 2000, et a connu, depuis lors, nombre de réformes et de contre-réformes.

Nous avons jugé judicieux, dans le cadre d'une étude comme celle-ci, d'évoquer ce projet qui prévoit une refonte totale de la loi de 1973. Notre texte de base est celui qui nous a été remis par le BSDA. Il constituerait la mouture finale devant être soumise à l'Assemblée nationale pour son adoption.

Ainsi, si rémunérer les créateurs semble être le rôle principal dévolu à toute société de gestion collective, le BSDA, qui est membre de la CISAC (Confédération internationale des sociétés d'auteurs et compositeurs), ne devrait pas a priori faire exception à la règle.

Comment se présente le système juridique en matière de droit d'auteur au Sénégal dans le domaine musical ? Quelles sont les limites du système juridique actuel dans sa globalité ? Répondre à ces deux interrogations nous permettra de faire un diagnostic sans complaisance de l'environnement juridique au niveau de l'industrie musicale au Sénégal.

Ainsi, dans le cadre de notre analyse, nous aborderons d'une part, l'étude **du système juridique sénégalais en matière de droit d'auteur** (I) et, d'autre part, **les avatars du système juridique** (II).

Le système juridique sénégalais en matière de droit d'auteur

Cette partie étudie toutes les règles de forme et de fond qui constituent l'ossature, voire la quintessence même de la législation en matière de droit d'auteur au Sénégal. Cependant il convient de rappeler un principe en droit d'auteur : c'est l'absence de formalités dans la protection de l'œuvre en général. En effet, celle-ci est protégée dès sa naissance (au Sénégal, seule l'œuvre chorégraphique fait exception à la règle). Toutefois, ce principe est battu en brèche par son aspect non sécuritaire, eu égard à l'impossibilité dans la pratique, pour la majorité des créateurs, d'assurer eux-mêmes la défense juridique et administrative de leurs droits d'auteur, mais aussi, compte tenu de l'accroissement mondial de l'utilisation des œuvres musicales, des prestations de celles-ci. Sans déclaration de l'œuvre, il est impossible pour le BSDA de rémunérer équitablement les différents ayants droit. Dès lors il convient d'évoquer certaines conditions essentielles prévues par le législateur pour assurer l'enregistrement ou le dépôt légal, afin de permettre au BSDA d'assurer la protection des œuvres musicales ainsi que leur rémunération.

La notion d'œuvre musicale en droit sénégalais

Les conditions relatives au caractère de l'œuvre

Tout d'abord l'œuvre musicale, comme toute autre œuvre intellectuelle ou artistique, doit être une œuvre originale. D'ailleurs l'originalité est la seule véritable condition de la protection.

L'originalité dont il s'agit est explicitée dans l'article 5 de la loi n° 86-05 du 24 janvier 1986 qui dispose qu' *Une œuvre originale s'entend d'une œuvre qui, dans ses éléments caractéristiques et dans sa forme, ou dans sa forme seulement permet d'individualiser l'auteur.* Cette définition est reprise dans l'actuel projet de loi sur le droit d'auteur et sur les droits voisins.

Toutefois, le terme originalité n'est pas facile à cerner dans la pratique, car il s'apparente à un autre terme, celui de nouveauté.

Il faut comprendre qu'une forme est protégée même si elle n'est pas nouvelle, dès lors qu'elle est originale. C'est-à-dire qu'une œuvre est originale à partir du moment où elle est l'expression d'une personnalité. Quelle est donc la différence entre ces deux concepts ?

L'originalité s'apprécie subjectivement, c'est la marque de personnalité de l'effort créateur. Elle est la pierre de touche en matière de droit, alors que la nouveauté se mesure objectivement puisqu'elle se définit comme l'absence d'homologue dans le passé. Mais dans un pays où la plupart des œuvres musicales sont inspirées du folklore, le terme d'originalité suscite des difficultés par rapport à leur paternité. C'est dans ce cadre d'ailleurs qu'a été instituée, au sein du BSDA, une commission d'identification pour le dépôt des œuvres musicales.

C'est à un groupe de dix personnes, grands connaisseurs de la musique sénégalaise, qu'échoit le rôle de trier la totalité des compositions musicales. Chacun de ces membres statue dans un domaine précis. Le feu colonel Coundoul, ancien patron de la musique des forces armées, travaillait sur tout ce qui est classique, européen. Il n'a pas été remplacé depuis, mais le colonel Fallou Wade, actuel chef de la musique des forces armées sénégalaises, serait pressenti pour lui succéder dans cette commission.

Samba Diabarè Samb intervient dans le traditionnel wolof. Lamine Konté, koriste, qui a remplacé Banna Cissokho, est chargé des musiques mandingues. Samba Aliou Guissè et Louis Diène Faye s'occupent respectivement des cultures halpulaar et séreer. Le vieux trompettiste Bira Guèye, Ousmane Sow « Huchard », Ousmane Diallo dit Ouza, Mouhamadou Guèye dit Kabou et récemment le jeune chanteur Makhtar Fall dit Xuman pour l'identification des œuvres du hip hop et du R&B sont les autres membres de la commission. Ainsi la mission principale de cette commission d'identification est d'évaluer si une œuvre, déposée par un artiste, est originale, c'est-à-dire si elle n'a pas été notée auparavant, au nom d'un autre artiste. Il faut rappeler que la commission se réunit une fois par quinzaine pour étudier les dossiers. Elle peut toutefois se réunir trois fois par mois si les dossiers sont très nombreux. A chaque réunion, dix à douze dossiers sont passés au crible. Le BSDA ne peut enregistrer une œuvre que si la commission délivre un quitus.

Mais au nom du principe d'abstraction qui est un principe sacro-saint en droit d'auteur, il n'entre nullement dans les prérogatives de cette commission de juger de la valeur, du mérite, de la destination et de la forme pour s'opposer à la protection d'une œuvre musicale. Ce qui explique que « les ciseaux de la censure ne sont pas usuels dans le monde musical sénégalais », pour reprendre les termes du journaliste Pape Souleymane Thiam du journal *Nouvel Horizon* dans son article du 6 octobre 2000, intitulé « Composition musicale et droits d'auteurs : doit-on aller vers la censure ? », et cela, malgré la virulence que l'on remarque de plus en plus dans les compositions.

Nous assimilons l'œuvre intégrée qui comporte une certaine originalité constituée par l'apport créatif à une œuvre originale.

Toujours concernant le caractère de l'œuvre, cette dernière peut aussi être une œuvre individuelle ou collective. Si l'œuvre individuelle ne pose pas de problème, l'œuvre collective est multiforme et complexe dans sa forme, car elle peut être :

Une œuvre de collaboration
Elle s'entend d'une œuvre dont la réalisation est issue du concours de deux ou plusieurs auteurs indépendamment du fait que cette œuvre constitue un ensemble indivisible ou qu'elle se compose de parties ayant un caractère de création autonome. Dans l'œuvre de collaboration, les coauteurs exercent leurs droits d'un commun accord, à défaut de quoi le Tribunal devra statuer. Lorsque la participation de chacun des coauteurs relève de genres différents chacun pourra, sauf convention contraire, exploiter séparément sa contribution personnelle, sans tou-

tefois porter préjudice à l'exploitation de l'œuvre commune. Le duo est un exemple d'œuvre de collaboration.

Une œuvre composite
Elle s'entend d'une œuvre nouvelle à laquelle est incorporée une œuvre préexistante sans la collaboration de l'auteur de cette dernière. Cette forme d'œuvre appartient à l'auteur qui la réalise, sous réserve des droits de l'œuvre préexistante.

Une œuvre collective
Elle s'entend d'une œuvre créée à l'initiative d'une personne physique ou morale qui la divulgue sous la direction de son nom et dans laquelle la contribution des divers auteurs participant à son élaboration se fait dans l'ensemble en vue duquel elle est conçue, sans qu'il soit possible d'attribuer à chacun d'eux un droit distinct sur l'ensemble réalisé.

Les œuvres collectives constituent à cet égard une catégorie d'œuvre aux contours imprécis tant dans les conditions que dans le domaine d'application. C'est une sorte d'œuvre anonyme, une personne physique ou morale a pris l'initiative de la création, de la réalisation et de la diffusion des œuvres supposant par hypothèse, l'intervention d'un très grand nombre d'auteurs.

Cependant, dans l'œuvre collective, l'apport des différents auteurs s'est fondu dans l'ensemble de telle sorte qu'il devient impossible d'accorder des droits distincts à chacun sur l'ensemble réalisé ; dans de telles conditions, il apparaît indispensable d'accorder le droit d'auteur à la personne, physique ou morale, qui est à l'origine de l'œuvre, bien que la personnalité morale soit à l'évidence, incompatible avec la création intellectuelle.

D'ailleurs, ceci explique que l'œuvre collective soit assimilée à une fiction juridique. Dans son ouvrage intitulé *Le droit d'auteur en Afrique*, Laurier Yvon Ngombe souligne : « Inspiré donc par l'exemple français, le texte régional (l'accord de Bangui) a repris parmi les œuvres plurales l'œuvre collective. Cette œuvre déjà considérée par Desbois comme une intruse « dans une loi pétrie d'humanisme » ou comme une « anomalie », ne cesse de soulever des interrogations sur sa raison d'être dans la législation française sur le droit d'auteur. On a pu écrire qu'avec l'œuvre collective « qui aboutit, en réalité, à l'attribution d'un droit d'auteur à un non-créateur [il y a] un saut qualitatif, une mathématique de l'absurde, une rupture logique que rien ne permet de couvrir ».

Les conditions relatives au domaine de l'œuvre

Une œuvre du domaine privé
Ce sont les œuvres qui font partie du patrimoine exclusif de son auteur et concernent le plus souvent les œuvres originales. Les œuvres du domaine privé sont, dans la plupart des cas, des œuvres nouvelles, mais peuvent également être des œuvres dérivées.

Une œuvre du folklore

Le folklore s'entend de l'ensemble des productions littéraires et artistiques créées par des auteurs présumés de nationalité sénégalaise, transmises de génération en génération et constituant l'un des éléments fondamentaux du patrimoine culturel traditionnel sénégalais. La plupart des œuvres musicales des chanteurs et/ou compositeurs sénégalais relèvent de cette catégorie d'œuvre. Cela ne manque pas de soulever certaines difficultés quant à la compréhension de la notion de « propriété » telle qu'héritée de la civilisation occidentale.

Le législateur distingue l'exploitation des œuvres du folklore, de l'exploitation des œuvres inspirées du folklore et des expressions du folklore.

L'article 9 de la loi 73-52 définit comme œuvre du folklore toute œuvre « composée exclusivement d'éléments empruntés au patrimoine culturel traditionnel sénégalais ». Dans la plupart des législations nationales des autres pays africains, nous notons qu'une œuvre du folklore est toute œuvre « composée d'éléments empruntés du folklore ». Le caractère exclusif des éléments empruntés au patrimoine culturel traditionnel sénégalais crée une confusion énorme en assimilant tout simplement les œuvres inspirées du folklore aux œuvres du folklore. Nous suggérons d'enlever l'adverbe exclusivement pour définir les œuvres inspirées du folklore et mettre notre législation en conformité avec les textes africains.

En ce qui concerne les expressions du folklore, l'avocate Sibylle Schlatter soutient également, dans la même mouvance que Laurier Y. Ngombe, qu'elles ne constituent pas des œuvres, parce qu'« il n'y a pas d'auteur et que, même si on considère qu'il s'agit d'une œuvre anonyme, la durée de protection est normalement expirée. Ces raisons, et des raisons supplémentaires, ont conduit à s'interroger, au plan mondial, sur l'opportunité de consacrer une protection particulière, hors du cadre du droit d'auteur, pour les expressions du folklore, qui doivent être distinguées des œuvres (protégeables) inspirées du folklore.

Une œuvre du domaine public

Les œuvres du domaine public sont toutes les œuvres qui ont fini de faire l'objet de protection au profit de l'auteur, c'est l'expiration des périodes de protection au profit de l'auteur et pendant les cinquante années civiles de la fin de l'année de son décès au Sénégal.

Sur le plan international, cette durée tend à s'accroître. Ainsi, certaines législations nationales prévoient une protection post mortem de 70 ans. Par exemple, en France, les droits d'exploitation de l'œuvre s'éteignent depuis la loi du 27 mars 1997, 70 ans après la mort de l'auteur. Dans le cas d'œuvre de collaboration, est seule prise en considération pour le calcul de cette durée la date du décès du dernier collaborateur vivant. Ainsi à l'expiration des périodes de protection évoquées pendant lesquelles un droit exclusif et reconnu appartient aux auteurs, à leurs héritiers ou aux ayants droit, les œuvres de l'auteur tombent dans le domaine public ; c'est la déshérence.

Les redevances au titre des œuvres du domaine public sont versées au BSDA et sont consacrées, d'après la loi de 1973, à des fins culturelles ou socioculturelles et sociales au bénéfice des auteurs. Le taux de la redevance pour ces œuvres est fixé par le ministre chargé de la culture et ne pourra excéder 50 pour cent du taux de perception au titre du droit d'auteur pendant la période protégée.

Cette décision de verser les redevances des œuvres du domaine public au BSDA relève de la générosité des auteurs décédés pour exprimer le principe de la solidarité à l'égard de la communauté des auteurs vivants afin d'éviter que leurs œuvres enrichissent d'autres qui n'ont rien à voir avec la création. C'est une manière pour eux de contribuer ainsi à la promotion de la création.

La déclaration des œuvres musicales et les modalités d'adhésion au BSDA

La déclaration des œuvres musicales

Dans la loi 73-52 du texte relatif au droit d'auteur et au BSDA, il est prévu, dans la partie intitulée « Règlement Général du BSDA », un certain nombre de dispositions concernant la déclaration des œuvres.

Comme le dispose l'article 24 de cette quatrième partie, la déclaration des œuvres au BSDA est obligatoire, avant leur exploitation publique.

Les déclarants se portent ainsi garants tant à l'égard du BSDA que des tiers de l'originalité de leurs œuvres et des droits en découlant. En effet, c'est sur la base de la déclaration des œuvres et leur inscription au répertoire social et au catalogue des intéressés que la répartition se fait. Les conséquences qui en découlent sont d'après l'alinéa 4 de cette partie, que :

- aucun droit d'auteur ne pourra être réparti pour une œuvre, tant que la déclaration n'en a pas été faite ;
- aucun rappel ne pourra être accordé en cas de déclaration d'une œuvre.

Egalement, toute déclaration d'une œuvre musicale doit s'accompagner du dépôt d'un bulletin de déclaration ainsi que d'un exemplaire de l'œuvre complète ou éditée ou manuscrite, éventuellement un exemplaire d'une bande ou d'une feuille magnétique contenant l'œuvre.

Après l'inscription sur les registres des déclarations et après examen et agrément desdites déclarations, les bulletins sont conservés par le BSDA et ne peuvent être rendus aux déclarants. Il en est de même pour les bandes ou feuilles magnétiques des œuvres. Ainsi, les bulletins de déclaration des œuvres déposées doivent être signés par tous les collaborateurs desdites œuvres et tout bulletin non signé est nul. Le bulletin portera :

- au recto : le titre, le genre et la durée de l'œuvre, le nom des collaborateurs et les partages convenus entre collaborateurs ;

- au verso : les 8 premières mesures des thèmes principaux pour les œuvres de musique instrumentale, ainsi que les huit premières mesures avec les paroles pour les œuvres vocales.

Les membres du BSDA sont répartis en fonction de leurs créations dans cinq sections. C'est la section musicale qui regroupe les auteurs et compositeurs d'œuvres musicales avec ou sans paroles, quel qu'en soit le genre.

L'adhésion au BSDA

Pour ce qui est des modalités générales d'adhésion, les postulants doivent en présentant leur demande :

- indiquer s'ils ne se trouvent pas en état de dépendance ou d'association vis-à-vis de toute personne physique, morale – publique ou privée – susceptible de se trouver concernée par l'action du BSDA ;
- joindre un extrait de naissance ou une photocopie de la carte d'identité ainsi que deux photos d'identité ;
- fournir la nomenclature de leurs œuvres déjà créées, éditées ou inédites ;
- indiquer le cas échéant, leur pseudonyme, étant précisé que chaque postulant ne peut avoir qu'un seul pseudonyme par catégorie d'œuvres.

Les postulants mineurs devront faire contresigner leur demande par leur tuteur ou leur représentant légal.

Les conditions d'admission dans la section musicale sont :

- être un créateur sénégalais d'œuvres de l'esprit protégées par la loi du 4 décembre 1973 sur la protection au droit d'auteur et ayant appartenu à une des sociétés d'auteurs précédemment habilitées au Sénégal ;
- avoir eu dans les douze mois qui précèdent la demande d'adhésion une exécution publique de ses œuvres soit dans un établissement lié au BSDA par contrat, soit à la radio ou à la télévision, par la cinématographie ou par tout autre moyen de diffusion, y compris la reproduction mécanique ou /et
- avoir des œuvres reproduites sur disques vendus dans le commerce et obtenir l'agrément de la Commission d'identification des œuvres musicales.

En outre, les auteurs, compositeurs ou éditeurs étrangers n'appartenant pas à une société d'auteur peuvent être membres du BSDA s'ils remplissent les deux dernières conditions d'admission.

Ainsi, les musiciens qui se sont inscrits au BSDA donnent mandat à celui-ci d'exercer en leur nom, pour tout pays, le droit d'agir comme leur seul représentant et notamment de délivrer les autorisations relatives à l'exécution publique, la représentation publique ou la reproduction par quelque moyen et procédé que ce soit et de procéder à la perception et à la répartition des redevances provenant de l'exercice de leurs droits.

Obligation est également faite aux membres du BSDA de ne concourir directement ou indirectement ni à l'accaparement de programmes ni à l'établissement de programmes faux ou inexacts ; d'établir, certifier exact et de signer les programmes des œuvres qu'ils peuvent être appelés à remettre au BSDA ; d'établir et de déposer au siège du BSDA, pour chaque œuvre nouvelle ou objet d'une modification, un bulletin de déclaration faisant mention du nom des ayants droit ou ayants cause de l'œuvre portant leur signature ; de ne convenir, avec un collaborateur ou avec un éditeur, d'aucun mode de répartition qui dérogerait aux modes prévus par le règlement général du BSDA ; et d'une façon générale, à ne rien faire ni entreprendre qui puisse nuire aux intérêts matériels et moraux du BSDA ou de ses membres.

Tout manquement à ces dispositions est passible de sanctions pouvant aller de la radiation d'office à l'exclusion à titre définitif ou temporaire des membres du BSDA.

En retour, le BSDA, établissement public à caractère professionnel, et placé sous la tutelle du ministre chargé de la Culture et du Patrimoine bâti, a en outre la lourde charge d'accomplir certaines missions.

Il est chargé d'établir et faire appliquer les contrats passés avec les usagers du répertoire musical, à se substituer sur le territoire du Sénégal aux sociétés étrangères habilitées dans l'exécution des contrats en cours avec les usagers ou groupements d'usagers ; à conclure des accords avec les sociétés d'auteurs étrangères en vue de la représentation et de la gestion de leurs répertoires sur le territoire du Sénégal.

Les droits d'exploitation rattachés à l'œuvre musicale

Les droits d'exploitation sont les droits patrimoniaux qui constituent l'un des types de prérogatives reconnues au droit d'auteur. Dans le domaine musical, l'auteur jouit du droit exclusif d'exploiter son œuvre sous quelque forme que ce soit et d'en tirer un profit pécuniaire.

Par exploitation, il s'agit essentiellement dans ce domaine du droit de représentation ou de communication au public et du droit de reproduction. Mais l'auteur a aussi le droit exclusif d'accomplir ou d'autoriser que soit accompli l'un des actes cités plus haut sur une base contractuelle claire qui doit prévoir pour chaque mode de cession une rémunération juste et équitable au profit de l'auteur.

Le mode de cession des droits sur l'œuvre musicale

Dans la législation actuelle, la cession de l'œuvre musicale peut revêtir deux formes :

    Une cession partielle:

Ce mode de cession figure dan l'article 22 de la loi n°86-05 relative à la protection du droit d'auteur et concerne principalement les contrats d'auteurs.

Dans les contrats d'auteur, l'auteur ou ses ayants droit autorisent la représentation, ou l'édition de leurs œuvres. Ces contrats doivent obligatoirement être constatés par écrit selon la loi sous peine de nullité. Il en est de même pour les autorisations gratuites d'exécution.

Ces contrats doivent faire mention du mode d'exploitation et du mode de rémunération fixé par l'auteur ou ses ayants droit. Ils sont en outre soumis aux dispositions du Code des obligations civiles et commerciales (COCC).

La transmission des droits de l'auteur est subordonnée à la condition que chacun des droits cédés soit délimité quant à son étendue et à sa destination, de même quant au lieu et quant à la durée.

Lorsque des circonstances spéciales l'exigent, le contrat peut être valablement conclu par échanges de télégrammes, à condition que le domaine d'exploitation des droits soit délimité quant à son étendue et à sa destination, conformément aux termes des lois établies (art.28).

De plus, le transfert de propriété de l'unique exemplaire ou d'un ou de plusieurs exemplaires d'une œuvre emporte, sauf stipulation contraire, le transfert du droit d'auteur sur l'œuvre d'après les termes de l'article 24 du projet de loi. Les divers types de contrat d'auteur sont les suivants :

Le contrat d'édition

Dans le domaine musical, le contrat d'édition est le contrat par lequel l'auteur de l'œuvre ou ses ayants droit cèdent à des conditions déterminées par l'éditeur, ce droit de fabriquer ou de faire fabriquer des exemplaires de celle-ci sur un support matériel, que ce soit par enregistrement sonore, visuel, numérique ou autres de l'œuvre, à charge pour lui d'en assurer la publication et la diffusion.

La forme et le mode d'expression, les modalités d'exécution de l'édition et les clauses de résiliation doivent être déterminés par le contrat, précise le législateur dans l'art.29 de la loi de 1973, repris dans l'actuel projet de loi. Le contrat d'édition doit faire mention du nombre minimum d'exemplaires constituant le premier tirage. Toutefois, cette obligation ne s'applique pas aux contrats prévoyant un minimum de droits d'auteur garantis par l'éditeur.

Il doit prévoir une rémunération proportionnelle aux produits d'exploitation, sauf en cas de rémunération forfaitaire.

Les titulaires des droits voisins jouissent des mêmes prérogatives et peuvent céder des droits d'exploitation sur leurs œuvres. Ainsi les producteurs de phonogramme ou de vidéogramme, comme le dispose l'art. 5 du projet, jouissent du droit exclusif d'autoriser la reproduction directe ou indirecte de leurs phonogrammes ou vidéogrammes de quelque manière et sous quelque forme que ce soit.

Parmi les autres contrats, non moins importants dans le domaine du spectacle, figurent :

Le contrat de représentation

Ce contrat est celui par lequel l'auteur d'une œuvre de l'esprit et ses ayants droit autorisent une personne physique ou morale à représenter ladite œuvre à des conditions qu'ils déterminent. Est appelé contrat général de représentation tout contrat par lequel un organisme professionnel d'auteurs confère à un entrepreneur de spectacles la faculté de représenter, pendant la durée du contrat, les œuvres actuelles ou futurs constituant le répertoire dudit organisme aux conditions déterminées par l'auteur ou ses ayants droit. Toutefois, on peut déroger à ce contrat.

Le contrat de représentation est conclu pour une durée limitée ou pour un nombre déterminé de communication au public. Sauf stipulation expresse de droits exclusifs, il ne confère à l'entrepreneur de spectacles aucun monopole d'exploitation. Le même entrepreneur de spectacles ne peut transférer le bénéfice de son contrat sans l'assentiment formel et d'un écrit de l'auteur ou de son représentant. L'entrepreneur de spectacles est tenu :

- de déclarer à l'auteur ou à ses représentants le programme exact des représentations ou exécutions publiques ;
- de leur fournir le montant des redevances prévues ;
- de leur fournir un état justifié des recettes ;
- d'assurer la représentation ou l'exécution publique dans des conditions techniques propres à garantir les droits intellectuels et moraux de l'auteur.

Concernant la cession partielle de l'œuvre, une simple autorisation peut faire l'objet de contrat. En règle générale, une utilisation, quelle qu'elle soit, d'une œuvre protégée n'est licite que si l'autorisation appropriée a été préalablement obtenue du titulaire du droit d'auteur.

Ainsi tout acte mettant en jeu un droit quelconque sur une œuvre protégée constitue une infraction si l'autorisation de l'auteur ou du titulaire du droit d'auteur concerné n'a pas été précédemment obtenue. L'auteur a le droit exclusif d'accomplir ou d'autoriser que se soit accompli l'un quelconque des actes suivants :

- reproduire l'œuvre sous une forme matérielle quelconque y compris sous la forme de films cinématographiques et d'enregistrements sonores, par tous les procédés qui permettent de la communiquer au public d'une manière indirecte ;
- représenter, exécuter ou réciter l'œuvre en public par quelque moyen ou procédé que ce soit, y compris la radiodiffusion sonore ou visuelle ;
- communiquer l'œuvre radiodiffusée au public par fil, par haut parleur, ou par tout autre procédé que ce soit, y compris la radiodiffusion sonore ou visuelle ;
- faire une traduction, une adaptation, un argument ou une quelconque transformation de l'œuvre.

L'œuvre comprend aussi bien l'œuvre sous forme originale que sous forme dérivée de l'original (voir Tribunal de première instance de Dakar, 20 juin 1984, l'affaire Jeanne et Fakhry. Le juge a condamné Jeanne Dieng à payer au BSDA les sommes à elle réclamées parce qu'elle violait les dispositions de la loi du 4 décembre 1973 en faisant exécuter dans le bar-dancing le Djollof le 8 avril 1978, sans autorisation prévue par ladite loi, des œuvres du répertoire protégé).

Pour ce qui est de la forme de l'autorisation, elle doit être formelle et écrite. Elle concerne aussi bien la traduction, l'arrangement, la transformation. En ce qui concerne l'autorisation de reproduction des phonogrammes, on doit compléter et remettre au BSDA un imprimé de « demande d'autorisation » et il convient d'indiquer sur ce document :

- le nom et /ou la raison sociale ;
- le nom du donneur d'ordre et/ou du fabriquant ;
- le titre du phonogramme ;
- le numéro de référence que vous attribuez au phonogramme ;
- le prix de vente au public et/ou le prix de gros (prix catalogue, distributeur) ;
- le nombre d'exemplaires à fabriquer ;
- et surtout, le titre des œuvres à reproduire avec le nom et le prénom des auteurs, compositeurs, arrangeurs et adaptateurs ;
- la durée de chacune des œuvres.

En cas d'usage de l'œuvre sans l'autorisation préalable de l'auteur, il est prévu des sanctions.

Une cession totale

En dehors de la cession partielle, l'auteur peut céder totalement son œuvre par la vente.

En effet par la fixation de sons provenant d'une interprétation ou exécution ou d'autres sons (phonogrammes) ou encore par le vidéogramme (fixation audiovisuelle de la représentation de sons et d'images ou la partie sonore de l'une ou l'autre de celles-ci), l'auteur arrive par le procédé des cassettes, des CD ou autres, à écouler une variété de supports de son œuvre ainsi reproduite.

Cette vente est seulement destinée à l'usage privé de l'acquéreur et ne saurait permettre, quand bien même la vente entraîne un transfert de propriété, un usage quelconque pouvant porter atteinte au droit de l'auteur. C'est d'ailleurs tout le sens de l'avis qui figure sur tous les supports matériels que nous utilisons pour écouter de la musique : « Tous droits du producteur et du propriétaire de l'œuvre enregistrée réservés. La duplication, le prêt, l'audition publique et radiophonique sont interdits ». Cependant la cession globale des œuvres futures est nulle.

Les producteurs de phonogrammes ou de vidéogrammes jouissent également du droit exclusif d'autoriser la mise à la disposition du public de l'original ou des exemplaires de leurs phonogrammes ou vidéogrammes par la vente ou tout transfert de propriété, l'importation de copies de son phonogramme ou vidéogramme par la vente ou tout transfert de propriété.

Les titulaires du droit à la rémunération

Les titulaires du droit d'auteur

Nous avons au premier chef l'auteur de l'œuvre, c'est-à-dire la personne physique ou morale qui l'a créée. L'auteur d'une œuvre est le premier titulaire des droits moraux et patrimoniaux :

- dans le cadre d'une œuvre audiovisuelle, les premiers titulaires des droits moraux et patrimoniaux sont les coauteurs de cette œuvre (tels que le metteur en scène, l'auteur du scénario et le compositeur de la musique) ; les auteurs des œuvres préexistantes adaptées ou utilisées pour les œuvres audiovisuelles sont considérés comme ayant été assimilés à ces coauteurs ;
- les coauteurs d'une œuvre de collaboration sont les premiers titulaires des droits moraux et patrimoniaux.

Toutefois, si une œuvre de collaboration peut être divisée en parties indépendantes, c'est-à-dire si les parties de cette œuvre peuvent être reproduites, exécutées, représentées ou utilisées autrement d'une manière séparée, les coauteurs peuvent bénéficier de droits indépendants sur ces parties, tout en étant les titulaires des droits de l'œuvre de collaboration considérée comme un tout :

- le premier titulaire des droits moraux et patrimoniaux sur une œuvre collective est la personne physique ou morale à l'initiative de laquelle cette œuvre a été créée et publiée sous son nom ;
- dans le cadre d'une œuvre créée sur commande par un auteur pour le compte d'une personne physique ou morale de droit public ou privé, dans le cadre d'un contrat, le premier titulaire des droits moraux et patrimoniaux est l'auteur, mais les droits patrimoniaux sur cette œuvre sont considérés comme transférés à l'employeur ou au commanditaire dans la mesure où elle est justifiée par les activités habituelles de l'employeur au moment de la création de l'œuvre.

Egalement est présumé titulaire de l'œuvre anonyme ou pseudonyme sauf lorsque le pseudonyme ne laisse aucun doute sur l'identité de l'auteur : l'éditeur dont le nom apparaît sur l'œuvre qui est considérée en l'absence de preuve comme représentant, l'auteur donc investi des prérogatives de protéger et de faire respecter les droits de l'auteur. Cependant lorsque l'auteur révèle son identité et justifie sa qualité, cette disposition ne s'applique plus.

Au décès de l'auteur, l'œuvre fait l'objet d'une cession aux héritiers qui en perçoivent non seulement les redevances mais aussi se gardent du droit d'autorisation de l'œuvre.

Les titulaires des droits voisins

Il s'agit des artistes interprètes, des producteurs de phonogrammes et des organismes de radiodiffusion sur leur programme.

L'expression « droits voisins » ou « droits connexes » désigne un ensemble du droit d'auteur qui s'est rapidement développé ces cinquante dernières années. Les droits connexes se distinguent du droit d'auteur en ce qu'ils appartiennent à des titulaires considérés comme des intermédiaires dans la production, l'enregistrement ou la diffusion des œuvres.

Le lien avec le droit d'auteur existe du fait que les trois catégories de titulaires de droits connexes fonctionnent comme des auxiliaires dans le processus de la création intellectuelle en prêtant leur assistance aux auteurs des œuvres pour la communication de celle-ci au public. Ainsi, un musicien interprète une chanson écrite par un compositeur, les producteurs de phonogramme, en d'autres termes « l'industrie du disque », enregistrent et produisent des chansons et de la musique écrites par des auteurs et des compositeurs, jouées par des musiciens et chantées par des artistes, les organismes de radiodiffusion diffusent des phonogrammes et des œuvres à partir de leurs stations de radiodiffusion.

Au Sénégal, comme nous l'avons précisé tout au début, les droits voisins sont au stade de projet de lois.

La protection sociale et la garantie de la rémunération

La protection sociale

Elle est constituée d'un régime d'allocation d'entraide et d'un fonds social. Pour ce qui est du régime d'allocation, il est prévu au bénéfice des auteurs de musique remplissant les conditions exigées par le règlement dudit régime.

Ce régime est institué conformément à la décision du conseil d'administration en séance du 14 mai 1975, un régime d'allocation d'entraide ayant pour objet d'allouer, au titre des œuvres sociales du BSDA des allocations aux membres dont la situation au sein du BSDA répond à un certain nombre de règles dont le principe de base est le suivant : dans la limite d'un minimum et d'un maximum les redevances de droits d'auteur versées aux membres par le BSDA, celles créditées à leur compte au titre du droit d'exécution publique, sont constitutives de points dont la valeur est fonction des crédits disponibles au budget des œuvres sociales du BSDA.

Lorsque les membres intéressés atteignent un âge déterminé et remplissent les conditions prévues, les sommes correspondant aux points inscrits à leur compte individuel leur sont versées sous forme d'allocations trimestrielles. C'est le conseil d'administration qui administre ce régime des allocations, mais c'est le directeur général du BSDA qui gère ledit régime conformément aux institutions et décisions du conseil d'administration.

Quant au fonds social, son objet est d'aider les auteurs et de favoriser la promotion culturelle. C'est dans ce cadre que des « avances sur répartition » peuvent être accordées aux sociétaires dans la limite de 50 pour cent des sommes perçues par le requérant lors de la répartition précédente. Toutefois, le montant global des prêts accordés entre deux répartitions ne peut excéder la moitié de l'encaisse.

Lorsque la situation l'exige, le conseil d'administration, à l'unanimité des membres présents, peut accorder des « avances sur répartition » à des sociétaires n'ayant pas encore bénéficié de répartition mais dont les noms figurent sur les programmes en instance de répartition. Les demandes sont adressées au président du conseil d'administration, sous couvert du directeur général. Le directeur émet un avis et transmet la demande au président qui statue souverainement.

Le président du conseil d'administration peut autoriser le directeur général à accorder des « avances sur répartition » quand les circonstances l'exigent. Aucun sociétaire ne peut bénéficier de plus d'un prêt entre deux répartitions successives, sauf cas de force majeure dûment constatée par le président du conseil d'administration. Mais aussi des dons, des secours peuvent être attribués aux membres du BSDA ou à leurs héritiers par le conseil d'administration et dans ce cas la décision est prise à la majorité des membres.

La garantie

Cette garantie repose sur le caractère de la rémunération au profit de l'auteur. Tantôt désigné sous le vocable de « salaire différé », les droits d'auteur font l'objet d'un certain nombre de garanties.

En ce qui concerne ses formes, cette garantie peut être un privilège général avec tous ses atouts, à savoir que ce privilège survit à la faillite et à la liquidation judiciaire. Et il s'exerce immédiatement après celui qui garantit le salaire des gens de service.

Cette garantie peut aussi être constituée du versement d'une quotité à titre alimentaire. En effet, lorsque les produits d'exploitation revenant à l'auteur d'une œuvre de l'esprit font l'objet d'une saisie-arrêt, le président du Tribunal pourra ordonner le versement à l'auteur, à titre alimentaire, d'une somme ou d'une quotité déterminée des sommes saisies.

La rémunération à proprement parler

Cette phase qui devrait permettre d'aboutir à une juste et équitable rémunération comprend deux étapes qui résument à elles seules la mission principale dévolue à toute société de gestion collective.

Les mécanismes généraux de la rémunération

La rémunération au pourcentage

Ce mode de rémunération constitue le principe au Sénégal. Le montant des droits à recouvrir auprès des utilisateurs est déterminé en fonction du service rendu par la musique. Ainsi, à chaque fois que la perception des droits est faite sur la base d'un pourcentage, il s'agit alors de la règle de la proportionnalité pour une participation proportionnelle des auteurs aux résultats financiers de la manifestation ou de l'activité eu égard au caractère indispensable de leur apport.

Ainsi, d'une manière générale, le BSDA reçoit un pourcentage des recettes provenant de l'exploitation de la musique lorsque celle-ci est essentielle.

L'article 22 de la loi n° 86-05 du 24 janvier 1986 abrogeant et remplaçant l'article 22 de la loi n° 73-52 du 4/12/1973 précise les modalités d'évaluation de ces redevances : ... *la cession à titre onéreux doit comporter au profit de l'auteur une participation proportionnelle aux recettes provenant de la vente, de la location ou de l'exploitation sous quelque forme que ce soit...* .

Ainsi quels que soient l'origine, la durée, le nombre des œuvres musicales diffusées au cours d'une manifestation publique, les droits d'auteur sont, d'une manière générale, calculés par application d'un pourcentage sur :

- les recettes réalisées et/ou les dépenses engagées ;
- les recettes entrées et/ou recettes annexes (buffet, buvette, vente de programmes...) pour les manifestations musicales avec recettes.

Les droits d'auteurs sont proportionnels aux recettes réalisées, toutes taxes et services compris et ils ne peuvent être inférieurs à un minimum établi à partir des dépenses engagées. Il faut donc savoir que la rémunération des auteurs n'est jamais déterminée en fonction du bénéfice réalisé. Et le pourcentage prend en compte le mode de diffusion des œuvres, à savoir si c'est un spectacle vivant (orchestre, artiste, musiciens...) ou une musique enregistrée (disque compact, bande magnétique...).

Les manifestations animées par des musiciens comprennent par exemple les séances dansantes avec orchestre, ou celles au cours desquelles les prix pratiqués (entrées et consommations) dépassent un certain montant.

L'organisation doit remplir une demande d'autorisation à partir de laquelle est établi un engagement préalable prévoyant l'application des pourcentages sur les recettes directes (entrées) et sur les recettes annexes (buffet, buvette, tombola...) et fixant un minimum calculé sur la base du buffet, des dépenses, du cachet, du prix de location, des charges sociales et fiscales, des frais de sonorisation ou sur la base du prix d'entrée et de la contenance de la salle.

Pour une séance dansante avec orchestre, la redevance d'auteur est proportionnelle aux recettes réalisées. Ce taux est de 11 pour cent sur la totalité des recettes entrées et de 5,5 pour cent sur les recettes annexes. Si la séance est sans droit d'accès, ce taux est réduit à 8,25 pour cent sur les recettes annexes.

Mais en cas de règlement dans un délai de 15 jours suivant la date de la séance, il y a une réduction dont bénéficie automatiquement l'organisateur de la manifestation. Cette réduction est de 20 pour cent des pourcentages ci-dessus énumérés et, dans ce cas, cet organisateur de bonne foi se verra appliquer un pourcentage de 6,6 pour cent sur la totalité des recettes annexes. Un minimum est calculé par application sur le budget des dépenses. Le montant facturé ne peut être inférieur à 67 500 francs CFA.

La rémunération au forfait

Si on se réfère à l'article 22 de la loi n° 86-05 de janvier 1986, la rémunération de l'auteur peut être forfaitaire dans les cas suivants :

1. la base de calcul de participation proportionnelle ne peut être pratiquement déterminée.

2. les frais de contrôle seraient hors de proportion avec les résultats à atteindre. En effet, il ne faudrait pas que la société d'auteurs s'investisse plus qu'il n'y aurait de redevances à récupérer pour l'auteur quand on sait le coût énorme pour aboutir à une rémunération au pourcentage.

3. l'utilisation de l'œuvre ne présente qu'un caractère accessoire par rapport à l'objet exploité.

La rémunération au forfait concerne principalement les séances occasionnelles. Il s'agit de toutes les utilisations non régulières ou non continues des œuvres du répertoire, telles que bals, concerts, variétés, musique de scène, représentations théâtrales, etc.

Ce forfait est déterminé en appliquant au budget de dépenses un pourcentage de 15 pour cent. Pour les séances sans recette ni dépenses, on recourt aussi au forfait. Elles sont traitées et calculées par application de la formule suivante : Contenance par 2 X coefficient 5 X taux de la redevance qui aurait été retenue si la séance comportait un droit d'entrée.

La contenance désigne le nombre de place disponible pour la manifestation qui sera porté au double ici, multiplié par le coefficient 5, multiplié par le taux de redevance qui aurait été retenue si la séance était payante.

Et pour les séances qui sont traitées au forfait, il s'agit essentiellement des séances de *coladéras* (bal payant), organisées par des particuliers, des associations sportives et culturelles (ASC) ou des associations villageoises.

Les prix sont réglés au BSDA, à l'avance, avant l'octroi de l'autorisation administrative par l'autorité compétente.

Ces deux phases de collecte et de répartition ne posent pas en principe de problème si elles s'exercent au niveau du territoire national ; mais qu'en est-il de la perception des droits des œuvres exploitées en dehors du territoire national ? Les échanges de droits, dans le cadre des contrats de réciprocité avec les sociétés d'auteurs étrangères, représentent bien entendu un aspect essentiel de l'activité internationale du BSDA.

Le BSDA participe aux actions de la CISAC (Conférence internationale des sociétés d'auteurs et compositeurs) pour permettre aux auteurs une utilisation de son répertoire et permettre en contrepartie aux artistes de rentrer dans leurs droits par le biais de cette confédération.

Donc grâce aux contrats de réciprocité conclus avec quelques sociétés d'auteurs dans le monde, les droits d'auteurs perçus à l'étranger pour le compte des sociétaires du BSDA lui sont adressés. De même, le BSDA adresse aux sociétés d'auteurs étrangères les sommes qu'il a collectées pour l'exploitation de leurs œuvres au Sénégal.

Par exemple, quand une chanson de Youssou Ndour, qui est membre du BSDA, est diffusée en France, la SACEM adresse au BSDA les droits perçus pour cette œuvre et lorsqu'inversement une chanson de Charles Aznavour, membre de la SACEM, est interprétée à Dakar, le BSDA adresse les droits à la SACEM.

La collecte

Le BSDA est seul chargé de percevoir les droits sous toutes leurs formes existantes et à venir. Cette action s'exerce non seulement dans les grands établissements – théâtre, music-halls, cinémas et ciné-clubs, concerts, bals de toute nature (y compris certaines noces qui débordent largement le cercle familial) – mais encore les brasseries, les cafés, les hôtels, les casinos, les restaurants, les dibiteries, les magasins, les sociétés musicales, les fêtes locales ou de quartier, les manifestations sportives, les expositions ou braderies, les patronages, les sociétés d'amateurs, les sociétés de bienfaisance et les amicales de classe, les cours de danse, les fêtes foraines et les entreprises utilisant de la musique fonctionnelles (travail en musique), etc.

Ainsi les droits d'auteur sont collectés auprès des usagers du répertoire musical (national et/ou international). Toutefois, ce travail de recouvrement des droits doit s'accompagner de la remise des programmes. Cette documentation est indispensable parce qu'elle fournit toutes les informations sur l'utilisation de l'œuvre (durée d'exploitation, mode d'exploitation, recettes…).

La remise des programmes est même une obligation imposée à tout usager, qu'il soit un abonné lié au BSDA par un contrat de licence, ou un simple utilisateur du répertoire national et international, de fournir le programme exact des œuvres exécutées (art.39 de la loi du 4 décembre 1973). Le défaut de fourniture des programmes et bordereaux de recettes fait l'objet de sanctions (dommages et intérêts à payer).

La répartition des droits
En matière de répartition, celle qui concerne les œuvres musicales est la plus complexe et pose le plus de problème eu égard à la particularité de l'œuvre musicale. Cette répartition se déroule en deux phases :

La rémunération pour chaque œuvre
Pour les droits provenant de la diffusion publique, la liste des œuvres utilisées est rapprochée des sommes versées par les diffuseurs. Les droits sont déterminés pour chaque œuvre, en fonction de sa durée et du nombre de fois où elle est utilisée. Cependant il y a un barème pour la répartition des droits « radio TV » qui figure dans la partie cinq de la présente loi et intitulée « Taxation ».

Les clefs de répartition
Pour les droits d'exécution publique et de reproduction mécanique des œuvres adaptées ou aménagées du folklore, la répartition s'effectue selon les informations contenues dans le bulletin de déclaration, ou en l'absence de celles-ci, la répartition se fait conformément au barème prévu par le législateur dans la loi de 73-52.

Enfin, pour les droits de reproduction, la répartition se fait conformément aux clauses contractuelles, elle est donc basée sur des accords entre différents ayants droit.

Cependant, la rémunération au titre de la copie privée aux titulaires des droits voisins dans le cadre du projet de loi sur les droits voisins se fait comme suit :

- pour la répartition des redevances pour copie des phonogrammes : 1/2 aux auteurs, 1/4 aux artistes interprètes, 1/4 aux producteurs ;
- concernant la répartition de la rémunération pour copie privée des vidéogrammes : 1/3 aux auteurs, 1/3 aux artistes, 1/3 aux producteurs.

Il est précisé dans le projet de loi que la part revenant aux producteurs sera versée à l'organisme professionnel chargé de gérer leurs droits par le BSDA qui devra en outre communiquer toutes les informations financières indispensables pour vérifier l'exactitude des comptes. La périodicité des virements sera de 6 mois.

Prenons le cas de 4 œuvres suivant le nombre de minutes exécutées.

E1= durée 5 mn a été exécutée 7 fois dans la période considérée

E2= durée 8 mn a été exécutée 3 fois dans la période considérée

E3= durée 4 mn a été exécutée 12 fois dans la période considérée

E4= durée 5 mn a été exécutée 6 fois dans la période considérée

1ᵉʳ calcul

On calcule la valeur de la minute (mn)

E1=35 mn (5 mn x 7)

E2=24 mn (8 mn x 3)

E3=48 mn (4 mn x 12)

E4=30 mn (5 mn x 6)

Pour cette période, supposons que le BSDA a reçu la somme de 4 300 000 francs.

On calcule la part de chaque œuvre.

Ce premier calcul constitue une étape pour calculer la part de chaque œuvre. Ainsi ce montant désigne la durée ou le timing total correspondant au montant à répartir par le BSDA pour une période donnée.

35 mn+24 mn +48 mn +48 mn +30 mn = 137 mn

Après ce calcul qui nous permet de connaître le nombre total de minutes correspondant au montant à répartir, c'est-à-dire 4 300 000, on pose la formule mathématique de la règle de 3 :

137 mn → 4 300 000

35 mn → ?

Si 137 mn équivalent à 4 300 000, à combien équivalent 35 mn ?

Ainsi en applicant cette formule de la règle de 3, nous obtenons les résultats suivants correspondant véritablement à la part de chaque œuvre :

$$\text{Part E1} = \frac{4\ 300\ 000 \times 35}{137} = 1\ 098\ 540,1$$

Le produit **4 300 000 x 35** constitue le numérateur et **137** constitue le dénominateur commun, ce qui donne le résultat 1 098 540,1.

Nous avons procédé de la même manière pour calculer les autres parts.

$$\text{Part E2} = \frac{4\ 300\ 000 \times 24}{137} = 753\ 284,67$$

$$\text{Part E3} = \frac{4\ 300\ 000 \times 48}{137} = 1\ 506\ 569,3$$

$$\text{Part E4} = \frac{4\ 300\ 000 \times 30}{137} = 941\ 605,84$$

2ᵉ calcul

On calcule la part des ayants droit. Prenons le cas de 3 ayants droit :

Ayant droit X1 a sur l'œuvre E1 50 %

Ayant droit X2 a sur l'œuvre E2 20 %

Ayant droit X3 a sur l'œuvre E2 30 %

Ayant droit X1 a sur l'œuvre E3 10 %

En effet, il convient de noter qu'un ayant droit peut avoir plusieurs parts sur des œuvres différentes.

Ayant droit X1= 50 % (1 098 540,1) + 10 % (1 506 569,3) = 699 926, 98 CFA

Ayant droit X2 = 20 % (753 284,67) = 150 656,93 CFA

Ayant droit X3 = 30 % (753 284,67) = 225 985,4 CFA

Après la répartition des parts des différents ayants droit et après avoir défalqué les frais de gestion et autres taxes, le BSDA envoie aux auteurs un bulletin de paie sur lequel sont précisés les lieux où l'œuvre a été exécutée.

La loi de 1973 établit en ces articles 32, 34 et 35 un système de parts suivant la nature et la durée des œuvres exécutées par la radio et par la télévision en ce qui concerne les œuvres musicales, vocales, instrumentales et populaires. Pour les œuvres folkloriques avec ou sans paroles, la répartition se fait selon les informations contenues dans le bulletin de déclaration, ou, en l'absence de celles-ci, suivant un barème établi par la loi (voir deuxième partie).

Les périodes de rémunération et le paiement des droits

Les périodes de rémunération

La rémunération se fait deux fois dans l'année : en avril et en octobre. Cependant, il y a des répartitions dites complémentaires aux mois de janvier et de juillet. Les dernières concernent les petites répartitions et, souvent, ne concernent pas l'ensemble des auteurs.

Pour ce qui est de la répartition au titre de la reproduction mécanique, la rémunération se fait immédiatement dès que les redevances sont versées.

Le paiement des droits

L'attribution effective des droits se fait après la perception. Le BSDA adresse à ses membres le règlement des droits accompagnés du « feuillet répartition » ou bulletin de salaire de l'auteur. Ce feuillet comprend le relevé par œuvre des droits versés, selon l'origine (radio, télévision, disque…), le lieu où l'œuvre a été exploitée… Les membres du BSDA perçoivent le montant de leurs droits au siège du BSDA à Dakar sur présentation d'une pièce d'identité ou de la carte de membre. Ils peuvent cependant en demander le versement soit à leur compte bancaire ou postal, soit par mandat. Dans ce cas, les résultats de ces opérations seront supportés par les sociétaires.

Le droit moral et les limitations au droit d'auteur et aux droits voisins

Le droit moral

Les prérogatives d'ordre moral tirent leur origine du fait que l'œuvre est une création de l'esprit qui reflète la personnalité de l'auteur. Cette catégorie de droits ne protège cependant que la personnalité de l'auteur par rapport à son œuvre. Indépendamment de ses droits patrimoniaux et même après cession desdits droits, l'auteur d'une œuvre a le droit de revendiquer :

- le droit de paternité, c'est-à-dire la faculté qu'à l'auteur de l'œuvre d'être reconnu et mentionné comme tel sur les exemplaires de l'œuvre ou lorsque celle-ci est communiquée au public. En vertu de ce droit, l'auteur peut décider de divulguer ou de communiquer l'œuvre sous son nom, sous un pseudonyme ou de façon anonyme ;
- le droit au respect (ou à l'intégrité) qui permet à l'auteur d'empêcher que son œuvre soit modifiée, déformée ou mutilée d'une façon qui porterait atteinte à son honneur ou à sa réputation ;
- le droit de divulgation, qui est la possibilité qu'à l'auteur de décider si son œuvre pourra ou non être divulguée, c'est-à-dire publiée ou communiquée au public d'une façon quelconque ;
- le droit de retrait, c'est-à-dire la possibilité qu'a l'auteur de retirer son œuvre du circuit commercial ;
- le droit de repentir, c'est-à-dire le loisir qu'a l'auteur de rectifier son œuvre à sa guise.

Le projet de loi prévoit également un droit moral pour les titulaires des droits voisins. En effet, l'article 3, chapitre 3, dans la section 1 intitulée *Étendue des droits*, dispose : « Indépendamment de ses droits patrimoniaux et même après la cession de ceux-ci, l'artiste a le droit d'être mentionné comme tel : interprète ou exécutant et conserve le droit sur ses interprétations ou exécutions. Il a également le droit de s'opposer à toute déformation, mutilation ou autre modification de celles-ci ou toute autre atteinte à celle-ci, préjudiciables à son honneur ou à sa réputation. Les droits ainsi reconnus sont maintenus après le décès de l'artiste interprète ou exécutant jusqu'à l'extinction des droits patrimoniaux, ils sont transmis à ses ayants droit ou à défaut à l'organisme national chargé de la gestion collective des droits voisins. Le droit moral est en général imprescriptible et inaliénable ».

Par rapport à la question de la durée du droit moral, nous insistons sur le caractère « imprescriptible » du droit moral au Sénégal, même si le législateur a créé une confusion notoire en soutenant le caractère éternel du droit moral et en même temps la durée du droit d'auteur : « [...] Pendant toute la vie de l'auteur et pendant les cinquante années civiles de la fin de l'année de son décès » (chap. 4 article 40 intitulé « Durée de protection »).

En définitive ce que nous pouvons retenir, c'est le contenu de l'article 3 de la loi n° 73-52 relatif à la protection du droit d'auteur dans la partie A intitulée « Droits moraux », qui précise que « les droits reconnus à l'auteur en vertu des alinéas précédents sont perpétuels, inaliénables et imprescriptibles ». D'ailleurs cette même erreur peut être relevée dans le projet de loi, ce qui appelle de notre part certains commentaires.

En effet, il parait maladroit de commencer la première phrase par les mots « Les droits patrimoniaux sur une œuvre sont protégés » au lieu des mots « Le droit d'auteur dure » (le droit d'auteur comportant aussi des droits moraux qui, selon la troisième phrase, sont illimités dans le temps).

Les limitations apportées au droit d'auteur

- En dépit des droits exclusifs reconnus à l'auteur pour autoriser préalablement toute utilisation de son œuvre, il est permis, sans autorisation de l'auteur et sans paiement d'une rémunération, de reproduire une œuvre licitement publiée exclusivement pour l'usage privé de l'utilisateur sous réserve de dispositions sur les copies privées.

- Sans autorisation de l'auteur et sans contrepartie (avec paiement d'une redevance dans le projet de loi), il est permis de reproduire une œuvre destinée à une procédure judiciaire ou administrative.

- Sans autorisation de l'auteur également, on peut utiliser une œuvre musicale à des fins d'enseignement ou de recherche scientifique.

- Sous réserve de l'obligation d'indiquer la source et le nom de l'auteur si ce nom figure dans la source, il est permis, sans autorisation de l'auteur, de radiodiffuser et de communiquer au public un morceau de musique dans la mesure justifiée par le but d'information à atteindre.

En ce qui concerne les droits voisins, lorsqu'un phonogramme (toute fixation exclusivement sonore provenant d'une interprétation ou exécution ou d'autres sons ou d'une représentation de sons) ou un vidéogramme (toute fixation d'images sonorisées ou non) a été licitement rendu accessible au public, les mêmes limitations que celles portées pour le droit d'auteur s'appliquent également.

Cette limitation aux droits exclusifs reconnus à l'auteur ne saurait être admise toutes les fois qu'un but lucratif est poursuivi.

Les avatars du système juridique

Ainsi, si nous nous référons à tout ce qui vient d'être dit, la législation actuelle en matière de droit d'auteur au Sénégal laisse supposer, a priori, un secteur réglementé et doté entre autres d'une base juridique claire, seul gage de sécurité pour l'avènement d'une véritable industrie musicale. Pourtant, la réalité nous laisse perplexe. Elle révèle plutôt un environnement juridique délétère. Cette ambiguïté serait liée à plusieurs facteurs.

La conception africaine en matière de droit d'auteur

Un droit hérité de la civilisation occidentale

Le concept de droit d'auteur, tout comme celui de droit voisin, est hérité de la civilisation occidentale. La question de la propriété intellectuelle, qui se pose avec beaucoup d'acuité dans le contexte de la mondialisation, se traduit dans le domaine de la musique par l'adaptation de la musique traditionnelle pour des besoins de profit.

Ainsi, il nous semble nécessaire de s'interroger d'abord sur le véritable sens du droit d'auteur dans la conception africaine. Pour cela, nous ne manquerons pas de citer Lisa Mc Nee, pour son étude intitulée : **« Le cadastre de la tradition : Propriété intellectuelle et oralité en Afrique occidentale »**.

Lisa Mc Nee est professeur assistante à l'université de Queen dans l'Ontario à Kingston, au Département des études en langue française. Elle est spécialisée en littérature et langues africaines, ainsi qu'en littérature comparée.

Son étude est édifiante à plus d'un titre. En effet, l'universitaire affirme de manière formelle que les artistes traditionnels des pays du Sud sont exploités par ceux qu'on appelle les commerçants de la world music et, selon elle, le problème crucial se situe dans la répartition des droits. Comment attribuer les droits d'auteur quand les artistes eux-mêmes ne peuvent affirmer avoir « créé » l'œuvre en question, se demande Lisa Mc Nee, si l'on sait que, dans les sociétés traditionnelles, l'œuvre appartient à la communauté.

Pour étayer sa thèse, l'auteur prend l'exemple des griots qui appartiennent à la société wolof du Sénégal. Nous savons que le *guéwél* acquiert des connaissances qui lui permettront d'exercer sa fonction sociale, mais ces connaissances de base appartiennent en réalité à une autre famille, car le griot, comme le fait remarquer Lisa Mc Nee, « vit de la généalogie de la famille noble à laquelle son lignage est associé ».

En dehors du *guéwél*, elle cite également la *taasukat* qui est généralement spécialisé dans le poème satirico-laudatif appelé *taasu*. Ce cas soulève néanmoins quelques difficultés, car l'improvisation sur la base de proverbes, couplets traditionnels ou quelques onomatopées, caractérisent ce genre. La *taasukat* est accompagnée par d'autres femmes qui donnent le rythme, soit en frappant des casseroles, soit en battant le *tama* (petit tambour d'aisselle).

Ainsi, le *taasu* appartient à toute la communauté, même si l'artiste l'adapte aux circonstances et le reformule à sa manière suivant son public. La *taasukat* le contextualise par le biais de la « performance » pour reprendre le terme de Lisa

Mc Nee. Ainsi, la *taasuka*t compose le *taasu* et devient bénéficiaire des droits d'auteur.

Mais elle ne le compose pas toute seule ; sans chœur, ni rythme, il n'y a pas en réalité de *taasu*. En même temps, la base traditionnelle du poème appartient à la communauté. C'est donc une œuvre collective. Ainsi il existe un conflit évident entre système wolof et système occidental de la propriété intellectuelle.

La tradition n'est pas un bien public dans le contexte africain

La notion de performance, qui vient d'être évoquée, s'oppose à la thèse qui voudrait que la tradition soit seulement assimilée à un bien public.

Selon Lisa Mc Nee, « Toute tentative d'imposer la conception bourgeoise selon laquelle l'art est d'une valeur incalculable serait vouée à l'échec, non seulement parce que le modèle occidental ne peut rendre compte du contexte de la performance, mais parce que le système économique qu'il reflète rend la louange caduque, inopérant. Inversement, ce système semble expliquer pourquoi la poésie panégyrique n'existe plus en Occident en tant que telle ». Ainsi l'art des griots apparaît comme payant mais non monnayable.

C'est là que réside la dichotomie entre système capitaliste du monde artistique et système wolof. Ce que le *guéwel* reçoit ne peut en aucune manière être assimilé à un salaire, selon Lisa Mc Nee, mais il *s'exécute dans l'attente d'un don matériel de la part du patron qui montre ainsi sa générosité en gagnant du prestige*.

L'évolution du système de propriété intellectuelle en Afrique traditionnelle

Cette évolution se vérifie dans les arts traditionnels. Reprenons ainsi l'exemple du *taasu* pour mieux examiner l'évolution du processus.

Le genre peut être interprété par n'importe quelle femme, parce que le genre est avant tout féminin. Mais la hiérarchie sociale joue un rôle déterminant dans la performance, selon Lisa Mc Nee, car celle qui fait des *taasu* est classée à un niveau inférieur à celui des éloges.

Cependant, le développement des moyens de communication élargit l'art du *taasukat*. D'habitude les bouffons (*mbandkatt*) ont toujours fait du *taasu* pour faire rire, mais d'autres hommes commencent à en faire un véritable métier surtout avec l'avènement du rap.

Le rap a beaucoup changé le statut du *taasu* en favorisant son insertion dans les chansons de grandes vedettes. D'ailleurs, les « soirées sénégalaises », qu'organisent pratiquement toutes les boites de nuit de Dakar, ne manquent pas de drainer du monde. En effet, ces soirées constituent des occasions pour découvrir des artistes qui excellent dans le *taasu* comme Papa Ndiaye Guéwel, Salam Diallo, Mbaye Dièye Faye, Papa Ndiaye Thiopet, etc.

Nous constatons ainsi que, concernant les arts du verbe et du spectacle, l'évolution du droit d'auteur reste hybride dans la pratique.

L'institution sur le plan national d'un code basé sur les normes occidentales aboutit à ce que le régime fait aujourd'hui l'objet de contestations, la plupart des compositeurs musicaux puisant dans le folklore. Comme exemple de frustration, on cite celle de la diva Khar Mbaye pour son titre fétiche « Karo ». Le BSDA lui en aurait refusé la paternité : en effet, pour la commission d'identification des œuvres, « Karo » serait plus vieille qu'elle. Pourtant, c'est par elle que la chanson a été rendue célèbre, devenant même un générique télévisuel pour de grandes émissions.

L'autre problème est que les artistes qui se présentent dans des cérémonies familiales, contexte traditionnel de la performance des *taasu*, se voient remplacés par les enregistrements faits au studio. Ainsi, à l'arrivée, ce sont les artistes qui ont produit ces enregistrements qui reçoivent des droits d'auteur puisqu'ils se sont présentés au BSDA, alors que les traditionalistes n'en bénéficient pas car ils ne s'y présentent pratiquement jamais.

De plus, selon Lisa Mc Nee, l'article 9 de la section B de la loi n° 73-52 du code du droit d'auteur au Sénégal, intitulé « Droits patrimoniaux », semble favoriser davantage la tradition que l'artiste traditionnel en définissant le folklore comme *l'ensemble des productions littéraires et artistiques créées par des auteurs de nationalité sénégalaise, transmises de génération en génération et constituant l'un des éléments fondamentaux du patrimoine culturel traditionnel sénégalais.*

Alors, si nous regardons la réalité, nous ne pouvons manquer de partager le scepticisme de Lisa Mc Nee, car, d'après cette dernière, *cette définition se base sur le modèle historique du dix-neuvième siècle qui supposait que le folklore reflétait un passé immuable et immémorial alors que les études du folklore conduites depuis les années trente ont largement démontré que la pratique des arts traditionnels relève d'une improvisation sur un fonds de tradition qui n'est pas aussi rigide qu'on le croyait, et qui, par conséquent, fait de chaque performance une nouvelle variante.*

Ainsi, le code sénégalais du droit d'auteur s'inscrit dans une optique historique comme n'importe qu'elle autre trace sociale. La tradition orale s'est transformée en patrimoine « national » et le code a mis l'accent sur la sauvegarde de ce bien collectif. Il réglemente du coup l'usage des produits artistiques plus que tout autre chose. C'est là une maladresse historique, je suis tenté de dire, que de suivre le modèle français, qui, lui, se distingue des codes en vigueur en Angleterre et aux États-Unis. En effet, le copyright et le droit d'auteur n'ont pas les mêmes philosophies.

Toutefois, le choix de ce modèle s'explique par l'ambition de projet nationaliste fédérateur des différentes communautés.

Dans son étude, Lisa Mc Nee cite un autre auteur, Sherville Mills, qui voit dans cette approche un impérialisme juridique ne prévoyant pas de paiement aux artistes traditionnels, surtout dans le fait que leurs droits soient gérés par le BSDA *à des fins culturelles et sociales…*, ce qui *n'arrange pas les choses*, selon lui.

Lisa Mc Nee fait ici sienne la thèse de Mills. Selon elle, la critique des royalties perçues au nom de ces artistes paraît tout à fait fondée du fait que la plupart des personnes qui entrent en compétition n'habitent pas en zone rurale où, d'habitude, se trouve le lieu de collecte des traditions. En fait la question de la propriété intellectuelle fait figure de problème incontournable dès qu'on essaie d'universaliser un système de propriété intellectuelle, ou encore de nationaliser le patrimoine d'une des communautés qui composent la mosaïque multiculturelle du Sénégal.

Cependant, Lisa Mc Nee ne partage pas certaines idées de Mills dans la mesure où elle semble ignorer qu'elle applique le principe de base du système occidental de propriété intellectuelle – l'originalité – à des situations ou d'autres formes de propriété règnent.

En choisissant entre « compositeur » et « interprète », par exemple, elle fait référence au modèle occidental sans l'indiquer clairement. Un compositeur peut très bien s'inspirer du folklore, mais soutenir qu'il a produit une œuvre originale : là il y a problème. Tout comme Béla Bartok, Aaron Copland et d'autres compositeurs, les compositeurs à l'origine du boom en world music appartiennent à cette catégorie. Par contre, nul artiste traditionnel ne peut ni ne veut souligner l'originalité de son interprétation. Un griot qui donne la chronique ou la généalogie d'une famille se targue de sa fidélité à la tradition.

Ce qu'il ne faut pas souhaiter, c'est que la disparition de la *taasukat* et autres *guéwel* qui exercent leurs talents dans des contextes qui ne permettent pas la vente des enregistrements, si leurs droits d'usufruitiers légitimes et privilégiés de la tradition ne sont pas respectés. Ceci serait une très grande perte et pour la culture wolof et pour la culture universelle.

Les nouvelles formes de la tradition accessibles au grand public de par les médias modernes ne peuvent remplacer ce que Walker Benjamin aurait appelé « l'aura » des arts traditionnels. Comme Benjamin nous l'a déjà dit, ces biens culturels sont fondamentalement différents des biens culturels de l'ère moderne. Selon Benjamin, l'avènement des arts productibles (ainsi que les enregistrements de performances) changent les rapports entre producteurs et consommateurs.

Ayant dit tout le bien que je pensais de l'étude de Lisa Mc Nee, je me permettrai de préciser les réserves qu'appellent de ma part certains de ses aspects. Mon désaccord porte sur certaines critiques faites aux utilisations des œuvres du folklore.

En effet, contrairement à l'idée qui laisse croire à une appropriation des droits appartenant à autrui, nous pensons que la loi 73-52 est garante des droits des créateurs quels qu'ils soient.

Lisa Mc Nee, en ne citant que l'alinéa 1 de l'article 9 de la section B de la loi précitée, omet des dispositions essentielles qui, à mon avis, mettent en cause le bien-fondé de ses inquiétudes quant à la pertinence du système du folklore.

L'alinéa 2 de l'article 9 prévoit un droit d'adaptation et un droit d'arrangement. En cas de collecte, l'apport est rémunéré, ce qui nous permet de dire que l'auteur qui fait un travail intellectuel sur le folklore voit son effort récompensé.

Les redevances dues à l'occasion de la collecte d'une œuvre folklorique sont réparties comme suit :

1. Collecte sans arrangement ni apport personnel :
    50 % à la personne qui a réalisé la collecte,
    50 % au BSDA.
2. Collecte avec arrangement ou adaptation :
    75 % à l'auteur,
    25 % au BSDA.

Les produits des redevances seront gérés par le BSDA et consacrés à des fins culturelles et sociales au bénéfice des auteurs. La gestion des redevances du folklore obéit à la même logique que la gestion des redevances du domaine public, à savoir empêcher que ses œuvres enrichissent d'autres qui n'ont rien à voir avec la création et contribuer à la promotion de la création.

Pour finir, on constate que le système sénégalais qui fait du folklore un patrimoine national ne pouvant être approprié ni par une ethnie ni par une communauté est bien plus sage, car il permet de renforcer l'unité nationale et, partant, interdit toute forme d'appropriation sur une base communautaire.

Cette situation complexe ne peut que nous laisser sceptique quant à la survie de la propriété intellectuelle dans la nouvelle société mondiale qui est en train de se construire. En tout cas, l'avènement de l'Internet pose aujourd'hui le débat sur l'avenir du droit d'auteur.

En guise de conclusion, nous pouvons affirmer que les codes internationaux devraient changer pour mieux répondre aux réalités des diverses institutions culturelles dans le monde et non l'inverse.

Pour le cas africain, il faut certes reconnaître l'importance du droit d'auteur ; cependant, comme le soutient Laurier Yvon Ngombe dans son ouvrage *Le droit d'auteur en Afrique* : « Même si parfois s'est posée la question d'un éventuel « impérialisme culturel » et d'une éventuelle vocation universelle de l'approche occidentale de la protection des œuvres de l'esprit, il est tout autant utile de ne pas accepter l'adoption complète et aveugle d'un système importé que de ne pas s'enfermer dans une logique absolue de la différence. L'important est de trouver les réponses idoines aux problèmes de chaque pays, fussent-elles importées ».

Insuffisances du cadre juridique

Aujourd'hui, si nous pouvons nous enorgueillir du fait que notre pays est un pionnier en matière de législation du droit d'auteur, pour s'être doté d'un texte allant en ce sens dès 1973, il faut reconnaître que celui-ci est resté en l'état.

Le statut des musiciens

Ce serait à la limite une aberration que de parler de statut des musiciens dans un environnement où le métier de la musique n'existe pas en réalité. En effet, trois principes doivent être réunis pour la reconnaissance d'un métier au Sénégal :

- la professionnalisation avec l'apprentissage dans un centre agréé ;
- une rémunération ;
- le paiement d'impôts ;
- l'existence d'un plan de carrière et de retraite.

Ces critères ne sont pas clairement définis dans le domaine musical, sans oublier qu'il n'existe au Sénégal ni convention ni syndicat professionnel des musiciens. Nous savons qu'il existe l'Association des métiers de la musique du Sénégal (AMS), membre de la Fédération internationale des musiciens (FIM), qui a réussi la prouesse de faire l'unanimité dans ce secteur mais qui n'est pas encore véritablement soutenue par les pouvoirs publics dans ses actions.

L'article L1 du titre 1er du nouveau Code du travail du Sénégal intitulé « Dispositions Générales » dispose expressément que *le droit du travail est un droit reconnu à chaque citoyen comme un droit sacré….* Cet article reprend en quelque sorte un droit fondamental consacré par la Déclaration universelle des droits de l'homme de 1948.

Cependant, si le droit au travail est un principe universellement reconnu, les règles de base qui confèrent entre autres le statut de travailleur salarié, avec toutes ses implications (le lien de subordination et la rémunération), au sens du nouveau Code du travail, ne sont pas toujours définies à l'avance pour certaines catégories de personnes qui exercent des types d'activités un peu particuliers. Les artistes sénégalais en général, et les musiciens en particulier, font partie de cette catégorie de *travailleurs* qui sont des laissés-pour-compte.

En effet, au moment où nous effectuons cette étude, il n'y a toujours aucun texte qui régit de manière formelle le statut des artistes, encore moins celui des musiciens. Ces derniers sont tout simplement classés dans la catégorie des fonctions dites libérales et concernés par l'article 87 du Code général des impôts (CGI).

L'article 87 prévoit que *sont considérés comme provenant de l'exercice d'une profession non commerciale ou comme revenus assimilés aux bénéfices non commerciaux, les bénéfices des professions libérales, des charges et offices dont les titulaires n'ont pas la qualité de commerçant et de toutes occupations, exploitations lucratives et sources de profits ne se rattachant pas à une autre catégorie de bénéfices ou de revenus telles que les opérations de bourse effectuées à titre habituel ou spéculatif, à l'exclusion toutefois des lots de la loterie nationale sénégalaise et des autres loteries autorisées.*

Si nous observons les différents secteurs d'activité de l'art en général, nous pouvons dire que cette classification des artistes dans la catégorie des professions libérales pourrait être un début de solution, mais elle est peu convaincante et trop simpliste. Prenons le cas de la musique qui constitue le secteur d'activité sur lequel porte cette étude.

A défaut de considérer la musique comme un corps de métier à part entière, il est très difficile dans la pratique de situer les acteurs du secteur dans une catégorie socioprofessionnelle bien définie. Et l'absence d'un texte ou d'une convention collective permettant d'établir les règles de base minimales devant constituer la nomenclature qui définit clairement les « métiers de la musique », ajoutée au défaut d'un syndicat pour défendre les intérêts de la « profession », limitent l'émergence d'une véritable législation sociale des musiciens.

Aujourd'hui, malgré quelques rares cas où des musiciens se comportent comme de véritables *employeurs*, en payant des salaires à leurs *employés musiciens*, nous restons toujours sceptiques, même si nous saluons au passage, à sa juste valeur, cette démarche entrepreneuriale ainsi que l'esprit professionnel qui la sous-tend.

Si le paiement d'un salaire est la condition *sine qua non* à la reconnaissance du statut de travailleur au sens du nouveau code, elle n'est pas la seule condition qui le consacre en définitive. Il existe d'autres conditions dont le respect est tout aussi important et qui doivent être clairement définies. Nous pouvons citer quelques éléments dont le respect devrait constituer un impératif dans le cadre d'une relation entre l'éventuel *musicien employeur* et l'éventuel *musicien salarié* en tenant compte des spécificités *des métier de la musique* :

- l'élaboration d'un contrat de travail répondant à des critères précis,
- le paiement de l'impôt,
- une grille de salaires par rapport à la branche d'activité ainsi que la fonction ou le rôle exercé dans l'orchestre,
- un plan de carrière et de retraite pour le musicien,
- la sécurité sociale du musicien,
- le bénéfice de l'assurance maladie pour le musicien,
- des conditions de licenciement ou d'embauche,
- des congés ou des chômages techniques,
- la protection sociale des musiciens et de leur famille,
- des conditions et horaires de travail,
- des indemnités de transport,
- une convention collective et
- le droit de grève ou du lock out, etc.

Il conviendrait d'engager aujourd'hui de véritables réflexions autour de ces éléments qui nous semblent essentiels dans la professionnalisation du secteur. Cela doit mener à la consécration d'une véritable législation sociale des artistes en général et des musiciens en particulier.

Cependant, ce travail, qui nous semble délicat eu égard à la spécificité et aux réalités du secteur, requiert une expertise avérée dans ce domaine.
Le secteur musical est un secteur à risques, car les musiciens sont très exposés à la drogue, au sexe, à l'alcool, au tabagisme mais aussi aux autres aléas du show-biz.

La plupart du temps, les musiciens exercent leurs activités la nuit dans les boites, les cabarets ou autres lieux de jouissance, sans oublier que les musiciens voyagent énormément à travers le monde. Tous ces éléments doivent être pris en compte au risque de fausser *a priori* les rapports devant lier les uns aux autres, mais aussi toute la réglementation de la *profession de musicien*. L'avenir de la musique sénégalaise en dépend.

Il ne faudrait pas oublier non plus l'éventuel *musicien employeur*, eu égard aux risques et aux aléas que nous avons mentionnés. La réalité est que, même si la musique génère beaucoup d'argent, ce métier ne nourrit pas souvent son homme. Ce dernier est souvent confiné au rôle ingrat de « porteur d'eau ».

Alors pour pallier les risques et incertitudes qui pourraient constituer des freins à l'érection en forme sociétale des groupes de musique ou des orchestres, des faveurs ou des facilitations devraient être concédées aux futurs employeurs pour encourager la création d'emplois dans ce domaine. Nous sommes persuadés qu'une meilleure organisation permettra d'assainir le secteur afin qu'il puisse nourrir son homme et participer davantage au développement économique du pays.

Nous ne saurions terminer sans donner quelques orientations sur les options possibles quant au statut des musiciens au Sénégal. Nous préconisons une classification tripartite :

- le musicien en tant que fonctionnaire : les musiciens de l'ensemble lyrique de Sorano ainsi que les membres de l'orchestre national pourraient être classés dans cette catégorie. Il paraît que c'est le cas actuellement, ce que nous réfutons car ils ne perçoivent pas de pension de retraite. Il faudra être plus conséquent à l'avenir en ne faisant pas de demi-mesure. Ces personnes devraient être des fonctionnaires au même titre que les employés de l'administration publique ;

- le musicien en tant que salarié : il pourrait être embauché sur la base d'un contrat dont il faudrait définir les termes en tenant compte de la spécificité du secteur. Dans ce cas, on pourrait leur appliquer le régime des travailleurs salariés au sens du nouveau Code du travail du Sénégal ;

- le musicien comme travailleur indépendant : ce serait le cas du musicien qui voudrait véritablement se comporter comme travailleur libéral au sein de sa propre structure.

En outre l'observation de quelques dénominations employées dans le jargon musical montre qu'elles ne sont que de pures fictions dans le contexte local. Ces « fonctions » ne recouvrent pas leur véritable sens dans la pratique. Nous pouvons citer :

- **le producteur :** juridiquement parlant, les producteurs ne sont pas reconnus au Sénégal. Et cela n'est pas près de se faire si la législation reste en l'état. La législation ne reconnaît que l'éditeur musical. Et étant donné que l'édition n'existe pas dans la pratique, cela ramène à considérer nos producteurs comme de simples commerçants.

- En effet, le Sénégal n'a pas encore adopté la convention de Rome, du 26 octobre 1961 et portant sur les droits voisins, à savoir la protection des artistes interprètes ou exécutants, des producteurs de phonogramme et des organismes de radiodiffusion.

    De plus, celle de Genève du 29 octobre 1971, portant sur la protection des producteurs de phonogrammes contre la reproduction non autorisée de leurs phonogrammes, n'a pas non plus été ratifiée. La conséquence de cette non-reconnaissance du métier de producteur ne peut être que néfaste pour l'industrie musicale sénégalaise.

- **Le parolier :** c'est le véritable auteur du texte que le musicien interprète. Pourtant, dans de nombreux cas, le parolier n'est pas reconnu dans ses droits et son nom n'est nullement mentionné dans l'œuvre comme cela doit se faire.

    Le célébrissime parolier Birame Ndeck Ndiaye, qui a été dans le passé plusieurs fois victime de tels faits avec un musicien de renom, reconnaît qu'*il faudrait du temps pour forger un bon niveau de culture juridique professionnel des musiciens*. La plupart des artistes se contentent tout simplement, souvent par ignorance, de le citer dans les remerciements au lieu de mentionner son nom sur les jaquettes des cassettes ou des disques compacts comme auteur des chansons qu'il cède.

    Pourtant, cela constitue de l'usurpation car chacun doit être reconnu dans le travail qu'il fait comme le stipule la loi. Le chanteur dans l'interprétation, le musicien dans l'exécution et l'auteur dans son écrit.

- **Les arrangeurs et compositeurs :** l'absence de réglementation et de clarification des rôles les concerne également.

Au Sénégal, les musiciens servent souvent des titres dansants aux mélomanes en quête de nouveautés. Ainsi, les chanteurs n'hésitent pas à reproduire tout simplement des anciens morceaux avec plus de rythmique. Cependant, là où le bât blesse, c'est que les arrangeurs de ces reprises sont tout simplement omis.

Le journaliste Alassane Cissé a tenté de dénoncer cette pratique qui est devenue monnaie courante. Il prend l'exemple de Lamine Faye qui aurait arrangé « No more » de Youssou Ndour et qui y a intégré de l'acoustique, un morceau qui a été repris sous le titre de « Deel Teew ». Selon les sources d'Alassane Cissé, le nom de l'arrangeur ne figure pas sur la cassette. Ainsi, il ne percevra pas des droits d'auteur sur cette œuvre.

En effet, si l'auteur perçoit 50 pour cent des droits sur le titre, le compositeur et l'arrangeur doivent se partager l'autre moitié. Le cas est fréquent, Lamine Faye n'est pas le seul à être victime de cet abus. Ousmane Sow Huchard, un des fondateurs de l'ancien Wato sita, précise que *l'arrangeur définit l'architecture complète d'un morceau. C'est lui qui attribue chaque rôle aux instrumentalistes dans un morceau. C'est lui qui fait intervenir les ventistes, les percussionnistes, le batteur entre autres, en fonction des mesures. La musique qui est une simple mélodie, c'est l'arrangeur qui s'occupe de l'orchestration, l'instrumentation, l'harmonisation.*

Dès lors, il conclut que *les auteurs doivent jouer le jeu pour faire respecter les droits d'arrangeur.*

Le même problème s'est également posé dans la nouvelle chanson « Tyson » d'Alioune Mbaye Nder, adaptée de celle de Bada Seck. Cette chanson aurait ainsi plusieurs auteurs : Alioune Mbaye Nder (le parolier) ; le compositeur Bada Seck (air de la chanson). Conséquence, dans la version « Tyson » interprétée par le leader du Setsima Group, Bada Seck aurait dû toucher des droits en tant que compositeur, ce qui n'a pas été le cas.

Les limites de la loi 73-52

Nous avons rappelé plus haut que le Sénégal est un pionnier en matière de droit d'auteur sur le continent. Seulement depuis 1973, disions-nous, nous sommes restés dans une situation de statu quo. La désuétude du système juridique actuel constitue une entrave majeure.

Un texte non conforme aux traités internationaux

La loi 73-52 ne prend nullement en considération les prescriptions de l'accord sur les Aspects du droit de propriété intellectuelle qui touchent au commerce (accord ADPIC), qui constituent l'annexe 1 C de l'accord de Marrakech instituant l'Organisation mondiale du commerce (OMC) et auquel notre pays a souscrit.

L'accord ADPIC est l'accord multilatéral ayant pour objet la promotion et la protection des droits de propriété intellectuelle. Elle ne prend pas en considération les dispositions des deux traités de l'OMPI adoptés à l'issue de la conférence diplomatique de décembre 1996, s'agissant en l'occurrence du traité de l'OMPI sur le droit d'auteur (WCT) et au traité de l'OMPI sur les interprétations et exécutions et les phonogrammes (WPPT), souvent désignés conjointement comme les « Traités Internet ».

Ainsi, la loi de 1973 n'intègre pas les progrès technique de ces dernières années. Le champ du droit d'auteur s'est énormément élargi au cours de ces dernières décennies, qui ont apporté de nouvelles manières de diffuser les créations par les moyens tels que les disques compacts ou la communication mondiale sous forme de radiodiffusion par satellite.

Notre législation doit être harmonisée avec les traités et autres accords internationaux auxquels notre pays a souscrit et qui tendent à prévenir l'accès non autorisé aux œuvres de l'esprit et l'utilisation de ces œuvres sur l'Internet ou d'autres réseaux numériques.

Des modes de rémunération désuets
Le droit de reproduction constitue l'une des prérogatives que l'auteur a sur son œuvre. Cependant, de nos jours, l'évolution technologique qui a multiplié les possibilités de communication de l'œuvre que l'auteur ne peut pas contrôler doit s'accompagner d'autres formes de rémunération dans la citation et dans la diffusion de l'œuvre. Ces nouvelles formules de rémunération sont désignées sous les vocables de la rémunération pour copie privée et de rémunération équitable.

Ces modes de rémunération ne sont pas encore applicables au Sénégal, même s'ils figurent dans le projet de lois. Ils ont l'avantage de permettre à leurs propriétaires, à chaque fois qu'il y a communication au public de l'interprétation, de l'exécution des œuvres fixées sur support, qu'ils puissent recevoir en contrepartie la rémunération équitable ou à chaque fois qu'il y a possibilité de faire des copies privées, qu'ils puissent recevoir la rémunération de la copie privée.

L'inefficacité de la loi en matière de « piratage »
Par commodité de langage, nous parlerons de délit de contrefaçon, car le délit de piratage n'existe pas encore au Sénégal.

Face au fléau que constitue le « piratage », l'examen du Code pénal et du Code de procédure pénale montre une insuffisance notoire de la loi en matière de répression en cas d'atteinte aux droits de propriété intellectuelle. En effet la loi de 73-52 renvoie aux articles 397 à 401 du Code pénal quant à la saisine et les sanctions applicables dans ce domaine.

Conformément aux dispositions des articles susvisés, « la peine d'emprisonnement ne peut être prononcée que lorsque le mis en cause se sera habituellement conduit en contrefacteur », d'où la notion d'habitude qui est une notion fourre-tout. Les articles du Code pénal prévoient des peines de 3 mois à 2 ans et d'une amende de 50 000 à 500 000 francs CFA, sinon une simple peine d'amende est prononcée, le montant s'élevant cette fois-ci de 50 000 à 300 000 francs CFA. Cette sanction est loin d'être dissuasive car le contrefacteur empoche des millions de francs. Ainsi les articles 397 à 401 du Code pénal sont inefficaces.

Cette pratique entrave la créativité et ne cesse de confiner les artistes au rôle ingrat de porteurs d'eau. Outre la légèreté des sanctions en cas de délit de contrefaçon, il existe une lourdeur dans la procédure. En effet, en cas de contrefaçon, le BSDA ou toute personne qui y a intérêt doit d'abord saisir l'autorité judiciaire. C'est seulement au cas où celle-ci délivre une ordonnance qu'on peut effectuer la saisine devant un huissier. Pendant ce temps, le contrefacteur a toute la latitude de faire disparaître le corps du délit sans craindre d'être pris la main dans le sac. Finalement, en l'absence de l'élément matériel, le délit ne peut être constitué.

Notre pays doit aller dans le sens d'une refonte du Code pénal et du Code de procédure pénale pour mettre en conformité notre législation nationale aux engagements internationaux souscrits à l'OMC et à l'accord de Bangui.

L'article 16 de l'accord ADPIC précise que les membres prévoient des peines et une procédure applicables pour les actes délibérés de contrefaçon de marques de fabrique ou de commerce ou de piratage portant atteinte à un droit d'auteur commis à une échelle commerciale, et d'ajouter que les sanctions incluent l'emprisonnement et/ou une amende suffisante…

Dans les cas appropriés, les sanctions incluent la saisie, la confiscation et la destruction des marchandises en cause et de tous matériaux et instruments ayant principalement servi à commettre le délit. L'interprétation des termes de *peines suffisantes pour être dissuasives* permet de dire que l'accord OMC recommande l'adaptation des articles 397 à 401 dans le sens du renforcement des peines applicables aux délits de contrefaçon et de piratage.

Aujourd'hui, il est urgent de tout mettre en œuvre pour favoriser l'épanouissement du créateur, ce qui évidemment nécessite, entre autres préalables, l'existence d'un cadre favorable à l'investissement dans le domaine des entreprises et des industries culturelles.

Le projet de loi sur les droits d'auteur et sur les droits voisins : enjeux et limites

L'initiative du ministère de la Culture doit être saluée à sa juste valeur. En effet, depuis 2000, la directrice du BSDA a été chargée de développer des projets de refonte de la loi n° 73-52 relative à la protection du droit d'auteur du 4 décembre 1973 et par divers décrets complétant cette dernière (projets de loi et décrets ayant été modifiés à plusieurs reprises), en vue de créer un environnement juridique approprié pour le développement des industries culturelles. Toutefois, ce projet tarde à prendre place dans notre ordonnancement juridique.

Au demeurant, l'objectif principal de cette réforme est lié à l'insuffisance du cadre juridique actuel qui ne tient plus compte de l'évolution technique connue au cours du XXe siècle et qui a entraîné des modifications importantes du système du droit d'auteur partout dans le monde avec l'émergence de nouvelles formes d'œuvres ou de diffusion ou par l'émergence de nouveaux canaux de diffusion dont le plus achevé demeure incontestablement l'Internet. Ces exigences qui ont amené la plupart des pays industrialisés à reformuler leurs lois sur le droit d'auteur ont poussé notre pays à s'engager dans cette voie de la réforme pour développer l'énorme potentiel de l'industrie culturelle sénégalaise.

Pour analyser les contours de ce projet de loi, nous procéderons à une étude comparative des textes législatifs du Sénégal, mais également d'autres pays frontaliers en tenant compte des spécificités liés au marché sénégalais.

Au niveau du contenu et de la langue, nous nous heurtons dans ce projet à une pratique qui remonte aux « anciennes » lois des ex-colonies, pour reprendre l'expression de l'avocate Sibylle E. Schlatter, et qui a créé une confusion et une difficulté supplémentaire dans la compréhension des textes. Sibylle E. Schlatter est chef de département à l'institut Max Planck pour le droit de propriété intellectuelle, de la concurrence et le droit fiscal à Munich en Allemagne. Elle est l'auteur du rapport intitulé « Consultation pour une législation relative au Droit d'auteur et les Droits voisins ». Ce rapport est important à plus d'un titre car, jusque-là, il est le seul qui a été rédigé à cet effet.

Nous suggérons que les mêmes termes soient utilisés dans l'intégralité du texte pour un seul et même fait ou objet dans une perspective de respect de la sémantique et de la cohérence des idées émises. Il serait également souhaitable d'avoir une législation adaptée et consolidée comme en Allemagne.

La procédure consistant à prévoir des lois additionnelles sous forme de décrets ou autre complique et fragilise la législation sur le droit d'auteur et même influence son interprétation. C'est d'ailleurs ce que S. E. Schlatter souligne dans son rapport en ces termes : *Dans le système de droit d'auteur sénégalais actuel, une tradition reprise à la France se perpétue, rendant quasi impossible au profane la compréhension et l'application des normes juridiques, à savoir la méthode législative consistant à régler l'essentiel du domaine du droit dans une loi principale et de nombreuses questions de détail dans des lois complémentaires ou des normes, décrets etc... subordonnés....*

Nous faisons nôtres les reproches de l'avocate quant à l'impertinence d'une telle méthode qui aujourd'hui est l'objet des critiques d'experts en France. Ce qui apporte des difficultés supplémentaires. Par exemple l'acte de piratage sera réglé en partie dans la partie 3 du projet de loi sur le droit d'auteur et en partie dans un décret relatif à la lutte contre le piratage et un autre décret sur l'application d'hologrammes sur tous les phonogrammes en vente. Nous suggérons de profiter de ces réformes pour ériger un texte consolidé et dont la formulation est claire et précise et non susceptible d'interprétation. Nous notons également des dysfonctionnements au niveau de la structure et de la division thématique, ce qui contribue à rendre difficile la compréhension de la loi sur le droit d'auteur.

D'abord tout au début du projet de loi, nous notons un certain nombre de définitions. Aujourd'hui, dans les techniques de structuration qui se sont développées, cette formule n'est plus utilisée. En effet, les définitions des termes utilisés dans la loi ne précèdent plus cette dernière car les définitions sont utilisées là où se trouve la réglementation légale sur l'objet défini. Ainsi, la définition est souvent répétée à cet endroit, en étant même sujette à des modifications, ceci amenant des difficultés d'interprétation même pour le juge spécialisé.

Dans le chapitre 3 sur le « transfert du droit d'auteur », on note quelques dispositions générales en matière contractuelle pour protéger davantage les artistes qui ne sont pas outillés la plupart du temps pour négocier leurs droits. Cependant, bien que ce texte pose certaines règles concernant certains types de contrat, nous suggérons d'établir des règles contractuelles plus concrètes et plus précises. Nous recommandons vivement de s'inspirer du projet malien ou de la loi du Cameroun du 19 décembre 2000.

En effet ces deux textes constituent des références dans les pays d'Afrique francophone eu égard à leur exhaustivité et à leur modernité face aux évolutions qu'a connues le droit d'auteur ces dernières années. Ils répondent mieux aux exigences du moment.

Nous avons également quelques remarques à faire au sujet de la partie relative aux droits voisins.

En effet, pour mieux satisfaire ses engagements internationaux comme l'accord de Bangui et l'accord sur les ADPIC, ou mieux pour préparer son adhésion à la convention de Rome, les droits voisins doivent être consacrés comme une nouvelle matière du droit d'auteur au Sénégal. Ainsi que le souligne du reste Sibylle E. Schlatter en affirmant que l'article 3 a) de cette convention doit être déterminant pour la définition de l'artiste interprète ou exécutant. Au lieu de ne désigner, comme le fait par exemple l'article L 212- 1 CPI français, que « la personne qui représente, chante... », le projet énumère expressément « les acteurs, chanteurs, musiciens et autres personnes qui... ». Cela a amené les danseurs sénégalais à se demander si eux-mêmes et les pantomimes, par exemple, ne font pas partie des artistes interprètes ou exécutants. Nous suggérons d'inclure ce groupe dans la liste des artistes interprètes ou exécutants ou d'ajouter un terme plus générique pour ceux qui prennent part à la représentation uniquement de manière artistique du moins pour les metteurs en scène et chefs d'orchestre. Cela vaut également pour les exécutions d'autres droits voisins au-delà de la protection des producteurs de phonogrammes et des organes de radiodiffusion (ce qui inclut radio et télévision) rendue obligatoire par le droit conventionnel.

Le concept d'œuvre collective est repris encore une fois dans le projet de loi. Nous suggérons également de supprimer cette notion qui apparaît aujourd'hui comme une « fiction juridique » dans le projet de loi. L'œuvre collective doit être considérée comme une œuvre de collaboration ou bien comme une sous-catégorie de recueil.

Sur le statut du BSDA, force est de reconnaître que cette société fonctionne aujourd'hui comme une entité publique qui existait dans les pays socialistes, ce qui n'est plus courant dans les pays développés et dans la plupart des pays en développement. Toutes les sociétés de gestion des droits d'auteur dans les États européens démocratiques sont organisées en personnes morales de droit civil. Il en est de même pour les sociétés nord-américaines plus récentes. Les sociétés traditionnelles de l'Europe de l'Ouest ne peuvent être prises comme exemples pour le Sénégal que très partiellement, étant donné que l'économie du secteur de la culture n'y est pas comparable. Dans ce contexte, le risque de voir les institutions publiques utiliser des revenus privés en dépossédant les auteurs est latente (cas de la radiodiffusion et de la télévision nationale qui ont du mal à s'acquitter des redevances dues aux auteurs).

Une discussion approfondie entre les acteurs doit permettre de savoir quelle forme juridique concrète le BSDA doit revêtir, même si l'Etat doit dans tous les cas exercer une mission de contrôle. Mais il est nécessaire de reconnaître dans les statuts des droits de décision, des droits à l'information, des droits de gestion afin de garantir la transparence de la gestion des affaires et le contrôle des recettes des frais de gestion et des sommes distribuées. La thèse en faveur de la création dans les pays africains des sociétés de gestion collective de droit public, selon laquelle seules de telles institutions ont le pouvoir d'obliger les stations de radio et de télévision publiques à payer les redevances de licence, s'est révélée finalement illusoire vu l'expérience d'environ dix ans vécue dans plusieurs Etats africains avec ce système. C'est ce que souligne l'ancien conseiller à l'OMPI, Ulrich Uchtenhagen, qui est décédé en février 2000 au Zimbabwe lors d'une mission relative à la protection du droit d'auteur et que cite Sibylle E. Schlatter dans son rapport et à qui il rend un vibrant hommage. Uchtenhagen précise dans son étude que *ce n'est que sous une pression massive des auteurs, en particulier des musiciens, que les stations de radio et de télévision publiques et privées ont procédé au payement des redevances correspondant seulement à peu près à l'exploitation.*

Ces quelques développements, sans être exhaustifs, pointent les manquement et lacunes qui risquent d'entacher le projet de loi sur le droit d'auteur et sur les droits voisins. Toutes les mesures doivent être prises pour l'élaboration d'un texte clair et précis et qui tienne mieux compte des spécificités des différentes branches de la culture au Sénégal ainsi que du contexte mondial à savoir les textes et engagements internationaux auxquels notre pays a souscrit. Pour cela, une rencontre entre les différents acteurs du secteur culturel doit être convoquée pour recueillir les avis des uns et des autres dans leurs domaines d'activités respectifs ; c'est seulement à l'issue de cette rencontre qu'un pool d'experts spécialisés dans ce domaine devra être constitué pour la rédaction du texte final devant être adopté et qui constitue un enjeu capital.

Les contrats musicaux

Bien qu'il n'existe pas de contrats types dans le domaine musical au Sénégal, ceux-ci doivent, au moins, obéir à un minimum de règles juridiques. Mais notre appartenance à une culture de l'oralité, sans compter les nombreuses contraintes dont les artistes font l'objet, constitue souvent des limites qui faussent les rapports entre producteurs et artistes.

Dans le monde du show-biz, il existe en théorie deux types de contrat :

- l'exploitation sur la base de royalties, où, en dehors d'un montant fixe, le titulaire de l'œuvre perçoit un pourcentage sur l'exploitation de son œuvre, au bout d'un certain temps ;

- le copyright qui qualifie la cession par l'artiste du droit d'exploitation qu'il a sur l'œuvre au producteur.

Dans le système du copyright, les droits reconnus aux producteurs ont simplement pour effet de transformer les œuvres musicales en « biens », car il ne faut pas oublier que, contrairement au droit d'auteur, le copyright vise beaucoup plus à protéger la copie ou la reproduction de matériel qu'à protéger le détenteur du copyright. Le droit moral de l'auteur est méconnu dans le système du copyright.

Au Sénégal, la majorité des contrats conclus se font sur la base du copyright. Toutefois, le terme semble ne pas recouvrir la même signification dans la pratique locale. Si nous en jugeons par la pratique, eu égard à tous les droits que les musiciens concèdent aux producteurs, sans oublier leur caractère souvent exclusif, les premiers sont tout simplement lésés.

En effet, les artistes se font souvent piéger au moment des signatures de contrat, parce que, souvent, ils ne disposent pas du minimum d'informations leur permettant, en toute responsabilité, de savoir sur quoi ils s'engagent. Souvent, les contrats qu'on leur fait signer sont vagues sur certains aspects essentiels. D'ailleurs, les artistes ne manquent pas de récriminer à propos de ces contrats auprès du BSDA, en alléguant : *En réalité dans le contrat que nous avons signé, ce qui est en train de se passer n'était pas prévu.*

Pourtant, le BSDA s'est toujours proposé de les accompagner, en jouant le rôle d'assistant technique, lors de la signature des contrats. Mais le BSDA n'est jamais associé à ces transactions, les artistes préférant cheminer seuls. C'est seulement quand il y a problème que les artistes veulent les impliquer. N'étant pas partie au contrat, le BSDA ne peut qu'offrir sa médiation à ce stade.

Dans les types de contrat appliqués au Sénégal, l'artiste se trouve tout simplement dépossédé de son œuvre. Le producteur dispose d'une licence d'exploitation du produit, en contrepartie des droits versés à l'artiste. Ceux-ci étant fixes quel que soit le nombre de tirages.

Le dernier contrat signé par l'artiste Ndongo Lô avant sa disparition est un exemple du type de contrat en vigueur au Sénégal. L'artiste aurait paraphé pour son dernier opus intitulé *Aduna*, un contrat d'exclusivité avec sa maison de production pour la somme de 7 millions de francs CFA, location quotidienne du studio et autres non compris… si bien que, en fin de compte, il se serait retrouvé avec un net à percevoir ne dépassant pas les 3 millions de francs CFA. Or, rien qu'avec les 30 000 nouveaux produits, qui constituent un second tirage, et qui ont été mis sur le marché quelques jours après sa disparition, son producteur empoche en quelques jours, sinon en quelques heures, 30 000 000 de francs CFA à raison de 1000 francs CFA la cassette vendue (*Sud Quotidien*, 25 février 2005, article de Félix Nzalé intitulé « Aduna de Ndongo Lô envahit le marché musical »).

Il convient d'apporter ici un rectificatif. La cassette est cédée à 800 francs CFA au distributeur au lieu de 1000 francs CFA. Ainsi au lieu de 30 000 000 de francs CFA, les 30 000 exemplaires rapporteront 24 000 000 de francs CFA, sans compter les taxes et autres droits à prélever. Dans tous les cas, le producteur empochera beaucoup de millions, tandis que le véritable auteur récolte des miettes.

Héros d'une génération qui, malgré l'intimité de l'hommage, vous porte comme référent dans un milieu artistique et culturel (…) Obtenir le succès artistique posthume est une injustice. Hélas, quand on pense que cela ne risque même pas de vous arriver ! Une injustice de plus dans un monde régi par un marché, disions-nous dans un numéro de *Missik* (Bulletin d'informations du Groupe 30 Afrique), en référence aux dures réalités du show-biz.

Pire, il y a une autre pratique inhumaine en vigueur. C'est celle de la cession des droits d'exploitation des œuvres (pour une durée déterminée) par des éditeurs étrangers. Le principe est simple : un éditeur, conscient du talent d'un artiste en vogue et sûr de son succès, lui fait les yeux doux et lui fait une « avance » d'argent, souvent de grosses sommes qui seront récupérées en retour sur les « futurs droits d'auteur » générés par la production qui aura fait l'objet d'une cession. L'homme d'affaires a toute latitude pour tirer tous les avantages du produit dont il gère désormais une partie des droits d'exploitation.

Cette pratique ruine l'artiste qui, à mesure qu'il demande des avances, perd à la longue tous les droits sur son œuvre. L'éditeur étranger qui s'est inscrit dans d'autres sociétés de gestion collective, hors du pays, perçoit directement les droits qu'il a acquis par la cession. Ces sommes qui transitent et qui constituent une avance sur un droit d'auteur ne sont pas grevées d'impôt. Ainsi, on constate là un manque à gagner et pour l'artiste et pour l'État.

En résumé, il n'est pas exagéré de dire que les contrats musicaux, tels qu'ils sont élaborés au Sénégal, sont de véritables contrats léonins. Pour preuve, nous citerons cette fois-ci la plainte collective contre une grande maison de production au cours de l'année 2003.

Dans cette affaire, une dizaine d'artistes avaient déposé une plainte sous le couvert de l'anonymat contre cette maison de production. Ces artistes plaignants dénonçaient une compilation de clips, produite par la maison à leur détriment, disaient-ils. En réponse à cette dénonciation, le patron de cette maison de production avait brandi, en guise de défense, les contrats signés en bonne et due forme et qui lui donnaient l'exclusivité sur toutes les œuvres.

C'était l'occasion pour le BSDA, par la voix de sa directrice, de dénoncer de telles pratiques et de rétablir les artistes dans leurs droits. La responsable de cette institution était outrée par le cumul d'exploitation des droits sur tout support, ce qui est inacceptable, du point de vue juridique et du point de vue moral. Chaque mode d'exploitation doit faire l'objet d'un contrat distinct.

En effet, si un producteur de musique, dans le cadre d'un contrat avec un musicien pour la production d'une cassette audio, se met à fabriquer des vidéo-cassettes, des CD, sur la base d'un seul cachet (ne dépassant pas parfois 1,5 million de francs CFA) pour ensuite cumuler les recettes à lui tout seul, l'artiste ne va rien tirer de son œuvre. Il lui sera d'autant plus difficile de vivre de son art qu'il est souvent lié par contrat de trois ans à son producteur qui ne lui permet pas de travailler avec quelqu'un d'autre durant cette période. Ainsi, à part le moment où le contrat est signé et que l'artiste a reçu son cachet et que, pour la première fixation sur le support, le producteur se rapproche du BSDA pour payer les droits d'auteur, à part ce moment là et pendant 3 ans, il n'a plus rien à voir avec son produit.

D'une part, voilà le genre d'injustice que le BSDA, dans sa mission de protection des œuvres intellectuelles et artistiques, voulait dénoncer pour une meilleure équité dans le partage de l'œuvre.

D'autre part, le BSDA s'est aussi rendu compte qu'il y avait des vidéogrammes dans le commerce sans son autorisation expresse au préalable. Ayant appelé les ayants droit pour les informer et leur demander leur position par rapport à cette affaire, ils déclarèrent à l'unanimité qu'il *y avait certes un contrat qui justifiait la fixation de ces œuvres contenues dans le support vidéogramme dans un support-cassette audio… mais qu'ils n'ont jamais donné leur autorisation pour une autre forme d'exploitation de leurs œuvres* (L'Actuel, février 2003:5).

Mais il faut préciser que toutes ces dénonciations n'ont jamais été portées devant le juge. Elles ont souvent été réglées à l'amiable, ce qui ne fait nullement avancer les choses en l'absence de jurisprudence en la matière.

Aujourd'hui, il faudrait que les artistes soient conséquents avec eux-mêmes. Ils doivent comprendre qu'ils sont aussi incontournables aux producteurs ou autres, que ces gens sont indispensables à eux. Seules, de véritables discussions entre différents acteurs du secteur pour fixer des règles minimales, pourraient faire évoluer les choses. Sans quoi, il serait utopique de prétendre à une véritable industrie musicale, capable de nourrir son homme.

Toutefois, quoi qu'on puisse dire, le producteur paie les impôts et les droits d'auteur. Si, en retour, on n'est pas capable de connaître tout d'abord son métier et d'en définir clairement les modalités de son exercice afin de le protéger, il y a forcément problème.

Les atteintes aux droits d'auteur

Le piratage

Sur cinq produits commercialisés au Sénégal, trois sont piratés (…) Ndongo Lô a été pillé avant même la sortie de sa cassette Aduna (…). Ce cri du cœur émane de la directrice du BSDA dans une interview accordée à Félix Nzalé du journal *Sud Quotidien* du mardi 15 février 2005, quelques jours après le décès de Ndongo Lô.

Ces chiffres attestent de la gravité du fléau que constitue le piratage. Il est présent dans notre pays et prend différentes formes. Le piratage, ou plutôt le délit de contrefaçon, apparaît comme le mépris du droit de propriété que l'auteur a sur son œuvre. L'usage de toute œuvre sans autorisation de son auteur tombe ainsi sous le coup du délit de contrefaçon.

En effet, il résulte de l'article 1er de la loi 73-52 du 4 décembre 1973 que l'auteur d'une œuvre originale jouit du seul fait de sa création d'un droit exclusif opposable à tous. Cela veut dire en plus clair que toute personne qui exploite cette œuvre sans l'autorisation de son auteur commet une infraction qualifiée de délit de contrefaçon. Les auteurs lésés portent beaucoup d'intérêt à ce mode de recours prévu par la loi de 1973 et par le Code pénal en ses articles 397 à 401.

Le piratage se fait de plusieurs façons. D'abord il y a le piratage artisanal. Le principe est simple : le pirate, dans son échoppe ou dans sa cantine à Sandaga, recopie l'œuvre originale sur des cassettes vierges qu'il revend à un prix modique.

Ensuite, nous avons le piratage industriel. Le principe consisterait à prendre la cassette pré-enregistrée et à l'amener dans les pays réputés dans la contrefaçon, comme Hong Kong, la Thaïlande, le Nigeria, le Mali, la Guinée, etc., où le produit est « remastérisé » (c'est-à-dire qu'on fabrique une autre matrice ou un autre moule) avant d'être « redupliqué », reproduit en grand nombre. La technologie de pointe utilisée permet aux pirates d'imiter parfaitement les cassettes.

Une fois le travail terminé, les cassettes sont embarquées dans des containers à destination des pays de la sous-région où attendent des grossistes qui font de la redistribution.

Le phénomène du piratage prend aujourd'hui des proportions alarmantes, et, selon la directrice du BSDA, *il faut qu'on se dise la vérité*.... Tous les acteurs de la musique abondent dans le même sens et certains compositeurs n'hésitent même pas à inclure cette thématique dans leurs chansons pour sensibiliser davantage l'opinion aux méfaits de ce fléau.

Le piratage met en danger la création des œuvres intellectuelles ainsi que le développement culturel, social et économique du continent. Il porte un grave préjudice aux intérêts des auteurs, éditeurs et aux titulaires de droits voisins.

Enfin, le piratage entrave sérieusement la promotion des cultures nationales.

Cependant, il faut rappeler que le piratage n'est pas le seul fait des étrangers, il y a au Sénégal des réseaux organisés et très bien huilés. Parfois même, les pirates ont pignon sur rue et ne se cachent guère pour s'adonner à leurs activités très lucratives. Le BSDA n'a pas les coudées franches, malgré les efforts qu'il ne cesse de faire, et seule une réelle volonté politique peut aider à enrayer le phénomène.

L'appel de Dakar (mars 1992) par les ministres de tutelle des droits d'auteur en Afrique de l'Ouest n'a pas manqué de pointer la gravité de la situation et de faire des recommandations aux États concernés. Toutefois, ces recommandations sont restées lettres mortes, parce qu'aucune volonté politique ne s'en est suivie. La plupart des pays ouest-africains ne sont pas encore en phase avec la convention de Berne pour la protection des œuvres littéraires et artistiques, à la convention de Rome pour la protection des artistes interprètes ou exécutants, des producteurs de phonogrammes et des organismes de radiodiffusion et à la convention de Genève sur la protection des producteurs de phonogrammes contre la reproduction non autorisée de leurs phonogrammes.

Il n'y a pas de remède pour empêcher le piratage, mais des politiques concertées, tant au niveau national qu'au plan sous-régional, pourraient limiter ses dégâts.

En outre, une baisse de la fiscalité, qui permettrait aux producteurs d'acquérir les supports à un prix moindre que celui qui est fixé à toute personne étrangère à l'industrie culturelle, associée à une bonne politique d'information, pourrait être un début de solution.

En effet, la diminution de l'intrant dans le secteur des industries culturelles avec des facilitations et des privilèges seraient des atouts considérables pour diminuer les prix des produits et contrecarrer les contrefacteurs. Il faudrait aussi une bonne stratégie de distribution pour que les populations reculées puissent bénéficier en temps réel des produits licites mis sur le marché.

Cependant, le combat n'aura aucun sens s'il n'est pas inscrit dans un cadre sous-régional. L'État doit appuyer les initiatives prises en vue de coordonner les activités de lutte contre le piratage sur les plans national, régional et international, en collaboration avec les organismes internationaux concernés et les organes de gestion collective.

Aucun pays pris isolément ne peut venir à bout du phénomène du piratage. Cette vision sous- régionale est d'ailleurs conforme au Nouveau Partenariat pour le développement de l'Afrique (NEPAD).

Les fausses déclarations

Nombreux sont les producteurs piégés par le BSDA et par la police. Le paradoxe est que ceux qui décriaient le mal sont parfois pris la main dans le sac. Comment opèrent ces fameux « producteurs-pirates » ?La technique consiste pour les producteurs à déclarer le quart du nombre de cassettes dupliquées. Et c'est avec ce quota non déclaré qu'ils inondent le marché. Aussi invraisemblable que cela puisse paraître, il ressort que certains musiciens se font les complices des producteurs qui s'adonnent à cette pratique.

Le BSDA, pour enrayer cela, avait tenté d'instaurer une loi des quotas fixés à 2000 ou 3000 cassettes suivant qu'on est « jeune talent » ou « chanteur confirmé ». Ces chiffres constituaient un minimum légal à déclarer. Cette mesure trouva vite des limites dans son application, car les producteurs se contentaient de déclarer, chaque fois, ce minimum légal, avec la possibilité de procéder à un tirage officieux. Les chiffres ne mentent pas. Ils révèlent que, pour l'année 1995, sur les 109 productions mises sur le marché, seules 12 ont été pressées à 3000 exemplaires, et effectivement déclarées au BSDA. Le plus grand nombre de pressages revenait à Cheikh Ndiguel Lô avec son album *Né la thiass*, ce qui paraît *a priori* invraisemblable.

En effet, il paraît incompréhensible qu'un producteur qui a investi une dizaine de millions de francs dans une cassette ne se contente que de presser 2000 unités. Quand on sait que la cassette est cédée au distributeur à 800 francs, le tout revenant à 1,6 million de francs CFA, sans compter les taxes et autres droits à défalquer, on n'imagine mal que les producteurs n'aient pas jusque-là changé de métier, si tel était le cas.

Avec les hologrammes, les fausses déclarations ont largement diminué. Les hologrammes de Kurtz, d'origine allemande, sont des pastilles irisées à reflets multiples, accolées sur chaque cassette pressée. Ainsi cette trouvaille du BSDA permet à vue d'œil de reconnaître le vrai du faux produit.

L'application de la politique des hologrammes a fait passer, en un an, le record officiel de déclarations de ventes de cassettes de 250 000 à plus de 1,25 million, avait révélé le président du conseil d'administration du BSDA, Abdoul Aziz Dieng, faisant ainsi le bilan des hologrammes. « Les chiffres sont éloquents. Avant les hologrammes, le record officiel de déclarations annuelles de cassettes était aux environs de 250 000 cassettes par an. En un an d'application de la politique des hologrammes, ce chiffre est passé de 250 000 à 1,25 million », avait-t-il déclaré dans un entretien accordé à l'APS.

Ces chiffres « viennent confirmer ce que tout le monde savait : c'est que les déclarations officielles ne correspondaient pas du tout à la réalité du marché », selon Abdoul Aziz Dieng qui est également président de l'Association des métiers de la musique (AMS). Il s'est réjoui que cela procure plus d'argent aux auteurs, estimant toutefois que le problème n'est pas réglé pour autant (Wal Fadjri, 24 février 2003, « La deuxième vérité des hologrammes », p.9).

En effet, il ne faut pas trop vite s'enthousiasmer car les pirates ont plus d'un tour dans leur sac. D'ailleurs, certains ont trouvé une parade consistant cette fois-ci à accoler ces hologrammes sur des produits piratés.

A raison de 30 francs CFA l'unité d'hologramme, beaucoup de producteurs en ont profité pour acheter qui 100 000 hologrammes, qui 50 000 pour les accoler sur des cassettes pirates, en déclarant un nombre de cassettes inférieur à celles produites. Selon l'auteur de « Né la thiass », le seul moyen de lutter contre ce piratage est que *les musiciens doivent détenir leurs masters pour éviter d'être piratés pendant la duplication.*

Le plus surprenant est que ce sont « les gros bonnets » de la musique sénégalaise qui s'adonnent à cette pratique, mais paradoxalement avec la complicité de certains musiciens.

Sur ce point, il faut bien constater que les musiciens ne sont pas toujours logiques avec eux-mêmes, car, tout en souhaitant la transparence des mœurs dans le contexte musical, ils acceptent des compromis de circonstance. Ils préfèrent régler leurs problèmes à l'amiable et en ordre dispersé avec les fossoyeurs, ce qui traduit bien sûr un état d'esprit de chez nous, mais cela conforte ces derniers à continuer dans leurs forfaitures.

Les musiciens *pour la plupart sont des adeptes de la double attitude, des professionnels de l'ambiguïté chez qui le terme unité ne veut rien dire*, pour reprendre l'expression de Félix Nzalé dans son éditorial intitulé « De vous à moi / Double attitude », *Sud Quotidien*, mardi 15 février 2005.

Le secteur a moins besoin d'un coup d'éclat confiné dans le réduit de la ponctualité que d'un assainissement complet et en profondeur de l'industrie musicale sénégalaise. Ainsi, les auteurs doivent prendre toutes leurs responsabilités et être solidaires du BSDA dans l'accomplissement de sa noble mission. Autrement, comme le disait si bien Madior Fall, l'autre journaliste du *Sud Quotidien*, dans son commentaire intitulé « Faussaires » : *La sueur de leur travail servira toujours à l'achat de rutilantes voitures, de villas cossues et des vacances en Europe ou dans les îles balnéaires de quelques mafieux qui ont pignon sur rue.*

Le non-paiement des redevances

En dépit du principe selon lequel toute exploitation de l'œuvre doit entraîner au profit de l'auteur une rémunération juste et équitable, les droits sont toujours violés.

Les radios, à l'instar des autres usagers du répertoire national et international doivent également payer des droits d'auteur. Ceci n'est pas évident. En effet, le BSDA est obligé de courir derrière elles pour recouvrer les droits, souvent inférieurs à la normale. Les radios privées, à quelques exceptions près, méprisent simplement les droits d'auteur au Sénégal. Le BSDA applique pourtant un taux de 4,5 pour cent sur leur budget de fonctionnement, ce que contestent certaines radios. Pourtant, ce taux n'est nullement excessif comparé au taux universellement admis qui se situe de 1 à 5 pour cent.

En 2001, une radio avait trouvé ce taux excessif et avait envoyé une documentation qui faisait état d'un budget de fonctionnement de 75 077 912 francs CFA. Le taux de 4,5 pour cent appliqué donne un montant de 3 378 506 francs CFA. La directrice du BSDA, pour exprimer sa déception, confiait à un journaliste : *Ce qui fait un peu moins de 300.000 FCFA par mois. Ce qui est loin d'être suffisant pour rémunérer aussi bien le répertoire national que celui international utilisé.*

Ce mépris des droits d'auteur des radios privées a eu des échos dans le passé, occasionnant même des suspensions d'émettre à travers les ondes pour certaines radios. Et d'après les dernières informations que nous avons reçues du BSDA, la situation ne s'est guère améliorée depuis lors. La venue d'experts de la CISAC pour appuyer l'institution dans son combat et sensibiliser les radios à l'obligation et le bien-fondé de payer leurs redevances semble vaine. Jusque-là, seules deux radios de la place s'acquittent régulièrement de leur redevance.

La Radiodiffusion nationale (RTS) ne fait guère mieux, avec une redevance annuelle de 25 millions de francs CFA pour toutes les chaînes confondues (13 canaux de diffusion présents dans les régions, dont un sur l'international, ce qui est très faible comparé à ce qui se fait à côté. Le Bureau des droits d'auteur du Burkina reçoit plus de 100 millions de francs CFA par an de sa radiodiffusion. Matar Sylla, ancien directeur général de la RTS, n'avait pas manqué en son temps de faire des efforts pour pallier ce manquement en soutenant que son organisme *était l'un des plus gros utilisateurs du patrimoine national. Ce n'est pas un humanisme béat. Je veux soutenir la création pour que la création soutienne nos productions.*

D'ailleurs, il avait également révélé avoir bloqué derechef la diffusion de l'émission « Diapason car *on fait des émissions et, avant même la diffusion, quelqu'un déclare 25.000 cassettes au BSDA. En réalité il en vend 100.000. La RTS ne voit rien. L'artiste n'encaisse que des miettes*. Aujourd'hui, cette volonté semble ne pas être poursuivie par ses successeurs.

Le refus de fournir la documentation

Outre le non-paiement des redevances, le BSDA serait également confrontée au problème de fourniture de la documentation qui contient les informations devant permettre une répartition normale. La fourniture de cette documentation est pourtant de nature contractuelle.

D'ailleurs, des pénalités équivalentes à une majoration de 20 pour cent sont appliquées en cas de non-fourniture de cette documentation. Malgré cela, la fourniture de documentation n'est pratiquement jamais respectée. Au Sénégal, ceux qui sont censés respecter la loi et dénoncer ceux qui la violent sont les premiers à violer ces droits.

Le défaut de fournir la documentation cache souvent une tentative de fausses déclarations pour éluder la contribution d'autres ayants droit et s'arroger leurs parts grâce à la pratique de cession de droits qui permet d'avoir auprès d'un éditeur une avance substantielle dont le paiement des garanties par l'exploitation des œuvres ayant fait l'objet d'une fausse déclaration à l'étranger. Face à de telles pratiques, le BSDA ne cesse de rappeler aux sociétés sœurs européennes qui ont des membres éditeurs de « la nécessité de n'accepter une déclaration d'œuvre qu'après avoir sollicité son avis (celui du BSDA) », mais le mal est là, il demeure.

Cependant, malgré tout son mérite, le BSDA n'est pas exempt de critiques. Il y a naturellement des choses à parfaire malgré toutes les difficultés qu'il rencontre dans l'exercice de ses activités. En effet, il existe souvent un malaise dans certaines relations entre les auteurs et les directeurs des sociétés d'auteurs, même si ce phénomène n'est pas spécifique à notre pays.

Les artistes ne sont pas souvent tendres envers les directeurs des sociétés d'auteurs. En effet selon les premiers, les directeurs des sociétés d'auteurs *se comportent souvent en potentats, oubliant qu'ils sont nos employés. Il est temps qu'ils prennent conscience de leur responsabilité vis-à-vis des auteurs. Car il est inadmissible qu'un gestionnaire des droits des artistes se comportent plus en fonctionnaire, c'est-à-dire qu'il ne doive des comptes qu'à son ministre, reléguant les artistes dans les oubliettes.* Cette position tranchée a eu droit à une réplique moins conciliante de la part de Norbert Yao, ancien directeur du Bureau ivoirien des droits d'auteur qui soutenait le fait que *certains artistes considèrent le bureau d'auteurs comme l'Armée du Salut. Ce sont nous, les gestionnaires, qui devons leur acheter des brosses à dents, des souliers et garantir la nourriture du soir. Cette conception des choses doit être bannie. D'ailleurs, souvent, ce sont les improductifs qui nous créent de la misère pendant que les grandes célébrités attendent patiemment notre convocation pour percevoir leurs droits* (Source : Bulletin de liaison du Conseil francophone de la chanson).

Ces deux positions avaient été défendues durant l'année 1993 à Ouagadougou, la capitale du Burkina, dans le cadre d'un colloque international initié par le Conseil francophone de la chanson en collaboration avec l'OMPI, le gouvernement du Burkina Faso et l'appui logistique de l'ACCT. Ce colloque avait permis de mettre face à face auteurs et directeurs de bureau de droit d'auteur ainsi que des experts en matière de protection des œuvres de l'esprit. Ces deux positions traduisent la situation, déjà préoccupante, des droits d'auteur en Afrique ainsi que des relations entre auteurs et ceux qui sont chargés de la gestion de leurs droits.

Dans tous les cas, il est impératif aujourd'hui d'associer directement les auteurs à la gestion de l'institution. Ainsi, mieux que l'idée de « privatiser » le BSDA, comme l'ont souhaité certains auteurs – le terme est inapproprié à mon avis –, cela permettra de dissiper certaines suspicions et d'instaurer un climat de totale confiance avec les sociétaires.

Et dans ce cas, les auteurs choisiront eux-mêmes leurs propres représentants au niveau des organes statutaires. Ils donneront leurs avis en temps opportun sur le fonctionnement de l'institution à l'autorité étatique qui continuera d'exercer son pouvoir de contrôle.

De même, il serait indispensable d'organiser au sein du BSDA une assemblée générale des auteurs qui désignerait ses représentants au sein du conseil d'administration. Cette assemblée qui serait souveraine et dotée de tous les pouvoirs et prérogatives répondrait directement de la gestion de l'institution. Nous pensons que c'est la seule manière de rendre l'institution aux auteurs.

Si, dans les pays européens, ce sont les auteurs eux-mêmes qui se sont mis en société, d'où d'ailleurs l'appellation de « sociétés d'auteurs », en Afrique le contexte est tout à fait différent.

En effet, avec des auteurs qui, la plupart du temps, étaient analphabètes et peu conscients de leurs droits et prérogatives, il fallait assurer leur protection.

La situation a considérablement changé avec l'éclosion d'associations représentatives de plus en plus conscientes de la défense de leurs intérêts. Le niveau d'instruction et la curiosité intellectuelle des artistes ont augmenté. Ceux-ci sont devenus plus responsables et mieux engagés dans ce qui doit être reconnu aujourd'hui comme un droit de décision quant à la gestion de leurs droits patrimoniaux d'auteurs, pour qu'ils ne puissent pas toujours invoquer une violation du droit au libre développement de la personnalité et du droit de propriété consacré à l'article 8 de la Constitution sénégalaise.

Conclusion

Pour terminer, nous citerons cette fois-ci Jean-Marc Patras, consultant du Centre du commerce international (CCI), dans sa contribution intitulée « L'art africain contemporain et le marché international » lors de l'atelier CCI/OMPI à la biennale de Dakar les 14, 16 et 18 mai 2002 : « L'artiste et ses descendants assument une responsabilité vis-à-vis de son œuvre et de sa société d'origine, car son message deviendra partie intégrante de la culture de son pays. A son tour, la société à une responsabilité vis-à-vis des artistes : en les protégeant, en les institutionnalisant, elle rend aux artistes ce qu'ils lui donnent. Tout ce qui n'est pas donné est perdu. Les artistes doivent en avoir une conscience aiguë ».

Bibliographie

Œuvres doctrinales

Bouvery, P.-M., 2006, *Les contrats de la musique*, Paris : IRMA (Centre d'informations et de ressources pour les musiques actuelles).

Blandin, C., Estournet, V. G. et Vimeux, N., 1997, *Enregistrer un spectacle : Les conditions juridiques de la captation audiovisuelle et sonore d'un spectacle vivant*, Paris : coédition IRMA/ Éditions AS.Corral, Milagros del, 1998, « Le développement économique et culturel par le droit d'auteur dans la société de l'information ». http://www.unesco.org/culture/worldreport/htmi_fr/index2.shtm1, 27 octobre 2001.

Masouye, C., 1981, *Guide de la Convention de Rome et de la Convention Phonogramme*, Genève : OMPI.

Mc Nee, L., 1998, « Le cadastre de la tradition : propriété intellectuelle et tradition orale au Sénégal et en Afrique de l'Ouest », *Mots pluriels*, n° 8, octobre 1998. http://www.arts.uwa.edu.au/MotsPluriels/MP8981mn.html.

Ngombe, L. Y., Lucas, André (préface), 2004, *Le droit d'auteur en Afrique*, Paris, Budapest et Turin : L'Harmattan.

Ndoye, I., 1997, *Emergence d'une industrie musicale au Sénégal : atouts et contraintes*, Enquête de fin d'études pour l'obtention du diplôme supérieur de journalisme.Union internationale des éditeurs, 1990, « Le droit d'auteur, enjeu économique et culturel », *Symposium*, n° 2.

Textes de loi

- Loi 72-40 du 26 mai 1972 portant création du BSDA.
- Loi 73-52 du 4 décembre 1973 relatives à la protection des droits d'auteur.
- Loi 86-05 de janvier 1986 modifiant et abrogeant la loi de 1973 en ses articles 22, 46, 47, 50.
- Code de procédure civile.
- Code de procédure pénale.
- Code des obligations civiles et commerciales.
- Arrêté portant tarification des redevances de droits d'auteur.
- Projet de loi sur les droits voisins.

Jurisprudence

T.P.I de Dakar 20 juin1984, BSDA contre Jeanne Dieng le Djollof.
C.A de Dakar 25 mars 1883, Sté Lagon II contre BSDA.
C.A de Dakar 27 juillet 1992 BSDA contre Mme Diop née Antoinette Mendy.
T.R hors classe de Dakar 10 avril 1991 Youssou Ndour contre Walide Ezzedine.

Articles

L'actuel, 20 août 1993, « La piraterie des œuvres littéraires et artistiques et les propositions de solution pour y mettre un terme ».
L'actuel, jeudi 30 janvier 2003, Interview de Coumba G. Seck, n° 399, p. 3.
L'actuel, samedi 1er et dimanche 2 février 2003, « Entretien avec Abibatou Siby/Réplique à Jololi », n° 401, p. 5.
L'Autre Afrique, 11 au 17 juin 1997, « L'insurmontable piratage ».
Le Populaire, mardi 11 janvier 2000, Piraterie - On s'accuse mutuellement/ Cheikh Lô pas content du BSDA », n° 51.
Le Populaire, samedi 21 et dimanche 22 septembre 2002, « Lutte contre piraterie : le BSDA ratisse la banlieue », n° 857.
Le Populaire, jeudi 30 janvier 2003, « Affaire de la piraterie musicale : Youssou Ndour attaque, Siby se défend », n° 964.
Le Soleil, vendredi 11 août 2000, « Musique. L'insoutenable stagnation du Super Diamono ».
Le Soleil, lundi 30 octobre 2000, « Entretien avec Aziz Dieye sur le mécénat culturel », p. 15.
Le Soleil, lundi 30 octobre 2000, « Rôle de l'État, dirigisme culturel ou libération des initiatives », p. 16.
Le Soleil, jeudi 21 juin 2001, « Piraterie musicale : les fausses notes des producteurs ».
Le Soleil, lundi 2 juillet 2001, « Droits d'auteur : l'impunité alimente… », p. 20.
Le Soleil, samedi 7 et dimanche 8 juillet 2001, « Entretien avec Biram Ndeck Ndiaye », p. 9.
Le Soleil, mercredi 13 juillet 2001, « Droit d'auteur : Le PDS dédommagera Pape et Cheikh mais… », p. 11.
Le Soleil, lundi 19 novembre 2001, « Management et promotion des musiciens du Sénégal ».
Le Témoin, mardi 6 au lundi 12 juillet 1999, « Fausses déclarations et manœuvres frauduleuses : Youssou Ndour cloué au pilori ».
Le Témoin, mardi 4 au lundi 10 février 2003, « Au jeu du cow-boy bandit : la dame de fer aura-t-elle la peau du roi Mbalax ».
L'info, « Taxes sur les spectacles », n° 92.
Missik, 15 au 30 novembre 2002, « Droits voisins : les enjeux d'un tel projet de loi », n° 9.
Missik, « Autour des droits d'auteur : l'appel de Dakar (5 mars 1992) par les ministres de tutelle des droits d'auteur en Afrique de l'Ouest », n° 10.
Missik, du 1er au 31 janvier 2003, « Le délit de contrefaçon en droit d'auteur sénégalais : l'exemple de la piraterie », n° 11.
Njoh, S., du 1er au 7 août 1997, « Droits d'auteur : les salaires du bureau », *Tam-Tam*.
Nouvel Horizon, 12 avril 2002, « Entretien avec Abibatou Siby Youm : les hologrammes vont sécuriser l'exploitation », n° 321, p. 31.
Pires, J., lundi 19 novembre 2001, « Impôt et droit d'auteur », *Le Soleil.Scoop*, vendredi 31 janvier 2003, « Masque d'ombre : un producteur dénonce le flou dans le type de contrat », p. 5.

Scoop, vendredi 7 février 2003, « Piraterie musicale sur Internet », p. 5.
Select Magazine, « Piraterie : offensive du BSDA », n° 4. Sow, T., « Chaud-Biz en Afrique de l'Ouest », *La lettre du disque*, n° 99.
Sud Quotidien, vendredi 5 février 1989, « Piraterie musicale. La nouvelle guerre d'El Hadj Faye », n° 62.
Sud Quotidien, lundi 27 septembre 1999, « Interview de Chérif Sy, musicologue : il faut restituer le BSDA aux artistes », n° 1944.
Sud Quotidien, samedi 18 et dimanche 19 janvier 2003, « Piratage à grande échelle des cassettes … » et « Vaste réseau de piraterie au Sénégal ».
Sud Quotidien, 5 août 2003, « Entretien avec Mᵉ Youssou Soumaré, juriste ».
Sud Quotidien, mardi 15 février 2005, « Entretien avec Abibatou Diabé Siby, directrice générale du BSDA : comment le système enterre les artistes et les créateurs ».
Sud Quotidien, vendredi 25 février 2005, « Aduna de Ndongo Lô envahit le marché musical ».
Taxi, 23 avril 2003, « Environnement juridique du secteur culturel. Ce que l'informel est à l'industrie musicale ».
Télé Mag, avril 1997, « BSDA, producteurs : les mesures de discorde », n° 52, p. 3.
Télé Mag, 10 octobre 1999, « L'éclosion de la bande FM au secours des rappeurs », n° 81.
Wal Fadjri, 9 décembre 1993, « Production musicale : le son Baol-Baol », n° 528.
Wal Fadjri, mardi 11 juin 1996, « Piraterie musicale : le suicide des artistes ».
Wal Fadjri, vendredi 19 juillet 1996, « Droits d'auteur : vente de cassettes », n° 1301, p. 6.
Wal Fadjri, mercredi 24 juillet 1996, « Lutte contre la piraterie. A l'assaut des producteurs pirates ».
Wal Fadjri, 25 novembre 1996, « Musique : Les essenceries font comme les pirates ».
Wal Fadjri, mercredi 7 juillet 1999, « Interview avec Birame Ndeck Ndiaye », p. 9.
Wal Fadjri, jeudi 21 juin 2001, « Piraterie musicale : le numérique gagne du terrain ».
Wal Fadjri, samedi 21-dimanche 22 septembre 2002, « Contentieux Viviane Ndour - El Hadj Faye ».
Wal Fadjri, jeudi 5 juillet 2001, « Radios et droit d'auteur ».
Wal Fadjri, 18 septembre 2002, « Poursuivie par El Hadj Faye pour plagiat : Viviane Ndour devant la barre le 24 septembre ».
Wal Fadjri, jeudi 29 janvier 2003, « Baisse des ventes des CD : l'industrie musicale demande des comptes à Internet ».
Wal Fadjri, 24 février 2003, « La deuxième vérité des hologrammes », p. 9.

4

L'industrie musicale : aspects politiques

Mariama Forti Daniff

Introduction

S'il y a un domaine dans lequel le continent africain s'est toujours distingué, c'est bien celui de la culture. La connaissance d'un peuple commence par la connaissance de ses valeurs culturelles dont les manifestations sont multiples et variées.

Dans l'instauration d'une civilisation universelle, l'Afrique aura à apporter une contribution inestimable dans le domaine culturel.

De nos jours, l'Afrique est considérée comme le continent de la créativité. Déjà en 1966 Malraux, en partant de l'apport des artistes africains à l'élaboration de l'esthétique de cette fin du XXe siècle, disait :

Alors que l'Occident conquérant sera en proie à de multiples redéfinitions, ils viendront à nous, ces animateurs du dialogue des civilisations et nous fourniront, avec générosité, tels des prophètes avec leurs élaborations plastiques comme paraboles, de belles moissons de créativité pour réanimer notre spiritualité et nous donner la force d'aborder avec confiance et lucidité le XXIe siècle, qui verra l'homme redevenir plus humain ou disparaître à tout jamais de cette terre.

Cette prophétie de Malraux est de nature politique. Il s'agit d'un projet de société, celui de l'Occident qui, ébranlé dans ses certitudes, est condamné à reconnaître l'autre comme un partenaire privilégié dans ce rendez-vous du donner et du recevoir qu'est la Civilisation de l'Universel.

L'intérêt que nécessite la culture, plus particulièrement la musique, ne saurait donc échapper à la politique. Au Sénégal, l'évolution de la musique montre de manière nette que ses relations avec la politique ne datent pas d'aujourd'hui. Cet aspect sera abordé dans la partie consacrée à l'histoire de la musique au Sénégal. Cet historique sera précédé d'une première partie réservée à la problématique qui permettra de poser le sujet. Une troisième partie sera consacrée aux rapports entre la musique et la politique selon trois angles de vue : une politique musicale, une politisation de la musique et des musiciens politiciens.

Quelques suggestions et recommandations termineront notre réflexion.

Problématique

L'histoire de la sociologie montre que les pratiques sociales ont souvent des destins curieux. Aujourd'hui à l'heure où les idéologies s'étiolent, où le pouvoir et ceux qui le détiennent sont remis en cause, la culture est devenue le dénominateur commun de tous les enjeux. La culture retrouve la ferveur de l'inspiration individuelle et va ainsi donner à chacun l'opportunité de devenir un acteur culturel, donc un vecteur économique et politique.

La musique rentre assurément dans le cadre de cette problématique. Voilà un objet d'étude considéré naguère comme puéril, impertinent, voire inexistant et qui éveille à présent une curiosité manifeste.

La musique intéresse tout le monde et les politiciens ne sont pas en reste. Devenue une valeur culturelle incontournable, la musique explose de par les effets suivants : engouement de la presse, création d'une association des métiers de la musique et d'un Bureau sénégalais du droit d'auteur (BSDA), mesures sur la déclaration des instruments de musique, organisation des assises nationales de la musique…

Certains n'hésitent pas à affirmer que le développement fulgurant que connaît la musique sénégalaise est sans précédent dans l'histoire culturelle de notre pays.

Les spécialistes comme Moustapha Ndiaye, président du comité africain pour la Fédération internationale des musiciens (FIM), observent ces transformations à partir des années 1980. Dès lors, on « s'achemine vers la confirmation et l'internationalisation de la musique sénégalaise d'où la récolte de distinction que sont les disques d'or et de platine… » (Ndiaye 1999:7).

La musique peut-elle à cet égard échapper à la politique ? Mais qu'entend-on par politique ? Quelles relations peuvent entretenir la musique et la politique ? Les réponses à ces questions nous permettront de nous construire une problématique propre.

La politique se définit par un ensemble de domaines mutuellement dépendants, c'est-à-dire n'importe quel secteur peut devenir ou relève de la politique. La politique se préoccupe de sujets économiques, sociaux, culturels, religieux et est susceptible d'interagir avec ces derniers.

La politique est ainsi liée à l'émergence de problèmes collectifs, aux interactions entre l'autorité publique et les citoyens. L'ensemble de ce processus est sous-tendu par des modalités diverses de communication : socialisation, participation, mobilisation, influence, négociation, persuasion, manipulation ou séduction.

C'est en ce sens que la politique peut entretenir des relations avec la musique qui est une forme de communication. La musique imprègne toute la vie politique sénégalaise si l'on s'en tient aux fait suivants :

- la production de nombreuses chansons sur la paix en Casamance ;
- le soutien ou l'utilisation de certains groupes musicaux pendant les évènements électoraux par les leaders politiques ;
- l'influence des thèmes musicaux sur le comportement des électeurs ;
- l'émergence d'une classe de politiciens-musiciens au service de leur propre propagande politique.

Nous distinguons trois approches dans le champ théorique des relations entre la politique et la musique : l'approche comportementaliste, l'approche structuro-fonctionnaliste et l'approche interactionniste.

L'approche comportementaliste dont il est question ici est relative à la théorie de l'apprentissage social de Bandura (1977) selon laquelle les comportements représentent une forme d'adaptation face aux situations sociales. Dans le cas de la relation entre la musique et la politique, l'articulation se fait à travers le processus de socialisation et d'influence sociale.

L'approche structuro-fonctionnaliste concerne les voies par lesquelles le message politique est transmis : canaux, réseaux et médias. C'est le lieu de signaler ici l'utilisation de la radio, de la télévision et des cassettes audio et vidéo comme supports.

L'approche interactionniste considère la relation entre la musique et la politique comme une forme d'interaction.

Blumer (1969) définit l'interaction symbolique comme « l'activité dans laquelle les êtres humains interprètent leurs comportements réciproques et agissent par la base des signification conférées par cette interprétation ». Ce courant montre comment l'individu socialement situé est actif notamment dans son travail d'attribution de sens au message politique. C'est dans cette perspective que l'humour populaire est souvent utilisé comme modalité de transmission de message politique.

Ainsi, selon Blumer, les individus agissent en fonction des significations qu'ils donnent aux choses. Ces significations dans le cas de la musique, sont le produit de l'interaction sociale, c'est-à-dire des échanges entre les acteurs politiques et les artistes et leur musique. Cette dynamique traduit la réalité intentionnelle, interprétative et interdépendante des relations sociales.

Historique

La musique a toujours joué un rôle primordial dans la dynamique des sociétés africaines. Il n'est pas d'activités humaines sans musique, laquelle évoluent avec elles, change, se transforme, reflétant ainsi les mutations en cours et comment elles sont venues par les peuples. Depuis le temps des colonies jusqu'à l'époque moderne, la musique n'a cessé de rimer avec les grands bouleversements socioéconomiques telles que les indépendances.

La musique au temps des colonies

La musique, à travers les griots, a toujours joué un rôle insigne dans les sociétés africaines précoloniales. Les griots de l'Afrique traditionnelle entretenaient avec les rois et souverains des relations d'interdépendance. Ils étaient à la fois dépositaires des valeurs et règles morales qui permettaient à la société de préserver sa cohésion et de défendre les hauts faits qui forgeaient le prestige des souverains et de leur peuple.

Avec la colonisation, on note des bouleversements dans les relations entre la musique et les pouvoirs en place. En effet, la domination européenne dans le domaine politique s'est accompagnée d'une domination sur le plan musical, suscitant ainsi un certain nombre de remises en cause (Martin 1996).

La colonisation introduit ainsi, pour diviser et mieux régner, des biens et des idées qui attirent. Elle fait usage d'un certain nombre de moyens qui humilient, exploitent et oppriment.

Face à cette nouvelle domination, diverses stratégies se déploient. Certains griots prennent le risque de s'opposer ouvertement en continuant à être au service des souverains hostiles au colonisateur. D'autres, avec la complicité de leur souverain, soutiennent le colonisateur par une appropriation de ce qui fait sa force pour mieux lui résister. Un certain nombre d'entre eux ont aussi soutenu l'entreprise coloniale en montrant ses avantages (Martin 2002).

En ce qui concerne le Sénégal des années 1930 par exemple, la Lyre africaine et les orchestres de cette époque dépendaient largement des autorités coloniales. Selon Thioub et Benga (1999), les musiciens de l'époque coloniale contribuaient à donner quelques lustres à l'occupant.

Il semble ainsi que la musique aux temps des colonies n'a que peu dérogé à la sacro-sainte règle de ne pas critiquer directement les détenteurs du pouvoir colonial.

Après les indépendances

Les relations entre la musique et la colonisation ont eu un caractère plutôt apaisé sauf dans quelques pays comme le Zimbabwe, la Guinée-Bissau, les îles du Cap-Vert, l'Afrique du Sud. Si la remise en cause a été la forme d'expression dominante pour ces territoires, il n'en a pas été de même pour le Sénégal.

Ainsi, après l'accession à la souveraineté nationale, la musique sénégalaise va continuer à puiser son répertoire dans la culture occidentale dont elle a subi une forte influence. Les représentations dominantes de l'époque traduisent un rejet des coutumes locales jugées rétrogrades (Martin 2002). Les jeunes musiciens des indépendances, ainsi que les élites urbaines considéraient que la culture africaine était entachée d'une ruralité qui ne convenait pas à l'univers citadin dont les populations désiraient s'emparer.

L'initiation et l'inspiration des musiciens africains partirent des fanfares militaires, des cantiques, de certains airs de variétés accompagnés par des instruments de musique modernes : guitare, accordéon, vents, percussions.

Mais très vite ce premier mouvement a connu un déclin faute de pouvoir satisfaire les attentes des musiciens. Ainsi, ils se tournent vers les musiques sud-américaines. Au Sénégal, la « charanga » alimente dès lors le répertoire musical.

Un certain nombre de facteurs expliquent ce changement de référence culturelle. D'abord la structure musicale européenne qui est de type consonant alors que les musiques sud-américaines ont une structure rythmique qui stimule la verve et la créativité des Africains.

Ainsi les systèmes musicaux sud-américains rendent compte de modernités non blanches, de mélodies métissées dont les acteurs sont des descendants d'Afrique tandis que les musiques d'inspiration européenne étaient associées à l'oppression coloniale.

Enfin les jeunes citadins voulaient rompre avec un patrimoine culturel jugé encombrant, asservissant et adopter une musique qui fabrique « une modernité autonome pleine de la promesse d'un avenir indépendant » (Martin 2002).

A la suite de cette première phase, la musique africaine et sénégalaise a continué d'être portée par une triple dynamique : la modernisation, le soutien aux nouveaux pouvoirs et la dénonciation de ces mêmes pouvoirs.

L'accession à l'indépendance par le Sénégal n'a pas été accompagnée d'une rupture brutale avec la période coloniale. L'évolution s'est opérée par glissements successifs du traditionnel au moderne.

Entre les années 1980-1996, selon une étude du BSDA (1996), la musique sénégalaise acquiert une identité définitive avec toutefois un mélange d'instruments traditionnels et modernes. Désormais la quasi-totalité des chansons sont exprimées en langues nationales.

Revue de littérature

Au Sénégal, la littérature sur la musique et les relations avec la politique n'est pas florissante. La plupart des écrits auxquels nous avons pu accéder sont des articles parus dans certains journaux.

Suite au colloque sur les statistiques culturelles, tenu à Montréal, Oumar Sall dresse dans la revue *Missik* n° 19 un bref aperçu des conclusions de cette manifestation. Son objectif était de développer un cadre conceptuel international de données stratégiques sur la culture et de procéder à cette occasion à un recensement de l'ensemble des activités culturelles des pays africains.

Toutefois les participants à ce colloque ont reconnu la complexité de la tâche compte tenu de la difficulté à identifier des indicateurs culturels valables. Pour eux, ce dénombrement ne se traduit pas par la publication du nombre de musées d'art, de sites classés patrimoine culturel mondial, de livres, films, cassettes, spectacles en direct. Selon les délégués, ces activités doivent être accompagnées d'indicateurs relatifs à leur usage pratique. Mais ils admettent aussi que la détermination d'indicateurs est liée à une définition de la culture. Et ils proposent que le cadre conceptuel pour les statistiques culturelles fasse de la culture une dimension du développement.

Dans le journal *Wal Fadjri* n° 2779 du 21 juin 2001, le président de l'Association des métiers de la musique du Sénégal (AMS), Aziz Dieng aborde dans un entretien des questions relatives à la musique sénégalaise : trois thèmes se dégagent de ses propos.

Le premier thème est lié aux insatisfactions. Selon Dieng, il y a lieu d'abord de déplorer les fréquents changements de ministres au département de la culture : quatre nominations en un an lui semblent injustifiées. Le deuxième thème porte sur la non-prise en compte de la culture dans le projet de l'Union africaine. A cet égard, il pense que l'intégration africaine ne peut éluder le phénomène culturel qui est un puissant moyen d'intégration et un véritable facteur de développement.

Les souhaits constituent le troisième thème abordé selon Dieng (1999). Il s'agit de l'organisation des Assises nationales de la musique et la création d'une structure de formation aux métiers de la musique. La réalisation de ces projets permettront selon lui de renforcer la compétitivité de la musique sénégalaise dans un contexte de mondialisation. Cet entretien de Dieng aborde ainsi pour l'essentiel bon nombre d'aspects liés à la politique musicale sénégalaise.

Certaines de ces préoccupations évoquées par Dieng ont été reprises dans un article publié dans le journal *Sud-Quotidien* (Nzalé 2000:8). Elles se réfèrent à l'opacité du marché, aux taxes exorbitantes, au piratage, aux lourdeurs administratives... De l'avis d'un producteur, l'industrie musicale se porte mal « contrairement à certains pays ou l'approche de politique culturelle est plus conséquente et le système plus simple ». En conséquence, ajoute-t-il, les procédures administratives pour l'obtention d'un permis d'organiser sont extrêmement longues et contraignantes.

Pires, dans *Le Soleil* du 30 octobre 2000, revient sur les mêmes faits en insistant surtout sur le rôle de l'État. D'après lui, l'État est au centre des motifs de contre-performance de la musique sénégalaise. Il juge qu'en la matière le soutien de l'État est insuffisant. Pires propose en définitive que l'État mette en place un cadre suffisamment stimulant pour promouvoir la musique sénégalaise.

Un thème tout à fait différent est abordé par Faye dans *Le Soleil* du 13 juin 2001. Il s'agit de l'utilisation des groupes de musique par les hommes politiques. Faye a surtout déploré le fait que les musiciens dont les œuvres ont servi de moyens de propagande pour les hommes politiques ne bénéficient pas de droit d'auteur conformément à la législation en vigueur.

Un autre thème est celui de la paix. Mbaye dans le *Scoop* du 26 juin 2003 souligne que le Sénégal est prisé par les musiciens étrangers à cause de sa stabilité politique. Cette paix, bien que réelle, fait l'objet aussi de nombreux titres de chansons comme le montre Dia dans *Wal Fadjri* du 31 décembre 1998.

Dans un essai politique, Ndiaye et Sy (2003) abordent la question de la citoyenneté en référence aux élections de mars 2000 au Sénégal. Selon eux, citoyenneté et démocratie sont consubstantielles. Et c'est en ce sens qu'une absence de démocratie est toujours source de dysfonctionnement de la république. Ndiaye et Sy ont su ainsi montrer qu'en pareille circonstance les jeunes peuvent peser sur l'issue des événements. Ils mettent ici en lumière le rôle de la musique qui est un instrument redoutable, selon eux. En effet, il s'agit, disent-ils, non pas de voter massivement, mais d'entretenir une atmosphère hostile à ceux qui entravent l'expression de la démocratie. Et selon Ndiaye et Sy, le rap a joué un rôle moteur dans cette dynamique. Cette musique, qui est très appréciée par les jeunes, a su exprimer dans des titres comme « Révolution » leurs attentes en faveur du changement.

C'est avec beaucoup de vigueur d'ailleurs que le rap dénonce les tares des hommes politiques. En ce sens, en plus de sa dimension artistique, il constitue un facteur influent dans les mouvements de jeunesse. Ce double statut en fait un maillon important dans le processus de changement social.

En clair, selon Ndiaye et Sy, l'engagement politique du rap est sans équivoque contrairement au mbalax. Leur essai aborde de manière particulière le rôle du rap dans le changement politique intervenu au Sénégal en 2000. Il nous a ainsi permis de comprendre la médiation que le genre musical peut jouer entre les jeunes, la politique et les hommes politiques.

En définitive, cette revue de la littérature nous a permis de constater que la musique et la politique entretiennent des relations inextricables mais souvent conflictuelles.

Rapport entre la musique et la politique

Cette partie aborde le rapport entre la musique et la politique. Différents aspects de cette relation seront analysés et un compte rendu de nos propres recherches sur la question sera proposé pour terminer.

Une politique musicale

Parler de politique musicale revient à réfléchir sur les modalités étatiques de prise en compte des institutions musicales. Le développement de la musique suite à la révolution technologique des années 1970 (naissance et explosion de magnétophones radiocassettes) entraîne une redéfinition des rapports entre la musique et la politique.

La définition d'une politique culturelle passe, selon Dieng (2005:7), par l'analyse de certains éléments : l'existence d'une politique musicale, le statut des acteurs culturels, la protection des droits des artistes, la protection sociale des acteurs et la question de la professionnalisation.

Le Sénégal s'est toujours distingué dans la prise en compte de la dimension culturelle au niveau de sa politique étatique. Depuis l'accession à l'indépendance, il a toujours existé un ministère de la Culture chargé de définir, entre autres, une politique musicale.

Un certain nombre d'initiatives et de propositions, provenant particulièrement de l'État et de l'AMS, ont été dégagées. Parmi celles-ci, on peut noter :

- la création du BSDA,
- l'organisation des assises nationales de la musique,
- la création d'une structure de formation aux métiers de la musique,
- l'élaboration du Programme national de développement culturel,
- l'octroi d'un fonds aux acteurs de la musique constituant la composante musique du Projet de promotion des investisseurs privés (PIPP),
- l'élaboration d'une nouvelle loi sur le droit d'auteur,
- la création de cadres de réflexion sur la protection des artistes,
- la création de la mutuelle des artistes,
- une révision des taxes sur les instruments de musique et sur les spectacles.

Toutefois selon Dieng (2005:7), même si des efforts ont été enregistrés dans la politique culturelle de l'État du Sénégal, des progrès restent à faire.

Une politisation de la musique

La musique est fréquemment utilisée par la politique selon une modalité de parti. Cette modalité fait des musiciens des instruments au service des organisations politiques lesquelles les prennent ainsi en caution de leur idéologie ou comme contre-pouvoir au service des sans-voix.

Ainsi, avec l'avènement du rap, le public sénégalais s'est trouvé en face de musiciens qui ont fait le pari de dire la réalité dans ce qu'elle a de plus dur, de moins aisé à exprimer dans un langage qui procède par euphémisme pour désigner ses maux (Daniff 2003). La particularité du rap est de porter un regard non complaisant sur l'évolution politique du Sénégal.

Par ailleurs, il faut reconnaître que le mbalax commence à prendre une direction plus révolutionnaire avec des musiciens comme Youssou Ndour, Thione Seck ou Omar Pène qui, dans certaines de leurs chansons, dénoncent aussi d'une manière quelque peu voilée les maux de la société.

Cependant, ce revirement des musiciens de mbalax ne découle-t-il pas du fait que, pour atteindre un auditoire jeune captivé par une musique dénonciatrice symbolisée par le rap, le mbalax se doit d'être plus engagé qu'il ne l'était initialement.

D'autres fois, ces mêmes musiciens peuvent, pour des raisons diverses, apporter ponctuellement leur soutien à certains hommes politiques. Ce soutien d'ordre personnel s'est le plus souvent manifesté à travers des chansons dédiées aux leaders politiques ou encore lors de meetings préélectoraux. Dans ce sillage, nous pouvons citer des chanteurs tel que Thione Seck qui, avec son célèbre tube « n°10 », a chanté les louanges de l'ancien président du Sénégal Abdou Diouf, ou Oumar Pène qui, lors d'une campagne électorale, n'a pas hésité à s'afficher pour un candidat. Dès lors, on peut se demander si ce soutien est d'ordre purement matériel ou s'il relève d'un comportement citoyen.

Selon Dia (1998), certains musiciens sont allés jusqu'à se reconvertir en porte-parole des hommes politiques et à se substituer à eux dans les « clips » conçus à l'occasion d'une campagne électorale et diffusés par la télévision nationale.

Par d'autres voies, certains musiciens se posent en critiques des hommes politiques. Certains se sont distingués dans cette attitude en s'attaquant ouvertement au pouvoir en place au risque de s'attirer des ennuis. C'est le cas de Souleymane Faye dont la chanson « Keur Gui » (littéralement le pays) a été un véritable cri de ralliement pour les candidats de l'opposition à l'élection présidentielle de 2000. Certains d'entre eux reprenaient avec ferveur le couplet « Kess, lithi Keur Gui » (littéralement se débarrasser des maux de ce pays).

Un autre musicien, Moussa Diallo dit « Ouza », s'est fait lui aussi remarquer avec un de ses morceau très engagé et véhément : « Le vote ». Cette chanson a « cartonné » lors de la campagne présidentielle de 2000 dans presque tous les meetings. « Ouza » y dénonce le comportement des hommes politiques « si prompts à retourner leurs vestes » (Faye 2001:11).

Ces chansons, tout en dénonçant les agissements des politiciens, cherchent à éveiller les consciences, à faire comprendre au peuple l'injustice dont il est victime et l'importance que les politiciens accordent aux compétitions électorales et à leurs intérêts égoïstes.

Au-delà de l'implication de certains musiciens dans le champ politique, d'autres n'hésitent pas à clamer haut et fort leur neutralité. Youssou Ndour, par exemple, s'est fait remarquer en refusant de chanter les louanges d'un quelconque candidat lors des joutes électorales de 1993. Ainsi déclarait-il dans un entretien : « Nous avons atteint une phase de consécration des musiciens sénégalais. La musique est entrée dans les mœurs des populations. Elle est devenue une véritable force, c'est bien pour ça que les mouvements politiques cherchent tous à se rapprocher des musiciens. Ils ont besoin de leur popularité. Je tiens, par respect pour mes fans, à ne pas manifester mes opinions… ».

Toutefois, nous notons un léger fléchissement dans l'attitude de Youssou Ndour depuis l'alternance survenue en 2000. Répondant à une question relative à ses relations avec le président actuel du Sénégal, il affirme : « Je voudrais que les gens me comprennent, que le président Abdoulaye Wade réussisse sa mission… Hormis les histoires de politique politicienne, je suis un Sénégalais et je pense que j'ai ma partition à jouer… comme tous mes compatriotes…

Je peux vous dire que j'ai des affinités avec le président Abdoulaye Wade qui a beaucoup d'affection pour moi et c'est réciproque… Donc ça ne me gêne pas du tout. J'ai même encouragé dans une chanson le président…

Je ne m'intéresse pas à la politique politicienne. Moi je n'appartiens à aucun parti politique, mais je considère que le pouvoir doit être équilibré. De même le pouvoir a besoin de contre- pouvoir » (*Le Soleil* 2005).

A travers ces propos, un certain paradoxe s'observe dans l'attitude de ce musicien même s'il continue à clamer haut et fort sa neutralité politique.

Une forme particulière de politisation de la musique peut être évoquée à l'endroit du duo Pape et Cheikh pour leur œuvre « Yaatal Gueew » (littéralement élargir l'espace de lutte). Durant la campagne présidentielle de 2000, ce tube a été l'hymne de ralliement de la coalition SOPI. Tous leurs meetings à travers le pays étaient accompagnés par cette chanson fortement symbolique. Même d'autres partis, comme l'URD ou l'AFP, n'hésitèrent pas à l'utiliser pendant les législatives de 2001 (*Le Soleil* 2001).

Finalement, quel que soit le bord où l'on se situe, toute musique, qu'elle adhère ou non à un « programme politique » ou à un parti, est sujette à des appropriations, des greffes ou des prélèvements plus ou moins provocateurs.

Une musique politique

Une musique politique est une musique à participation politique dont le but est d'agir directement dans l'arène politique en s'opposant ou en dénonçant elle-même la politique du régime en place à travers des chansons. Cette forme de musique est l'œuvre d'hommes engagés politiquement et qui sont en même temps musiciens ou s'érigent momentanément en musiciens au service de leur propre cause.

Ces responsables politiques doublés de musiciens manifestent un réel projet politique dans la composition de leurs chansons, donnant ainsi une destination politique à leurs œuvres. Ces leaders sont d'avis que la musique constitue de nos jours un des moyens les plus rapides pour faire entendre sa voix. En effet, au-delà du fait qu'elle peut constituer un métier lucratif, un moyen rapide de gagner de l'argent en se faisant plaisir, la musique est perçue aujourd'hui comme un moyen pour dénoncer l'hypocrisie sociale, éveiller les consciences et appeler au civisme. Aussi les politiciens ne se privent-ils pas de ce tremplin à des fins parfois personnelles. Certains politiciens ne se sont pas privés de monter sur la scène musicale pour véhiculer leur message, se transformant ainsi momentanément en chanteur. C'est le cas notamment de Talla Sylla avec la sortie de sa cassette *Laye Niombor* en 2004.

Cette forme de participation est appelée non conventionnelle par Beitoine et al. (2002) en comparaison avec la participation conventionnelle (exercice du droit de vote) et la participation partisane (relation avec les élus ou les partis, participation aux campagnes électorales, adhésions partisanes, activités militantes…). La participation non conventionnelle relève d'une activité plus protestataire et d'un comportement politique plus engagé (musicien et politicien).

Résultats de recherche

Dans le cadre d'une recherche que nous avons mené (Daniff 2003), nous nous sommes intéressés à la relation entre musique et politique. L'objectif de cette étude a été d'analyser les représentations véhiculées par les jeunes à travers le rap.

A ce sujet, cinq types de représentations ont été observés : les représentations politiques, culturelles, sociales, religieuses et morales. Dans le cadre de ce travail, nous insisterons davantage sur les représentations liées à la politique.

Contexte de l'étude

Cette étude a pris comme cible les jeunes, en particulier les adolescents. Ces derniers constituent la tranche de la population la plus complexe compte tenu de la personnalité et de certains types de comportements qui leur sont propres à ce moment de leur existence.

Ainsi, cette étude s'est intéressée aux jeunes de 14 à 24 ans parce qu'à cette période commence ce que l'on appelle la crise pubertaire qui se termine par une prise de conscience chez l'individu, par l'adhésion à des comportements plus responsables. L'adolescence est caractérisée par sa nature versatile. A ce stade, l'adolescent cherche à s'attacher aux valeurs que lui offre la société et qui sont conformes à des croyances du moment. Le jeune est animé par des valeurs comme la justice, l'égalité, l'équité... bref toutes les valeurs qui font la grandeur de l'espèce humaine.

Ceci fait dire à Cloutier (1992:191) : « A l'adolescence, la compréhension de soi-même et des relations sociales est renouvelée sous l'impulsion des compétences intellectuelles croissantes. La pensée hypothético-déductive permet une réinterprétation de l'ensemble des relations interpersonnelles. L'adolescent fait le point, tente de définir ses options, de fixer ses buts en fonction de l'autoévaluation de ses forces et de ses faiblesses. Une réorganisation intérieure s'effectue parallèlement à une redéfinition sociale. Les caractéristiques de l'individu s'entremêlent avec celles de son environnement pour créer une interaction complexe appelée socialisation ».

Ainsi, à ce stade, l'individu est confronté à des problèmes qui sont liés à sa socialisation. L'adolescent est par essence influençable et oscille entre les différents systèmes de valeurs que lui propose la société. La personnalité complexe de l'adolescent et sa recherche effrénée de justice et de liberté l'amènent à adhérer facilement à certains messages véhiculés à travers la musique.

Au Sénégal, pendant longtemps, le langage de la rue, qui est pourtant un puissant révélateur de la société, n'a pas été pris en compte. En effet, si on essayait de décoder le langage de la jeunesse, on pourrait alors comprendre ce qui se passe réellement sur le plan social et le désarroi dans lequel se trouve la jeunesse en particulier et la population en général.

Point de vue des jeunes

Dans le rap, la politique occupe 8 pour cent des thèmes abordés par les jeunes chanteurs (Seck et Diarra 1999). A en croire le contenu de leurs chansons, ils se représentent la politique comme un moyen de s'enrichir et de dilapider les ressources nationales. Pour le faire savoir, les jeunes « rappeurs » utilisent un langage assez violent pour dénoncer les pratiques et les comportements des hommes politiques. Dans un extrait virulent de leur chanson intitulée « Wax feeñ » (qui parle dévoile ou se dévoile), ils fredonnent « je vais « wax » (parler), je vais « feeñ » (dévoiler), m'afficher comme une enseigne, l'argent qui a été volé et mis dans les élections il faut en reparler pour que cela réapparaisse ». Selon leurs croyances, le champ politique est une machine à engloutir de l'argent lequel est utilisé pour corrompre les électeurs et non pour améliorer les conditions de vie des populations. Dans le même tube, ils enchaînent : « C'est notre argent qui a été volé… des millions, des milliards pour une politique de pillards. Un pays en voie de sous-développement, vous gaspillez tous ces milliards… ».

Le groupe VIB s'inscrit dans la même dynamique avec un titre suggestif intitulé « Mafioso » : « Les mafieux sont dans ce pays. Ils conduisent de belles voitures et ils ne seront jamais pris ni mis en prison. On va en parler pour que tu en prennes conscience et que tu puisses y remédier… Ils s'habillent bien, portent des Christian Dior, des bijoux en or. Ce qui est sûr c'est qu'ils ne connaissent pas la pauvreté… ».

Ces paroles, tout en dénonçant les agissements des politiciens, cherchent aussi à éveiller les consciences, à faire comprendre au peuple l'injustice dont il est victime et l'importance que les hommes politiques accordent aux compétitions électorales au détriment de l'intérêt général.

Ces différentes perceptions concourent toutes à démythifier la politique et à installer le désespoir au sein de la population. La plupart des titres des jeunes « rappeurs » qualifient les hommes politiques de « voleurs, de pillards et d'égoïstes qui ne sont là que pour pérenniser leurs intérêts ». Cette perception est de nouveau traduite par le groupe PBS dans son titre « Révolution 2000 » qui porte un jugement sur l'espace politique et le pouvoir. Selon Ndiaye et Sy (2003), le rap a joué un rôle non négligeable dans l'alternance survenue au Sénégal en 2000. Il est fort probable que les paroles contenues dans les chansons ont permis aux jeunes, en votant massivement, de favoriser ce changement.

Pris dans un tel contexte, le rap participe à la construction des représentations des jeunes et par conséquent peut contribuer à la prise de conscience de bon nombre de phénomènes sociaux comme la politique.

Le rap devient ainsi pour les jeunes une nouvelle forme de lutte contre les processus sociaux d'exclusion et de marginalisation. Cette musique apparaît selon une expression de Kahn (1994) « comme le dernier refuge de la fonction moralisatrice » pour les jeunes en général.

Conclusion

Nous avons retenu de ce travail que la politique entretient des relations avec la musique qui est considérée comme une forme de communication. En cela les musiciens se sont emparés de divers thèmes politiques. Les périodes électorales sont des moments de fortes implications dans la politique.

Ainsi, pour mieux la cerner, avons-nous pu inscrire cette relation dans une approche à la fois comportementaliste qui intègre un processus de socialisation et d'influence sociale, structuro-fonctionnaliste qui concerne les voies de diffusion des messages politiques (canaux, réseaux et médias) et interactionniste qui, à travers les significations que les acteurs donnent à leurs comportements, traduit une dimension intentionnelle, interprétative et interdépendante dans les relations sociales.

En définitive, il apparaît que musique et politique ont des liens à la fois étroits et distants qu'on pourrait saisir à travers une politique musicale intégrant les modalités de prise en charge de la musique par les pouvoirs publics, une politisation de la musique qui fait de celle-ci le relais de causes partisanes (pour ou contre le pouvoir en place) et enfin une musique politique établissant une confusion des rôles entre le musicien et le politique qui se substitue au premier aux fins de défendre sa propre cause.

In fine, faudrait-il se demander si la musique n'est qu'un prétexte pour le politique et celle-ci une thématique pour le musicien ? En fait, musique et politique touchent « la totalité de la société et ses institutions » (Mauss 1968:274).

Pour le prouver des travaux empiriques plus poussés donneraient plus d'envergure scientifique à ce travail qui ne constitue qu'une invite à une réflexion autour de deux notions souvent étudiées séparément.

Bibliographie

Bandura, A., 1977, *L'apprentissage social*, Bruxelles : Pierre Mardaga.
Beitoine, A. *et al.*, 2002, *Sciences sociales*, Paris : Dalloz.
Benga, N.A., 2001, « Dakar et ses tempos : signification et enjeux de la musique urbaine moderne », in M.-C. Diop, dir. *Le Sénégal contemporain*, Paris : Karthala.
Blumer, H., 1969, *Symbolic Interactionism*, New Jersey: Prentice Hall.
BSDA, 1996, *Bilan critique de la présence de la musique sénégalaise sur la scène mondiale*, Dakar : BSDA.
Cloutier, R., 1982, *Psychologie de l'adolescent*, Québec : Gaetan Morin.
Daniff, M.F., 2003, *La représentation sociale de la musique rap par les Sénégalais âgés de 14 à 24 ans. L'exemple des jeunes de la Rue 3 x 12 Médina*, Mémoire de fin d'études pour l'obtention du diplôme d'État en travail social, Dakar : ENTSS.
Dia, M., 1998, *Le rôle des griots dans la campagne électorale au Sénégal*, Mémoire pour le séminaire Culture et Politique, Paris : Université Paris I.

Dia, D.S., 31 décembre 1998, « Demba Dia sort Peace. Un souhait de paix pour la Casamance », *Wal Fadjri*, p. 9.
Dieng, A., 4 janvier 2005, « Le mbalax reste puissant, mais on note des ouvertures », *Wal Fadjri*, n° 3842, p. 7.
Faye, M.M., 13 juin 2001, « Droits d'auteurs. Le PDS « dédommagera » Pape et Cheikh mais... », *Le Soleil*, p. 11.
Gerstlé, J., 1993, *La communication politique*, Paris : PUF.
Kahn, J.-F., 1994, *Tout change parce que rien ne change*, Paris : Fayard.
Le Soleil, 25 mai 2005.
Le Soleil, 13 juin 2001.
Malinowski, B., 1968, *Une théorie scientifique de la culture*, Paris : Maspero.
Marlaux, A., 1966, Allocution au premier Festival des Arts Nègres de Dakar.
Martin, D., 1996, « Que me chantez-vous là ? Une sociologie des musiques populaires est-elle possible ? », in A. Damé, dir., *Musique et Politique, les répertoires de l'identité*, Rennes : Presses universitaires de Rennes.
Martin, D.C., 2002, *Sur la piste des OPNI, l'essence du pouvoir et le pouvoir des sens*, Paris : Karthala.
Mauss, M., 1968, *Sociologie et Anthropologie*, Paris : PUF.
Mbaye, O., 2003, « Distribution musicale et spectacle – Quand taxes et recettes s'abordent la destination Sénégal », *Scoop*, 26 juin 2003, p. 5.
Mbaye, M., 21 juin 2001, « A deux voix Aziz Dieng, président de l'Association des Métiers de la Musique », *Wal Fadjri*, p. 9.
Ndiaye, M.A. et Sy, A.A, 2003, *Les conquêtes de la citoyenneté, essai politique sur l'alternance*, Dakar : Éditions Sud-Communication.
Ndoye, I., 1997, *Envergure d'une industrie musicale au Sénégal, Atouts et contraintes*, Grande enquête de fin d'études pour l'obtention du diplôme supérieur de journalisme, Dakar : UCAD/CESTI.
Nzalé, F., 2000, « Faiblesse de l'industrie musicale sénégalaise. L'État, les musiciens et le public indexé », *Sud-Quotidien* 18 novembre, p.8.
Pires, J., 2000, « Rôle de l'Etat. Dirigisme culturel ou libération des Initiatives ? », *Le Soleil* 30 octobre, p.16.
Sall, O., 2003, « Statistiques culturelles : mesurer le poids de la culture dans le développement », *Missik*, n° 18, novembre.
Sall, O., 2003, *Missik* n° 19, août
Seck et Diarra, 1999, « La musique sénégalaise : quels contenus ? », in E. Ndiaye *et al.*, dir. *En avant la musique* ! Dakar : Siggi Enda-Art.
Thioub, I. et Benga, N.-A., 1999, « Les groupes de musique « moderne », des jeunes Africains de Dakar et Saint-Louis, 1946 à 1960 », in O. George (dir.), *Fêtes urbaines en Afrique, espace, identités et pouvoir*, Paris : Karthala.
Wal Fadjri, 2001, 21 juin, n° 2779.